ASMUS FINZEN

Suizidprophylaxe bei psychischen Störungen

ASMUS FINZEN

Suizidprophylaxe bei psychischen Störungen

Prävention – Behandlung – Bewältigung

unter Mitarbeit von
ANDREAS FREI,
ULRIKE HOFFMANN-RICHTER,
ALEX BULLINGER

Psychiatrie-Verlag / Thieme

Die Deutsche Bibliothek – CIP-Einheitsaufnahme

Finzen, Asmus:

Suizidprophylaxe bei psychischen Störungen :

Prävention – Behandlung – Bewältigung / Asmus Finzen.

– Bonn: Psychiatrie-Verl.; [Leipzig; Stuttgart; New York]: Thieme, 1997

ISBN 3-88414-211-9 (Psychiatrie-Verl.)

ISBN 3-13-110461-9 (Thieme)

Gemeinschaftsausgabe mit dem Thieme-Verlag

Umschlaggestaltung: Dorothea Posdiena / bild-werk, Dortmund

Gestaltung und Satz: Iga Bielejec, Mainz

Druck und Bindung: Clausen & Bosse, Leck

Inhalt

Vorwort

Die Selbsttötung ist eine Möglichkeit des Menschen. Suizidgefährdung ist keine Krankheit. Sie ist Ausdruck von Verzweiflung und Hoffnungslosigkeit. Zugleich ist sie oft Ausdruck und Zeichen psychischer Störungen. Die Selbsttötung psychisch Kranker wird damit zu einer Herausforderung an die Psychiatrie. Bei jedem dritten der 13.000 Menschen, die sich in der Bundesrepublik Deutschland in jedem Jahr das Leben nehmen, ist ein psychisches Leiden bekannt. Jeder zehnte Suizid ereignet sich im Umfeld einer psychiatrischen Klinik oder während der ambulanten Behandlung – ungezählte weitere in den Wochen und Monaten nach ihrer Beendigung. Die meisten psychischen Störungen sind mit einer erschreckenden Erhöhung des Suizidrisikos behaftet. Jeder zehnte Schizophreniekranke, jeder zehnte klinisch Depressive stirbt am Ende durch Suizid. Bei Alkohol- und Drogenabhängigkeit liegen die Dinge nicht wesentlich anders.

Namhafte Epidemiologen wie BARRACLOUGH (1974) und ROBINS (1981) sind davon überzeugt, daß neunzig Prozent aller Menschen, die sich das Leben nehmen, in der Vorphase des Suizids an klinisch fassbaren depressiven Störungen leiden. Diese Zahlen mögen überzogen erscheinen. Aber sie unterstreichen die Bedeutung der Suizidprophylaxe bei Menschen mit psychischen Störungen. Sie sind der Grund für die Zentrierung dieses Buches auf die »Suizidprophylaxe bei psychischen Störungen«, auf Prävention, auf die Behandlung der der Suizidgefährdung zugrundeliegenden Störungen und – erstmals in der vorliegenden Neufassung dieses Buches – die Bewältigung des Suizids durch die Hinterbliebenen – Angehörige und Therapeuten.

Weil Suizidgefährdung auch bei psychisch Kranken niemals allein Krankheitssymptom ist, müssen viele Fragen offenbleiben. Wir Therapeutinnen und Therapeuten haben oft geringeren Anteil an den sozialen Bezügen unserer Patientinnen und Patienten als wir glauben. Bei der ambulanten Behandlung wird das deutlicher sichtbar als in der Klinik. Angehörige, Freunde, Mitpatienten nehmen wie wir Einfluß auf den Krankheitsverlauf, auf die Art und Weise, wie die Gefährdeten ihre Situation erleben, ob ihre Hoffnung auf eine bessere Zukunft überwiegt oder schwindet. Deshalb sollten wir uns auch nicht vormachen, daß auf dem Gebiet der Suizidprophylaxe alles machbar sei. Andererseits ist manches möglich, wenn wir aufmerksam und empathisch sind. Gefährlich wäre es, wenn wir angesichts der möglichen Suizidgefährdung vieler unserer Patientinnen und Patienten dem Gefühl eigener Ohnmacht nachgäben. Daß sie häufig nicht sichtbar, daß sie oft nur schwer erkennbar ist, ist eine Besonderheit der Suizidgefährdung bei psychischen Störungen. Deshalb verwende ich im ersten Teil des Buches einige Mühe und viele Seiten auf die Beantwortung der Frage: Wer ist gefährdet? Der zweite Teil konzentriert sich auf die Frage, was zu tun ist, wenn der Suizid sich allen Bemühungen zum Trotz dennoch ereignet.

Manche meiner Empfehlungen mögen banal erscheinen: Sorgfältige Diagnostik; auf die Persönlichkeit der Kranken, ihre Krankheitssymptome, auf ihre Belastbarkeit abgestimmte Therapie; emotionale Offenheit und Empathie gegenüber den Kranken, Angebote zur Unterstützung in der akuten suizidalen Krise; die Kontrolle der eigenen Gefühle bei der Behandlung von Kranken, die ihre Situation als hoffnungslos erleben und das auch aussprechen. Dies sind die Faktoren im Umgang mit suizidgefährdeten psychisch Kranken, die am ehesten beeinflußbar sind, und zu einer Verminderung des Suizidrisikos während der Behandlung und nach ihrer Beendigung beitragen können.

Der vorliegende Text ist eine Neufassung der dritten Auflage von 1992. Durch die Überarbeitung und die Mitarbeit von Alex BULLINGER, Andres FREI und Ulrike HOFFMANN-RICHTER, Mitglieder unserer Basler Suizidforschungsgruppe, ist ein neues Buch daraus geworden, mit 23 statt zwölf Kapiteln, einer neuen Einführung, einer kritischen Übersicht über den aktuellen Stand der Forschung und den Kapiteln darüber, was wir für Angehörige aber auch für Therapeutinnen und Therapeuten tun können und müssen, wenn es uns nicht gelungen ist, den Suizid zu verhindern. Neu ist auch das Kapitel über den begleiteten Suizid, einer aktuellen Entwicklung, die wir mit Sorge beobachten, der wir uns in irgendeiner Weise stellen müssen. Mein besonderer Dank geht an Frau Brigitte ROTH, die das Manuskript in bewährter Weise betreut hat, an Cornelia OESTEREICH, Wunstorf, und Manfred WOLFERSDORF, Bayreuth.

Basel und Hannover im Sommer 1997

Asmus FINZEN

1 Selbsttötung – eine Möglichkeit menschlichen Handelns

»Jeder suizidale Mensch, ob er nun krank ist oder gesund, verdient Achtung statt Ächtung, Anteilnahme statt Ablehnung, Verständnis statt intoleranter Verurteilung, Mitgefühl statt Bestrafung und Entmündigung, Hilfe statt Gleichgültigkeit. Tot sein und nicht mehr weiterleben wollen, sollte als möglicher und einsehbarer Impuls der menschlichen Psyche akzeptiert und nicht länger tabuisiert und diskriminiert werden.«
(W.A. Scobel)

Suizidgefährdung ist keine Krankheit. Die Selbsttötung ist eine Möglichkeit des Menschen. Als Möglichkeit ist sie niemandem ganz fremd. Suizidgefährdung kann aber auch Symptom psychischer Krankheit sein. Es gibt nur wenige psychisch Kranke, deren Leiden nicht irgendwann zu der Frage führt: Kann ich, will ich so weiterleben? Depressive Verstimmungszustände, Psychosen aus dem schizophrenen Formenkreis, Abhängigkeitserkrankungen, psychogene Reaktionen und Persönlichkeitsstörungen bringen für viele Kranke so viel Leid, so viel Erschütterung im sozialen Umfeld, in ihren Beziehungen zu anderen Menschen, daß Hoffnungslosigkeit und Verzweiflung Platz greifen. Hoffnungslosigkeit und Verzweiflung aber sind die wichtigsten Risikofaktoren, die anhaltende Suizidgefährdung begünstigen, die zum »präsuizidalen Syndrom« und schließlich zur Suizidhandlung führen können – auch bei Menschen, bei denen bis dahin keine psychische Störung bekannt geworden ist.

Kulturgeschichtliche Aspekte

Berichte über Selbsttötungen begleiten die Menschheitsgeschichte, solange es Aufzeichnungen gibt. In der griechisch-römischen Antike ist der Suizid ein vertrautes Phänomen. Die Bibel verzeichnet, so Barraclough (1992), fünfzehn Selbsttötungen. Die gesellschaftliche Bewertung des Suizids war schwankend. Die einhellige Verdammung in unserer Kultur erfolgte seit dem frühen christlichen Mittelalter. Aber es gab Ausnahmen: Die Bereitschaft zum Märtyrertod galt ebenso als moralisch unanfechtbar wie die Selbsttötung einer Frau zum Schutz ihrer Ehre. Erst mit der Synode von Nîmes im ausgehenden 13. Jahrhundert setzte die Kirche ihr wirksamstes »Mittel der Suizidprophylaxe« ein: die Verweigerung des christlichen Begräbnisses. Damit wurde der Suizid in der abendländischen Kultur über lange Zeit wesentlich zu einer Angelegenheit der Theologie. Erst mit der Aufklärung wurde es zum Gegenstand von Philosophie und Menschenrechtsdiskussion. Seitdem treten allmählich rationale Argumente in den Vordergrund. So spricht MONTESQUIEU (1720) die Situation der Hinterbliebenen an. Mit ROUSSEAUS (1761) »Neuer Heloise« und GOETHES (1774) »Werther« erweitert sich der Diskurs um einen romantisierenden Aspekt: Der Selbstmord wird zum »Freitod«. In Preußen wird er zur Pflicht für Beamte und Offiziere, die den Ehrencodex ihrer Kaste verletzt haben.

Medizin und Soziologie

Die Medizin tritt erst im 19. Jahrhundert auf den Plan. Von Anfang an neigt sie dazu, die Suizidgefährdung als Krankheitssymptom zu betrachten. ESQUIROL (1838) ist davon überzeugt, daß alle Suizide Ausdruck psychischer Krankheit sind: »Der Mensch nimmt sich nur das Leben, wenn er wahnsinnig ist, und der Selbstmörder ist wahnsinnig«, behauptet er. KRAEPELIN (1917) geht ein knappes Jahrhundert später davon aus, daß etwa ein Drittel der Menschen, die sich das Leben nehmen, Symptome psychischer Krankheit aufweisen (vgl. FARBEROW 1975).

Emile DURKHEIM eröffnet mit »Le Suicide« (1897) eine neue Dimension. DURKHEIM begreift den Suizid in erster Linie als soziales Phänomen, als Ausdruck der jeweiligen gesellschaftlichen Situation. Durkheim unterscheidet zwischen »egoistischen« und »altruistischen«, zwischen »fatalistischen« und »anomischen« Suiziden. Alle sind Ausdruck der Situation des Individuums und des Zustandes der Gesellschaft selbst. Der altruistische Suizid sei ein Opfer des Individuums für die Gemeinschaft oder für andere Menschen. Der egoistische Suizid sei Ausdruck übermäßiger Individuation, die fatalistische Folge eines (zu) engen sozialen Normensystems, der anomische schließlich Symptom sozialer Diffusität und gesellschaftlicher Auflösungserscheinungen.

Erklärungsversuche

Seit DURKHEIM hat es zahlreiche Versuche gegeben, Suizidtheorien zu formulieren – soziologische, psychologische und biologische. Sie alle haben nur begrenzte Reichweiten. Sie klären allenfalls Teilaspekte des Phänomens Suizid. Sie helfen uns zu verstehen, was in Menschen vor sich geht, die Suizidgedanken haben und diese schließlich in die Tat umsetzen. Sie erklären uns die sozialen und kulturellen Rahmenbedingungen, die die Selbsttötung begünstigen oder ihr entgegenstehen. Sie vermitteln uns Aufschluß über biologische oder biochemische Besonderheiten, die bei Menschen im Zusammenhang mit Suizidversuchen und Suiziden feststellbar sind.

Als monokausale Veranschauungsstheorien stehen die biologischen Erklärungsmodelle auf ebenso schwachen Füßen wie die soziologischen und die psychologischen. Das gilt für genetische Hypothesen ebenso wie die in den siebziger Jahren von Marie ASBERG und Mitarbeitern (1988) in die Diskussion gebrachte 5-Hydroxyindolessigsäure-Hypothese, die nach wie vor von sich reden macht. Bei der 5-Hydroxyindolessigsäure (5-HIAA) handelt es sich um ein Abbauprodukt des Serotonins, eines Neurotransmitters, dessen Spiegel im Liquor des Rückenmarkkanals nach Suizidversuchen und Suiziden erniedrigt ist. Die Bedeutung dieser Befunde ist umstritten. Manche Forscher betrachten sie als Ausdruck einer zugrundeliegenden Depression. Andere sehen sie als suizidspezifisch an. Wieder andere verweisen darauf, daß Studien über Gewalttäter, Brandstifter und psychiatrische Patienten mit impulsivem oder aggressivem Verhalten die gleichen Befunde aufweisen. BRONISCH (1995), der den biologischen Theorien in seinem Buch über den Suizid verhältnismäßig viel Platz einräumt, faßt zusammen:

> »Aufgrund der Tatsache, daß biologische Forschung im Bereich der Psychiatrie keinen direkten Zugang zum Ort des Wirkungsgeschehens, nämlich dem Gehirn hat, müssen die Ergebnisse, auch wenn sie in Teilbereichen von unabhängigen Forschergruppen in unterschiedlichen Patientenpopulationen wiederholt werden, sehr vorsichtig interpretiert werden.« (S. 64)

Dem ist nichts hinzuzusetzen.

Psychische Krankheit und Selbsttötung

Der gegenwärtige Diskurs über den Suizid bewegt sich in den oben dargestellten Kategorien. Walter A. SCOBEL (1991) unterscheidet drei Beweggründe, die einen Menschen veranlassen können, sich das Leben zu nehmen: psychosoziale Gründe, körperliche Krankheit und Bilanzgründe. Suizid und Suizidversuch können Ausdruck und Folge psychischer Krankheit sein. Sicher sind sie es oft. Langzeituntersuchungen berichten bei Depressiven über zehn Prozent und mehr Todesfälle durch Suizid. Bei Schizophrenen scheinen die Zahlen etwas niedriger zu liegen. In einer Metaanalyse weisen HARRIS und BARRACLOUGH (1997) bei 36 von 44 psychischen Krankheiten eine erhöhte Suizidrate nach.

In der Praxis muß man davon ausgehen, daß es psychiatrische Behandlung ohne Auseinandersetzung mit dem Problem der Suizidalität nicht gibt. Jeder Depressive, jeder Schizophrene, jeder Suchtstoffabhängige ist irgendwann suizidal, zumindest latent suizidal.

Suizidgefährdung in der »normalen« Biographie

Wir müssen uns aber Rechenschaft darüber ablegen, daß Suizidgedanken auch unter Gesunden – wenn man so will unter sogenannten Gesunden – nicht selten sind. Die Ergebnisse einer amerikanischen Untersuchungsgruppe unter Leitung von PAYKEL (1974) haben das anhand einer Repräsentativuntersuchung in New Haven erhärtet: elf Prozent der Befragten gaben an, irgendwann einmal geglaubt zu haben, es lohne sich nicht, weiterzuleben; mehr als acht Prozent hatten irgendwann einmal gewünscht, sie wären tot. Fast fünf Prozent hatten öfter an Suizid gedacht; 2,6 Prozent hatten ernstliche Suizidpläne gehabt. Mehr als ein Prozent gaben an, versucht zu haben, sich das Leben zu nehmen. Bei Präzisierung der Frage auf die letzten sechs Monate gaben 1,5 Prozent an, ernstlich an Suizid gedacht zu haben; 0,6 Prozent hatten einen Suizidversuch unternommen. Diese Zahlen sind nur scheinbar hoch. Der Suizid ist bei Menschen jüngeren und mittleren Lebensalters neben dem Unfall die häufigste Todesursache. Die Wahrscheinlichkeit, am Suizid zu sterben, liegt in der Schweiz für Männer bei 1,5 Prozent, für Frauen bei 0,6 Prozent.

Kulturelle und soziale Unterschiede

Es ist bekannt, daß die Suizidhäufigkeit in verschiedenen Kulturen schwankt. Weniger bekannt ist es, daß bestimmte soziale Gruppen innerhalb der gleichen Kultur besonders suizidanfällig sind. In den Vereinigten Staaten, möglicherweise aber auch in Westeuropa, sind die Ärzte, besonders aber die Psychiater, eine solche Gruppe. Ihr Suizidrisiko wird als dreimal so hoch, das der Psychiater sogar als siebenmal so hoch angegeben wie das der Durchschnittsbevölkerung. Daraus muß nicht zwingend folgen, daß diese Gruppe öfter psychisch krank ist; vielleicht ist sie nur empfindsamer.

Risikogruppen

Unter den Risikogruppen mit besonders hohen Suizidraten werden immer wieder folgende Gruppierungen genannt: Schizophreniekranke und Depressive, Suchtstoffabhängige, Menschen in Trennungssituationen, alleinstehende Männer über 65, Mitarbeiterinnen und Mitarbeiter der auswärtigen Dienste westlicher Länder, Ärzte und – in der Schweiz – die Bewohnerinnen und Bewohner der beiden Halbkantone Appenzell Innerrhoden und Ausserrhoden, wobei die Suizidrate im protestantischen Halbkanton noch einmal doppelt so hoch ist wie im katholischen. Eine neuere Übersicht von LINDEMANN und anderen (1996) hebt hervor, daß die überhöhte Suizidrate unter den Ärzten vor allem die Ärztinnen betrifft.

Betrachtet man diese Risikogruppen im einzelnen, so fällt es schwer, einen gemeinsamen Nenner zu finden. Gewiß ist es einfach, bei den Betroffenen mit psychischen Störungen und Abhängigkeitserkrankungen krankheitsbedingtes Leiden, Vereinsamung, Hoffnungslosigkeit und Verzweiflung zu orten. Vereinsamung und Entwurzelung spielen gewiß auch bei den alleinstehenden Männern über 65, bei den Menschen in Trennungssituationen und vielen Mitgliedern der auswärtigen Dienste eine Rolle, denen, die immer wieder versetzt werden, so daß sie in den ihnen ohnehin fremden Kulturen nie richtig Fuß fassen können. Aber die Ärztinnen und Ärzte und die Appenzeller? Hier dürften die Dinge noch komplexer liegen; und es lohnt nicht, sich mit Spekulationen aufzuhalten.

Unsichere Hypothesen und Spekulationen

Am Beispiel der Appenzeller läßt sich allerdings recht gut zeigen, wie dicht soziale und biologische Hypothesen beieinander liegen können. Zum einen wird spekuliert, es könnte sich um ein genetisches Phänomen handeln. Im Gefolge der Völkerwanderung habe sich eine homogene Bevölkerungsgruppe – Attilas geschlagene Krieger – in jenem verhältnismäßig abgeschlossenen Gebiet in der Ostschweiz angesiedelt, die durch besondere genetische Merkmale gekennzeichnet sei. Analogien zu bestimmten Regionen Ungarns und Finnlands mit erhöhter Suizidrate werden gezogen. Zum anderen wird darauf verwiesen, daß der Suizid im Appenzell eine jahrhundertealte kulturelle Tradition als »Mittel der Problemlösung« habe. Der Einfluß der kulturellen Faktoren wird durch die Unterschiede zwischen den eng benachbarten katholischen und protestantischen Siedlungsgebieten unterstrichen.

Nachahmungsverhalten

In welchem Maß Suizid ein soziales Phänomen ist, unterstreicht die Tatsache, daß Suizidhandlungen einen Imitationseffekt haben. Eine Studie von PHILIPS (1974 und 1981) in New York berichtet, daß die Zahl der vollendeten Suizide sich erhöht, wenn eine Zeitung über einen dramatischen Suizid berichtet: geringfügig, wenn der Bericht auf der dritten Seite erscheint; deutlich, wenn er auf die erste Seite einer auflagestarken Zeitung vordringt; beträchtlich, wenn die Schlagzeilen auf der ersten Seite mehrere Tage lang anhalten. So hat der Suizid Marylin MONROES 1962 im darauffolgenden Monat zu einer Vermehrung der Suizide in New York um rund 200 Fälle gegenüber dem Durchschnitt geführt. Dieser Imitationseffekt, den man nach einer Suizidepidemie, die durch Veröffentlichung von GOETHES »Werther« ausgelöst sein soll, auch Werther-Effekt nennt, ist seit langem bekannt. Er wurde durch eine Studie von SCHMIDTKE und HÄFNER (1986) noch einmal nachgewiesen (vgl. Übersichten von GOULD 1990 und GUNNEL 1994). Solche sozialen Faktoren unterstreichen, daß es sich bei der Suizidalität um ein außerordentlich komplexes Phänomen handelt, dessen Reduktion auf ein bloßes Symptom psychischer Krankheit sich verbietet.

Suizid als Bilanz?

Die Möglichkeit des Suizids als Bilanz einer unerträglichen Lebenssituation ist lange Zeit gerade von Psychiatern heftig bestritten worden. Er ist durch AMERYS Plädoyer für den Freitod (1976), aber auch durch die Aktivitäten von Vereinigungen in die Diskussion geraten, die sich Gesellschaften für »humanes Sterben« nennen. Ich bin davon überzeugt, daß es einen solchen Bilanzsuizid gibt. Ich räume allerdings ein, daß das möglicherweise eine Glaubensfrage ist. Ich will nicht geltend machen, der Bilanzsuizid sei ein Ausdruck von Freiheit. Er ist vielmehr die bittere Konsequenz einer von außen aufgezwungenen, unerträglichen Wirklichkeit. JAPSERS (1932, S. 308 ff.) schreibt dazu:

> »In gänzlicher Verlassenheit, im Bewußtsein des Nichts, ist dem Einsamen der freiwillige Untergang wie eine Heimkehr zu sich selbst. Gepeinigt in der Welt, ohnmächtig, den Kampf mit sich und der Welt fortzuführen, in Krankheit oder Alter dem Versinken in Kümmerlichkeit ausgesetzt, von dem Herabgleiten unter das Niveau des eigenen Wesens bedroht, wird es ein tröstender Gedanke, sich das Leben nehmen zu können, weil der Tod wie eine Rettung erscheint.«

Häufigkeit von Suizid und Suizidversuch

Die Häufigkeit von Suiziden und Suizidversuchen ist von Land zu Land, von Kultur zu Kultur unterschiedlich. Selbst innerhalb eines Landes bestehen häufig Unterschiede, die rational kaum nachvollziehbar sind. In den Vereinigten Staaten beispielsweise stehen Nevada (24,1 pro 100.000 pro Jahr) und Montana (21,7) an der Spitze und New Jersey und New York (jeweils 7,6) am Schluß. Auch in Deutschland sind die Schwankungen – etwa zwischen Sachsen und Hessen – beträchtlich. 1993 betrug die Suizidrate in den alten Ländern 21,7 bei Männern und 8,4 bei Frauen, in den neuen Ländern bei Männern 28 bei Frauen 11 (MCINTOSH 1991, SCHMIDTKE 1995).

Insgesamt ist die Suizidrate in Deutschland rückläufig. In den alten Ländern hat sie 1993 nach einem Gipfel im Jahre 1977 annähernd den Stand von 1951 erreicht (9.526 Personen, davon 6.792 Männer und 2.833 Frauen), in den neuen Ländern 3.065, davon 2.168 Männer und 897 Frauen (SCHMIDTKE 1995). In der Schweiz und in Österreich liegt die

Suizidrate höher als in der Bundesrepublik. In diesen Ländern ist auch kein rückläufiger Trend zu verzeichnen.

Überall in den westlichen Ländern ist es während der vergangenen Jahrzehnte zu einem relativen Anstieg der Suizidrate der 15- bis 30jährigen gekommen, ohne daß dafür ein schlüssiges Erklärungsmodell vorliegt. Darüber darf nicht in Vergessenheit geraten, daß die höchsten Suizidraten in unserem Kulturraum bei den über 75jährigen zu verzeichnen sind, die größten absoluten Zahlen bei den 30- bis 60jährigen. Zwei Grafiken von SCHMIDTKE (1995) dokumentieren die Entwicklung der Suizidraten und die Altersverteilung in eindrucksvoller Weise.

Die Suizidversuchsraten liegen bekanntlich um ein Vielfaches über jener der Suizidraten. Dabei handelt es sich allerdings um wissenschaftlich abgestützte Schätzungen, die mit erheblichen Unsicherheitsfaktoren verbunden sind.

Suizidgefährdung während der Behandlung

Dieses Buch stellt nicht den Anspruch, das ganze Spektrum der Probleme von Suizidgefährdung und Suizid zu bearbeiten. Sein Schwerpunkt ist die Suizidgefahr während der Behandlung. Es konzentriert sich auf Menschen mit psychischen Störungen oder Problemen, die professionelle Hilfe in Praxis, Klinik oder Beratungsstelle suchen, weil sie hoffnungslos und verzweifelt sind, weil sie sich mit Selbsttötungsabsichten oder -gedanken tragen. Es macht sich zur Aufgabe, zur Suizidvermeidung bei jenen Kranken beizutragen, deren Leiden mit einem erhöhten Suizidrisiko behaftet ist, ohne daß dieses in jeder Phase des Krankheitsverlaufs sichtbar wird: Menschen mit Depressionen, Psychosen aus dem schizophrenen Formenkreis, Abhängigkeitserkrankungen und Persönlichkeitsstörungen.

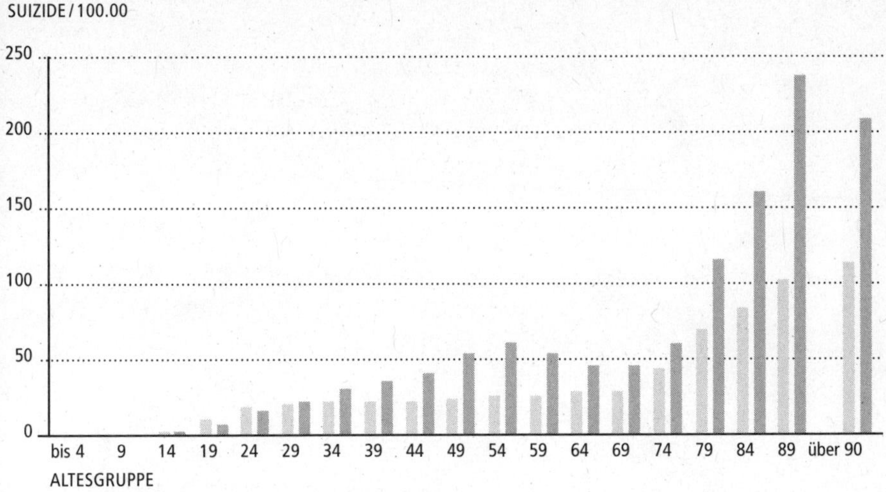

Suizidziffern der einzelnen Altersgruppen: Männer der alten und neuen Länder der Bundesrepublik Deutschland. Durchschnitt 1990-1993. Datenquelle: Statistisches Bundesamt: Institut für Medizinische Statistik und Datenverarbeitung, Berlin

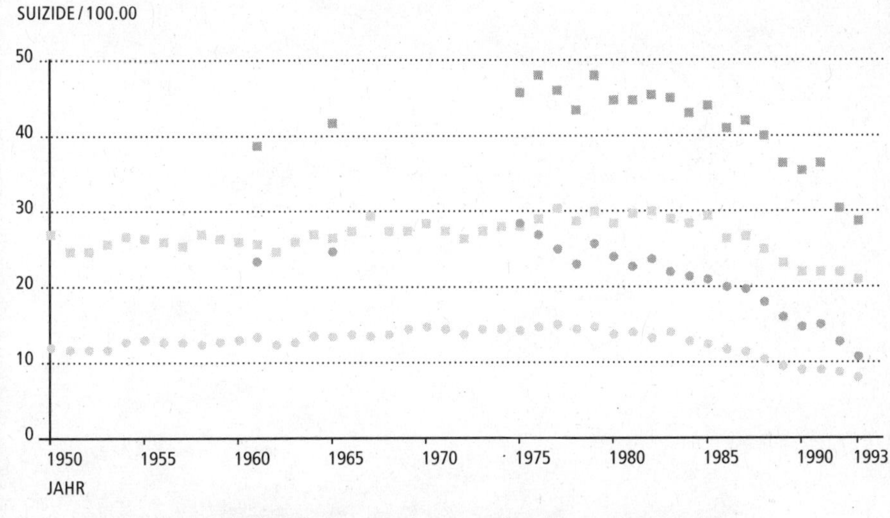

Verlauf der Suizidziffern in den alten (1950-1993) und neuen (1975-1993) Ländern der Bundesrepublik Deutschland. Datenquelle: Statistisches Bundesamt: Institut für Medizinische Statistik und Datenverarbeitung, Berlin

Bundesrepublik Frauen Männer DDR Frauen Männer

Wer ist gefährdet

2 Kann psychiatrische Behandlung den Suizid verhindern?

»Die jetzige Gesellschaftsordnung verlangt vom Psychiater eine große und ganz unangebrachte Grausamkeit. Man zwingt Leute, denen aus guten Gründen das Leben verleidet ist, weiterzuleben; das ist schon schlimm genug. Aber ganz schlimm ist es, wenn man diesen Kranken mit allen Mitteln das Leben noch unerträglicher macht, indem man sie einer peinlichen Bewachung unterwirft.«

»... Ich bin überzeugt, daß bei der Schizophrenie gerade durch die Bewachung der Selbstmordtrieb geweckt, gesteigert und unterhalten wird. Nur ausnahmsweise würde sich einer unserer Kranken das Leben nehmen, wenn wir ihn gewähren ließen. Und wenn es auch ein paar mehr sein sollten, die zugrunde gehen – ist es recht, wegen dieses Resultates Hunderte von Kranken zu quälen und ihre Krankheit zu verschlimmern? Vorläufig stehen wir Psychiater unter der traurigen Pflicht, unser Möglichstes zu tun, daß diese Anschauungen sich bald ändern.«

Diese Worte Eugen BLEULERS, geschrieben im Jahre 1911, umreißen ein Dilemma, in dem sich psychiatrische Therapeuten befinden. Sie sind nach fast neunzig Jahren unverändert aktuell. Menschen kommen zu uns, weil sie nicht mehr leben wollen. Das heißt, noch häufiger werden sie geschickt.

Suizidalität ist Symptom zahlreicher psychischer Störungen. Sie begleitet den therapeutischen Prozeß. Sie ist Nebenwirkung therapeutischer Verfahren – der aufdeckenden Psychotherapie ebenso wie des Einsatzes von neuroleptischen oder antidepressiven Medikamenten. Sie ist nicht überwiegend Zeichen der Verschlimmerung des Grundleidens. Oft ist sie – wie bei der Depression und bei den Psychosen aus dem schizophrenen Formenkreis – Begleiterscheinung einer kritischen Phase der Wiederherstellung.

Suizidvermeidung und Menschenwürde

Wir müssen und wir wollen den Suizid unserer Patienten und Patientinnen verhindern. Aber wir können manche unserer suizidalen Patienten verstehen. Unser Respekt vor ihrem Leiden erschüttert manchmal unsere Entschlossenheit bei der Suizidverhinderung. Andererseits kann die Achtung vor der Würde der Kranken im BLEULERschen Sinne auch ein Beitrag zur Suizidprophylaxe sein.

In früheren Zeiten wurde in vielen psychiatrischen Kliniken eine Kultur der »mechanischen« Suizidprophylaxe gepflegt: Die Kranken kamen in den Wachsaal. Gürtel, Krawatte und Schnürsenkel mußten sie abgeben; Nagelfeile, Pfeifenreiniger und Streichhölzer sowie diverse andere »gefährliche« Gegenstände desgleichen. Auf diese Weise wurde der Anstaltsordnung Genüge getan. So konnte man ohne Angst darauf warten, daß die Suizidalität abklinge.

Konnte man das wirklich? Es gibt vielfältige Möglichkeiten, sich das Leben zu nehmen – auch auf einer »selbstmordsicheren« psychiatrischen Station. Man kann sich zum Beispiel mit einem Flügelhemd erdrosseln; im Wachsaal, unter den Augen von aufmerksamen und zuverlässigen Pflegern. Ich habe das selbst erlebt.

Wenn man den Suizid schon nicht verhindern kann, so schützt man sich auf diese Weise doch vor Vorwürfen, wenn das Unglück geschieht. Ich werde darauf zurückkommen. Es ist nämlich gar nicht selten, daß unser Bedürfnis, uns selbst zu schützen, zu Scheinlösungen führt, die den suizidgefährdeten Kranken eher schaden als nützen, ohne daß das auf den ersten Blick erkennbar ist.

Ich will hier nicht erörtern, ob es nicht unter bestimmten Voraussetzungen und für einen begrenzten Zeitraum sinnvoll und notwendig sein kann, auf solche mechanische Weise den Suizid zu verhindern. Aber Voraussetzungen für eine therapeutische Aufarbeitung der Lebensprobleme der Kranken schafft man durch totale Überwachung nicht. Kranke sind Menschen. Die Einweisung in das psychiatrische Krankenhaus setzt das Grundgesetz nicht außer Kraft. Die Beschneidung der Würde senkt das Suizidrisiko nicht – oder doch nur auf recht fragwürdige Weise. Sie kann das Gefühl des Suizidalen, ein nichtiges Leben zu führen, allenfalls noch verstärken.

Der Patientensuizid als Versagen der Therapeuten

Der Tod als Ausgang der Behandlung ist in den meisten medizinischen Disziplinen etwas Häufiges, etwas Normales. Er wird als natürlich, als unausweichlich hingenommen. In der Psychiatrie ist das anders: Dort ist das Scheitern der Therapie durch den Tod des Patienten die Ausnahme. Um so dramatischer ist die Wirkung des Suizids auf die Therapeuten. Er ist der unwiderrufliche Abbruch einer Beziehung, die oft über Monate, manchmal über Jahre bestanden hat. Deutlicher kann ihm sein Versagen nicht vor Augen geführt werden. Jeder Therapeut, der von dem Suizid eines Patienten erfahren hat, kennt das Ausmaß an Verunsicherung im Gefolge eines solchen Geschehens.

Man hat den Suizid trotz intakter – oder doch scheinbar intakter – therapeutischer Beziehung nicht vorhergesehen. Oder man hat ihn vorhergesehen; aber man hat ihn trotz redlichen Bemühens nicht verhindern können. Vielleicht hätte man doch noch mehr tun können. Man hat versagt.

Ein Gefühl der Schuld tritt hinzu, auch wenn man bei sorgfältiger und ehrlicher Analyse der Behandlung keine Fehler entdecken kann. Gerade wenn das so ist, kann die Verunsicherung besonders tiefgreifend sein. Wir werden uns bewußt, daß wir es mit einem Geschehen zu tun haben, das sich unserem zuverlässigen Zugriff entzieht. Aber fast immer bleiben Zweifel: Habe ich an dieser Stelle das richtige Wort gefunden? Hätte ich in jenem Augenblick nicht in anderer Weise intervenieren müssen?

Ein Patientensuizid ist mehr als das, was in der Chirurgie oder in den Anästhesie gemeinhin als »Zwischenfall« bezeichnet wird. Er stellt uns nicht nur in unseren therapeutischen, sondern auch in unseren menschlichen Qualitäten in Frage. Es spricht einiges dafür, daß der Umgang mit suizidalen Menschen die Therapeuten in besonderer Weise mit der Frage konfrontiert, wie stabil ihr eigenes seelisches Gleichgewicht und wie stark ihre eigene Lebensbejahung ist.

Suizidgefährdung als Agierfeld

Suizidalität ist auch ein Agierfeld zwischen dem Therapeuten, dem Patienten, seinen Angehörigen und seinen Freunden. Der Suizidversuch als »Schrei nach Hilfe« ist allgemein geläufig. Suizidales Handeln kann auch als Druckmittel, als Bedrohung, als Strafe, ja als Rache eingesetzt werden. Jeder Therapeut, jede Therapeutin kennt Argumente wie diese: »Wenn Sie mich auf eine geschlossene Station einweisen, wenn Sie mich nicht beurlauben – oder auch anders herum: wenn Sie mich jetzt schon entlassen, – bringe ich mich um.«

Angstfreies Handeln ist nicht mehr möglich, wenn diese Drohung im Raum steht. Darf man, muß man einer solchen Drohung nachgeben? Muß man sich unter dem Eindruck einer solchen Drohung auch auf etwas einlassen, was man für falsch hält? Was ist, wenn der Patient sich suizidiert, nachdem man die Entscheidung, die man für richtig hält, gegen ihn durchgesetzt hat? Was ist, wenn er sich suizidiert, nachdem man gegen die eigene Überzeugung nachgegeben hat – im Zweifel, ob er nicht möglicherweise doch Recht habe?

Dazu ein Beispiel

Ein 22jähriger junger Mann teilt seiner behandelnden Ärztin nach 14tägigen Tagesklinikbesuchen mit, er wolle entlassen und ambulant weiterbehandelt werden. Die Ärztin ist damit nicht einverstanden. Sie rät ihm vielmehr, sich stationär aufnehmen zu lassen. Sie bittet ihn und seine Mutter zu einem gemeinsamen Gespräch. In diesem wehrt er sich heftig gegen alle Beeinflussungsversuche von seiten der Ärztin und kündigt an: »Wenn Sie mich ins Krankenhaus einweisen, bringe ich mich um!« Auch die Mutter ist gegen eine Einweisung. Auf die Gefahr eines Suizids während der ambulanten Behandlung angesprochen, wehrt der junge Mann ab. Er findet auch dabei die Unterstützung seiner Mutter. Die Therapeuten entschließen sich schweren Herzens, dem Drängen der Familie nachzugeben. Ihre Zweifel schlagen sich darin nieder, daß sie das Einverständnis des jungen Mannes herbeiführen, am Tag nach der Entlassung mit der Ärztin des Sozialpsychiatrischen Dienstes zu sprechen. Diese erkennt keinen Grund für eine Zwangseinweisung, insbesondere keine Suizidalität. Zwei Tage danach suizidierte sich der junge Mann mit einem Pflanzenschutzmittel.

Um nicht mißverstanden zu werden: Die Geschichte hätte nicht so enden müssen; glücklicherweise tut sie es meistens nicht. Aber das Entscheidungsdilemma ist unausweichlich.

Suizid als Schuldvorwurf

Die Unterbringungsgesetze der deutschen Bundesländer kennen zwei zwingende Gründe für die Einweisung eines Menschen gegen seinen Willen in ein psychiatrisches Krankenhaus: er muß für andere gefährlich sein oder für sich selbst. Die Selbstgefährdung – »Selbstmordgefährdung« – als Einweisungsgrund hat einen fatalen Umkehrschluß zur Folge: Suizidiert sich dennoch ein Patient im psychiatrischen Krankenhaus, müssen die Therapeuten sich gegen den Vorwurf der Fahrlässigkeit verteidigen.

Aufsichtsbehörden und vorgesetzte Dienststellen von Krankenhäusern verlangen einen Bericht über das »besondere Vorkommnis«. Im Krankenhaus kommt es zu Getuschel, wenn nicht offen Rechenschaft abgelegt wird. Die Öffentlichkeit zeigt mit dem Finger auf die Institution, wenn der Selbstmord außerhalb des Krankenhauses stattgefunden hat – womöglich ein Wiederholungsfall. Die Kriminalpolizei kommt ins Haus. Die Staatsanwaltschaft leitet, wie bei jedem unnatürlichen Todesfall, ein Ermittlungsverfahren ein. Gelegentlich erhebt sie Anklage. In einzelnen Fällen sind Verurteilungen bekanntgeworden.

Ein Patientensuizid ist ein so einschneidendes Ereignis, daß es für die betroffenen Therapeuten und Therapeutinnen entlastend wirkt, wenn die Umstände des Geschehens geklärt werden. Das ist die eine Seite. Auf der anderen Seite steht die Angst vor disziplinarischen und strafrechtlichen Folgen. Diese wächst, wenn das Vertrauen fehlt, daß der Nächsthöhere in der Hierarchie der Angst imstande ist, das Gesamtgeschehen zu würdigen.

Die Angstspirale

Die Therapeuten der Station haben Angst, daß der Direktor ihnen mangelnde Sorgfalt und mangelnde Wachsamkeit vorwirft. Der Direktor hat Angst, daß der Krankenhausträger ihm vorwirft, die Suizide im Krankenhaus seien Folge einer »zu liberalen« Psychiatrie, deren Auswirkungen ohnehin mit Mißbehagen betrachtet werden. Die zuständigen Dezernenten des Krankenhausträgers fürchten eine Rüge des Sozialministers – und dieser wiederum eine unfreundliche Presse oder die Anfrage eines Landtagsabgeordneten: »Trifft es zu, daß sich in den psychiatrischen Landeskrankenhäusern im vergangenen Jahr 13 Patienten das Leben genommen haben? Und was gedenkt der Herr Sozialminister dagegen zu unternehmen?«

Nun ist die Furcht vor der Rüge ebensowenig ein Orientierungsmaßstab für das therapeutische Handeln in einem psychiatrischen Krankenhaus wie ein staatsanwaltschaftliches Ermittlungsverfahren. Entscheidend ist allein die Frage, ob und unter welchen Bedingungen

Suizide von Patienten in psychiatrischen Krankenhäusern vermeidbar sind; oder, wenn das nicht der Fall ist, unter welchen Bedingungen die Suizidrate möglichst niedrig gehalten werden kann.

Nicht jeder Suizid ist vermeidbar

Suizide von Patienten in psychiatrischen Krankenhäusern sind in der Tat unvermeidbar. Dokumente aus 150 Jahren Psychiatriegeschichte belegen, daß sie zu keiner Zeit und in keinem Land vermeidbar waren, weder unter dem Vorzeichen des Moral Treatment, der Verwahrpsychiatrie, noch der Psychiatrie der offenen Türen (vgl. MODESTIN 1982, 1987). Unterschiedlich ist nur die Häufigkeit. Sie schwankt zwischen 32 und 380 auf 100.000 Patienten. Und es scheint notwendig, gleich hinzuzusetzen, daß große Zweifel an der Zuverlässigkeit solcher Zahlen angebracht sind.

Man kann sich natürlich alle möglichen mechanischen Maßnahmen zur Suizidverhinderung ausdenken: die medikamentöse Dämpfung bis zur Handlungsunfähigkeit, die Fesselung, die lückenlose Sicht- und Fernsehüberwachung im Wachsaal, im Bad und auf der Toilette, die Isolierung in einer »suizidsicheren« Zelle.

Alle diese Methoden werden angewendet. Abgesehen davon, daß sie zur reinen Barbarei entarten können, sind sie in ihrer Wirksamkeit begrenzt: irgendwann müssen sie wieder gelockert werden. Irgendwann hört die Kontrolle auf, lückenlos zu sein. Es kann keine lebenslange Internierung wegen Suizidalität geben. Irgendwann muß der anscheinend genesende Suizidale Gelegenheit haben, seinen wiederkehrenden Lebenswillen zu erproben – spätestens im Augenblick der Entlassung. Und dann geht es vor allem um die Tragfähigkeit der therapeutischen Beziehung mit der Möglichkeit des Scheiterns.

Erhöhte Gefährdung nach der Entlassung

Es gibt viele Argumente gegen die mechanischen Methoden der Suizidverhütung. Ich habe am Anfang dieses Kapitels Eugen BLEULER dazu angeführt. Die entscheidenden Einwände scheinen mir aber in folgender, wenig bekannter Tatsache zu liegen: Die Suizidgefährdung des Patienten ist nicht während seines Krankenhausaufenthaltes am größten, sondern nach der Krankenhausentlassung. Wir haben in den 70er Jahren am Beispiel der Tübinger Universitätsnervenklinik zeigen können, daß sie innerhalb der ersten Monate nach der Entlassung dreimal so hoch liegt wie während des gesamten Krankenhausaufenthaltes. Diese Zahlen werden durch zahlreiche andere Untersucher gestützt (vgl. FINZEN 1984). Daran hat sich bis heute nichts geändert (s. 3. Kapitel). Unsere bislang unveröffentlichten Basler Daten aus diesem Jahrzehnt unterstreichen das.

Wenn das so ist, kann das nur bedeuten, daß die Therapeuten sich der Suizidalität ihrer Patienten während des psychiatrischen Krankenhausaufenthaltes stellen müssen, daß sie versuchen müssen, sie therapeutisch aufzuarbeiten, um sie zu kräftigen und auf jene Belastung vorzubereiten, die sie nach der Entlassung unter den Bedingungen einer verdünnten therapeutischen Betreuung erwarten.

Die Therapeuten müssen sich der Suizidalität ihrer Patientinnen und Patienten stellen

Die psychisch Kranken werden innerhalb der Klinik von vielen Problemen entlastet, mit denen sie sich in ihrem normalen Leben auseinandersetzen müssen. Die Regression, die mit jeder Krankenhauseinweisung verbunden ist, entaktualisiert manche Konflikte. Als Patientinnen und Patienten dürfen sie sich zunächst einmal fallenlassen. Sie werden umsorgt und betreut. Ihnen wird vieles abgenommen, um das sie sich sonst selbst kümmern müssen.

Solche Entlastung kann zu einer Erholung beitragen. Sie bietet die Grundlage für die Entwicklung einer psychotherapeutischen Beziehung. In deren Verlauf geht es darum, sich allmählich wieder mit den Problemen der eigenen Lebenswirklichkeit auseinanderzusetzen. Dazu gehört auch die Auseinandersetzung mit der Suizidalität. Wir können getrost davon ausgehen, daß sie bei allen depressiven und bei fast allen schizophrenen Kranken ein Thema ist. Das gilt vor allem bei Patienten mit chronisch rezidivierendem psychotischen Krankheitsverlauf. Bei ihnen ist die Suizidgefährdung nicht nur mögliches Krankheitssymptom. Sie muß auch als Reaktion auf die realen Folgen der Krankheit für ihr weiteres Leben in Betracht gezogen werden.

Was ist also zu tun? HENSELER (1981) weist mit Recht darauf hin, daß die Literatur zur Suizidproblematik auffallend arm an therapeutischen Konzepten ist, die über sehr allgemein gehaltene Empfehlungen hinausgehen. Wenn überhaupt, werden Konzepte zur therapeutischen Intervention in akuten Krisen vorgelegt.

Dieser von HENSELER beklagte Mangel ist heute nicht mehr ganz so eklatant. Der Psychologe Wolfram DORRMANN (1996) hat ein hilfreiches Buch über »Therapeutische Interventionen bei Selbsttötungsabsichten« verfaßt, das mittlerweile in der zweiten Auflage vorliegt, und das ich als Ergänzungslektüre zu diesem Buch mit Nachdruck empfehle.

Grundregeln

Unabhängig davon gilt die allgemeine Grundregel: man bespricht das Problem; man sucht nach den Ursachen; man versucht, gemeinsam mit dem Patienten Lösungen zu finden. In jedem Fall ist es sinnvoll, die Grundkrankheit zu behandeln, etwa die manisch-depressive Krankheit oder die Psychose aus dem schizophrenen Formenkreis. Eine medikamentöse Symptombekämpfung, etwa bei unbezwingbarer Angst, kann auch bei anderen Störungen sinnvoll sein.

Aber bei längerfristig anhaltender Suizidalität muß es in erster Linie um die Entwicklung eines tragfähigen Arbeitsbündnisses gehen, in dessen Rahmen wir mit dem Patienten über seine selbstzerstörerischen Tendenzen sprechen können. Wir müssen uns mit ihm auseinandersetzen, inwieweit er unserer Hilfe zum Schutz vor ihnen bedarf und inwieweit er für sich selbst Verantwortung übernehmen kann. Wir müssen für ihn annehmbare Hilfsangebote machen und Übereinkünfte über sein Verhalten in plötzlich auftretenden suizidalen Krisen mit ihm treffen. Wir müssen in unserem therapeutischen und rehabilitativen Bemühen selbstkritisch prüfen, welchen Belastungen er gewachsen ist und welche ihn überfordern. Wir müssen aber vor allem mit ihm gemeinsam einen Plan für die Zeit nach der Krankenhausentlassung entwickeln.

Solche Forderungen sind einfach formuliert. Ihre Probleme liegen im Detail. Sie sind auch eine Forderung nach der zuverlässigen Verfügbarkeit des Therapeuten über einen langen Zeitraum hinweg. Sie enthalten den Anspruch an den Therapeuten, das Arbeitsbündnis auch über krisenhafte Phasen suizidalen Agierens hinweg aufrechtzuerhalten; und sie umschließen die Möglichkeit des Scheiterns, auch weil Suizidalität nicht nur Symptom psychischer Krankheit ist, sondern eine Möglichkeit menschlichen Handelns.

Was können wir tun?

Ich habe versucht, in diesem Kapitel einige Aspekte von psychiatrischer Behandlung und Suizid darzustellen. Ich bin mir bewußt, daß zunächst ein Stück Ratlosigkeit bleibt – und die Angst vor dem nächsten Suizid, für den wir verantwortlich sein werden. Ohne Zweifel besteht auch ein erhebliches Forschungsdefizit – auf der epidemiologischen wie auf der Beziehungsebene. Ich hoffe, daß es mir gelungen ist zu zeigen, daß wir uns dem Problem des Patientensuizids aktiv stellen müssen, daß wir uns weder durch totale Überwachung allein, noch durch Verlagerung des Problems in die Nachbehandlungsphase daran vorbeimogeln können.

Klaus DÖRNER und Ursula PLOG (1978, 1996) sprechen in ihrem Lehrbuch der Psychiatrie von einer »verzweifelten Einsicht: es ist nicht alles machbar«. Die psychiatrische Arbeit kann und darf nicht um jeden Preis helfen. Immerhin hat ein so über jeden Zweifel erhabener und engagierter Mensch und Psychiater wie Adolf MEYER dazu gesagt: »Ein psychiatrisches Krankenhaus, in dem kein Suizid vorkommt, kann kein gutes Krankenhaus sein.« Dabei dürfen wir jedoch nicht stehenbleiben. Diese Feststellung ist nicht umkehrbar: Eine hohe Suizidrate ist kein Merkmal von Behandlungsqualität.

Suizide von Patientinnen und Patienten während der Behandlung sind zwar zum Teil unvermeidbar, zum anderen Teil aber sind sie Ausdruck unseres Versagens als Therapeuten. Sie sind Komplikationen unserer Behandlung – unerwünschte Begleitwirkungen von Psychotherapie, Rehabilitationsbemühungen und Pharmakotherapie. Manchmal sind sie die Folge von Behandlungsfehlern, von Fehldiagnosen, von Fehleinschätzungen der Lebens- und Krankheitssituation. Nicht selten ist es eine gestörte Beziehung zwischen Therapeuten und Patienten, die im Suizid endet.

Leitlinien

Ich werden in diesen Leitlinien zur Suizidprophylaxe bei psychischen Störungen den Risiken nachgehen, die in der Krankheit, in der psychischen und sozialen Situation des Patienten und in der Therapie begründet sind. Ich werde darlegen, wie man ihnen begegnen kann.

Unser Wissen über den Suizid psychiatrischer Patienten während der

Therapie ist begrenzt. Dennoch können wir handeln. Wir haben ziemlich genaue Vorstellungen davon, welche Patienten unter welchen Bedingungen besonders gefährdet sind. Wir haben im therapeutischen Alltag Routinen der Suizidprophylaxe entwickelt. Wir wissen nicht, wie wirksam sie sind. Aber soviel ist sicher: Sorgfältige Diagnostik und überlegte therapeutische Maßnahmen, die den individuellen Bedürfnissen der Kranken Rechnung tragen, vermindern das Suizidrisiko.

Das gleiche gilt für ein therapeutisches Milieu, das den Kranken Zuverlässigkeit und Geborgenheit vermittelt, das für sie berechenbar ist, das soziotherapeutische Aktivierung sorgsam dosiert. Schließlich wissen wir, daß der therapeutische Umgang mit Suizidgefährdeten tief in die Persönlichkeit der Therapeuten eingreift. Die emotionalen Reaktionen des Therapeuten können sich, so die amerikanischen Autoren MALTSBERGER und BUIE (1974), bis zum »Gegenübertragungshaß« kritisch zuspitzen und auf diese Weise die Behandlung zum Scheitern bringen. Ihre Wahrnehmung und Kontrolle wird somit zu einem wichtigen Instrument der Suizidprophylaxe.

Bevor wir uns der praktischen Seite der Suizidvermeidung in Klinik und Praxis, der Beratung und Behandlung suizidgefährdeter Menschen mit psychischen Störungen zuwenden, ist ein Überblick über den Stand der Forschung angezeigt. Diesen will ich im nächsten Kapitel vermitteln.

3 Der Suizid psychisch Kranker während der Behandlung. Der Stand der Forschung

Es herrscht Übereinstimmung, daß psychische Störungen mit einem erhöhten Suizidrisiko verbunden sind. Die Angaben darüber allerdings, wie hoch dieses Risiko ist, gehen weit auseinander. GUNNELL (1994) kommt in einer neueren kritischen Literaturanalyse über die Wirksamkeit suizidpräventiver Maßnahmen zu dem Ergebnis, etwa die Hälfte aller Menschen, die sich das Leben nehmen, seien irgendwann einmal wegen psychischer Störungen in Behandlung gewesen, etwa ein Viertel während des Jahres vor dem Suizid. Andere, wie BARRACLOUGH (1974) oder ROBINS u. a. (1959, 1981), machen geltend, alle oder doch fast alle Suizidopfer hätten an einer psychischen Störung, insbesondere an Depressionen klinischen Ausmaßes, gelitten.

Unabhängig von der tatsächlichen Größenordnung ist es verständlich, daß die Suizidgefährdung psychisch Kranker seit langem einer der Schwerpunkte der Suizidforschung ist. Bei ihnen bietet sich wegen der Abgrenzbarkeit der Risikopopulation und der Behandelbarkeit der Grundstörung eine faßbare Möglichkeit der Suizidprävention. Aus methodologischen und aus praktischen Gründen bietet es sich an, für die wissenschaftliche Analyse zwischen Kranken zu unterscheiden, die sich zum Zeitpunkt der Selbsttötung in stationärer oder ambulanter Behandlung befinden und solchen, die das nicht tun, die möglicherweise nie den Weg in die Therapie gefunden haben.

Der Suizid in der Klinik

Um die Erforschung des Suizids während der Behandlung in der psychiatrischen Klinik ist es in den letzten Jahren still geworden. In den nationalen und den internationalen Zeitschriften sind seit Anfang der 90er Jahre nur wenige Publikationen zu dieser Thematik erschienen. Nur wenige der zahlreichen Autoren, die sich in den 80er Jahren damit befaßt haben, beschäftigen sich noch damit (z. B. WOLFERSDORF u. a. 1996). Man könnte meinen, die Forschungsaktivität sei auf den Stand von 1960 zurückgekehrt.

Für die beiden Jahrzehnte davor (1941-1960) hatten wir für ein Sammelreferat (FINZEN 1986) mit 98 Studien nur sechs Publikationen zum Suizid von psychiatrischen Patienten in der Klinik aufgefunden, davon eine in deutscher Sprache. Zwischen 1961 und 1970 waren es immerhin 28, davon 6 deutschsprachige. Im darauffolgenden Jahrzehnt waren es 28, davon 7 deutschsprachige; und in der ersten Hälfte der 80er Jahre waren es 34, davon 24 in deutscher Sprache. In der zweiten Hälfte der 80er Jahre folgte noch einmal eine Fülle von Publikationen, vor allem auch in deutscher Sprache, darunter allein vier Monographien (MODESTIN 1987, FINZEN 1988, 1989, WOLFERSDORF 1989) und mehrere Sammelbände (z. B. RITZEL 1989 und WOLFERSDORF 1987). In dieser Zeit fanden auch mehrere Symposien zum Patientensuizid statt. Die wichtigsten wurden ebenfalls von RITZEL und WOLFERSDORF veranstaltet. Darüber hinaus war Suizid in der Klinik Gegenstand einer ganzen Reihe von Forschungsprojekten und Dissertationen.

Woran liegt das nachlassende Interesse? Es kann ja wohl kaum sein, daß das Problem sich erledigt hat. Der Suizid eines Patienten oder einer Patientin im psychiatrischen Krankenhaus während der Behandlung ist nach wie vor ein einschneidendes Ereignis mit weitreichenden Folgen für das therapeutische Umfeld und die mitbetroffenen Angehörigen. Auch das Interesse der Staatsanwaltschaften an der Frage nach der Verantwortlichkeit hat kaum nachgelassen. In der Schweiz sind in den letzten Jahren zudem eine Reihe von Zivilprozessen durch alle Instanzen geführt worden.

Rechtsprechung als Forschungsimpuls

Es gibt jedoch Hinweise darauf, daß das erlahmende Interesse an der Erforschung am Suizid in der Klinik auch damit zu tun hat, daß die juristischen Rahmenbedingungen heute durch eine ganze Reihe von Obergerichtsentscheidungen eindeutiger abgesteckt sind als dies zu Beginn der ersten fruchtbaren Forschungsperiode zum Suizid in der Klinik Ende der 70er Jahre der Fall war. Damals hatten Urteile des Landgerichts Aachen (das sogenannte Dürener Urteil), des Oberlandesgerichts Hamm und des Frankfurter Landgerichts die psychiatrische Öffentlichkeit aufgeschreckt. Es war der Eindruck entstanden, als würden die Gerichte die Rechtsauffassung vertreten, der Suizid eines Patienten, der wegen Suizidgefährdung in eine psychiatrische Klinik eingewiesen worden sei, müsse zwingend das Ergebnis einer Nachlässigkeit oder eines Kunstfehlers sein. Der Bundesgerichtshof stellte wenig später eindeutig klar, daß dies nicht so sein könne. Vielmehr seien die Behandelnden lediglich gehalten, die Regeln der Kunst nach dem jeweiligen Kenntnisstand anzuwenden und einzuhalten, sich durch sorgfältige Untersuchung ein Bild vom Zustand der gefährdeten Kranken zu verschaffen und entsprechend ihren Feststellungen Maßnahmen zu treffen, ohne die Freiheit der Kranken über Gebühr einzuschränken und ohne ihre Würde durch übermäßig restriktive Maßnahmen zu verletzen (vgl. BOCHNIK u. a. 1984, ANKERMANN 1988, NEDOPIL 1996).

Die Unruhe, die die vorangegangenen Urteile ausgelöst hatten, erwies sich dennoch als heilsam. Es zeigte sich nämlich, daß diese Urteile aufgrund von Sachverständigenaussagen zustandegekommen waren, die ganz auf z. T. nicht ausreichend fundierte wissenschaftliche Erkenntnisse abgestützt waren. Spätestens seit Ende der 80er Jahre liegen solche Erkenntnisse in ausreichendem Umfang vor. Es war also nicht mehr notwendig, die Forschung fortzuführen, um eine sachgerechte Verteidigung gegen erwartete, unberechtigte Vorwürfe zu ermöglichen. Es kann gut sein, daß dies einer der Gründe für das Erlahmen der Forschung ist. Denn gerade die deutschsprachige Forschung der 80er Jahre war in bemerkenswerter Weise defensiv. Ihre Fragestellungen erinnern an den klassischen angelsächsischen Kriminalroman mit der Suche nach dem Täter: »Who done it?« Wer ist der Schuldige?

Suizid und psychiatrischer Wandel

In der Geschichte der Krankenhaussuizidforschung gibt es kaum einen Faktor, der nicht für eine behauptete Zunahme der Suizide während der Behandlung verantwortlich gemacht wurde. Dazu gehören: »humanere und offenere Behandlungsziele der Psychiatrie« (ERNST 1979); die Intensivierung der Therapie und Rehabilitation: »Rehabilitationsdruck«; die Einführung von Neuroleptika und Antidepressiva in den 50er Jahren (z. B. COHEN u. a. 1964); die Vermehrung des Personals in den psychiatrischen Kliniken (z. B. GORENC 1985); selbst die breite Einführung der Elektrokrampfbehandlung Ende der 40er Jahre wurde genannt.

Die Vielfalt dieser Faktoren, die auf den ersten Blick nichts Gemeinsames haben, hatte uns zu der Hypothese veranlaßt, daß es der Wandel in der psychiatrischen Kultur der vergangenen Jahrzehnte ist, der hier von entscheidender und übergreifender Bedeutung ist. Relativ gesichert zu sein scheint, daß Suizide in Krankenhäusern die therapeutisch inaktiv sind, nur recht selten vorkommen.

Therapeutische Aktivität scheint in sich selbst ein Risikofaktor zu sein – wie ein operativer Eingriff in der Chirurgie. Und wie dort, ist die Einführung von neuen Methoden der Therapie mit mehr Risiken verbunden als die routinemäßige Anwendung eines etablierten Verfahrens. Zugleich aber ist die Entwicklung neuer Behandlungsverfahren notwendig, wenn die alten unzureichende Erfolge aufweisen. Man muß nur lernen, sie zu beherrschen und sie zu dosieren. Bei der Psychiatrie kommt hinzu, daß das gesamte System psychiatrischer Versorgung in den 70er Jahren einem tiefgreifenden Wandel von der traditionellen kustodial orientierten therapeutischen Haltung zu Therapie und Rehabilitation als zentralen Zielen dem Rahmen der Psychiatriereform unterworfen war. Eine solche Hypothese ist nur schwer zu beweisen. Die von WOLFERSDORF (1996) nachgewiesene Stabilisierung der Suizidraten in den psychiatrischen Krankenhäusern in den 80er Jahren unterstreicht jedoch ihre Wahrscheinlichkeit.

Erschöpfung des epidemiologischen Ansatzes

Im übrigen hat sich die vorwiegend epidemiologisch orientierte Erforschung des Suizids in der psychiatrischen Klinik erschöpft. Mit den verfügbaren Methoden sind weitergehende Erkenntnisse nicht zu erreichen. Das haben insbesondere die Monographien von MODESTIN (1987) und WOLFERSDORF (1989) unterstrichen. Die deutschsprachigen Veröffentlichungen von anderen Autoren, die seither erschienen sind, sind meist hinter die Erkenntnisse von MODESTIN und WOLFERSDORF, die weitgehend den unseren entsprechen, zurückgefallen. So ist es nur konsequent, daß sich der Schwerpunkt der internationalen Forschung verlagert hat. Sie hat die Begrenzung auf den Suizid psychisch Kranker innerhalb der Klinik gesprengt. Sie hat – bislang mit geringerem Erfolg – den Suizid nach der Entlassung aus der psychiatrischen Klinik bearbeitet.

Wir haben den Eindruck, daß die z.T. recht aufwendigen Studien dazu bislang nicht über die Ergebnisse und Befunde hinaus kommen, die BEISSER und BLANCHETTE (1961) und POKORNY u. a. (1964) bereits in den 60er Jahren erhoben hatten und die wir in unserer Tübinger Arbeitsgruppe in den frühen 70er Jahren bestätigen konnten (MÜLLER 1978, GRANDEL 1978, FINZEN u. a. 1983a). Das wird durch zwei neuere Untersuchungen mit recht hoher Fallzahl aus Düsseldorf (HEINRICH und KLIMKE 1990) und Haar (VAITL u. a. 1995) noch einmal unterstrichen.

Fruchtbarer erweist sich zum einen die Konzentration auf die Suizidgefährdung einzelner Patientengruppen und spezifischer Formen psychiatrischer Behandlung, wie sie beispielsweise von MODESTIN (1985, SCHWARZENBACH und MODESTIN 1993) im Hinblick auf depressive Erkrankungen, MELTZER u. a. (1995) im Hinblick auf schizophrene Psychosen geleistet worden sind. Hier eröffnen sich vielfältige neue Perspektiven. Das gleiche gilt für die Erforschung spezifischer Risikosituationen während der stationären und der ambulanten Behandlung.

Ebenfalls aussichtsreich ist aus unserer Sicht die Hinwendung zur Erforschung des Lebenszeitrisikos und der Gefährdungssituationen im Rahmen des Lebenslaufes bei psychischer Krankheit. Es leuchtet ein, daß man über die Bedeutung der Behandlung und die mögliche Suizidprophylaxe durch Therapie bei affektiven und schizophrenen Psychosen, die bekanntermaßen mit einem sehr hohen langfristigen Suizidrisiko behaftet sind, kaum gültige Aussagen treffen kann, solange keine umfassenden Befunde über die Art und die Umstände der Suizidgefährdung im Langzeitverlauf dieser Erkrankungen vorliegen.

Qualitative Methoden, biographische Forschung

Dennoch ist die Erforschung des Suizids während psychiatrischer Behandlung innerhalb und außerhalb der Klinik aus unserer Sicht keineswegs abgeschlossen. Die Zusammenhänge zwischen Grunderkrankung, Behandlung und Suizid sind unseres Erachtens genausowenig abschließend geklärt wie die Frage, ob und in welcher Weise der Lebenslauf und die Grundpersönlichkeit der Kranken, des Therapeuten- und Teamverhaltens in der spezifischen therapeutischen Situation, das therapeutische Milieu und das Herkunftsmilieu der Kranken von Bedeutung sind. Wir halten es für wahrscheinlich, daß alle diese Faktoren eine Rolle spielen. Zugleich sind wir uns bewußt, daß sie nur schwer untersuchbar sind (vgl. z. B. ÖSTEREICH 1994). Das sollte uns nicht dazu verleiten, vorzeitig die Flinte ins Korn zu werfen. Wir sind vielmehr gehalten, nach tragfähigen methodologischen Ansätzen zu suchen, die uns einer Lösung näher bringen.

Wir müssen den epidemiologischen Forschungsansatz durch klinische Forschung, wie das bisher ja auch schon der Fall gewesen ist, und durch den Rückgriff auf qualitative Untersuchungsmethoden ergänzen. In unserem Fall gehört dazu in erster Linie die biographische Forschung, die in den letzten Jahren in der Sozialforschung eine Renaissance und eine Weiterentwicklung ihrer Methodologie erfahren hat. Wir sind überzeugt davon, daß die Kombination von Epidemiologie, klinischer Forschung und qualitativer Sozialforschung angesichts des unüberwindlichen Problems der kleinen Zahlen bei der Erforschung des Suizids in der psychiatrischen Klinik neue Erkenntnisse zu Tage fördern und bekannte Befunde absichern kann.

Das Blickfeld erweitern

Ein zentrales Problem der Untersuchung des Suizids in der psychiatrischen Klinik besteht im Forschungsgegenstand selbst. Es handelt sich dabei um eine pragmatisch begründete, aber dennoch relativ willkürliche Eingrenzung. Was uns wirklich interessiert, sind Erkenntnisse über den Suizid allgemein (1), bei psychisch Kranken (2), unter den Bedingungen psychiatrisch-psychotherapeutischer Behandlung (3), in der psychiatrischen Klinik (4).

Bei der Erforschung des Suizids in der psychiatrischen Klinik konzentrieren wir uns auf die vierte Ebene. Wir engen unser Blickfeld künstlich ein und lassen damit zahlreiche Aspekte und Faktoren außer acht, die neben dem Aufenthalt und der Behandlung in der Klinik von Bedeutung sind. Die Einengung erfolgt in doppelter Weise: Zum einen unterstellen wir durch die Gegenstandswahl die zentrale Bedeutung der Tatsache des Aufenthaltes in der Klinik mit seinen Rand- und Rahmenbedingungen. Zum andern rückt – vorschnell – die Verpflichtung zur Suizidverhinderung in den Mittelpunkt unseres Interesses: Dazu sind wir als Therapeutinnen und Therapeuten verpflichtet. Zum dritten richten wir unser Augenmerk auf eine begrenzte Gruppe aller jener Menschen, die sich das Leben nehmen. Das ist legitim, wenn wir es inhaltlich plausibel begründen können.

Aber die Population, die wir untersuchen, macht auch nur einen – wie wir sehen werden – geringen Anteil der psychisch Kranken aus, die sich das Leben nehmen. Mit hoher Wahrscheinlichkeit ist es sogar nur ein kleiner Anteil jener Kranken, die dies unter den Bedingungen psychiatrischer Behandlung tun. Bei der Konzentration auf den Suizid in der Klinik rückt zwangsläufig der defensive Charakter in den Vordergrund, der die Erforschung des Patientensuizids von Anfang ausgezeichnet hat. Das ist auch verständlich. Denn innerhalb der Klinik – und in etwas abgemilderter Form während der ambulanten Behandlung – spaltet sich die Frage: »Wie konnte dies geschehen?« unweigerlich in zwei Komplexe auf. Der erste: Warum hat der oder die Kranke das getan – gerade zu diesem Zeitpunkt in dieser Lebens- und Krankheitssituation? Der andere: Haben die Verantwortlichen alles getan, um den Suizid zu vermeiden? Oder noch drastischer: Wer ist schuld?

Jenseits der Schuldfrage

Vor allem die letzte Frage wirkt anti-aufklärerisch. Weil Verantwortlichkeit – und noch mehr Verschulden – eine außerordentlich komplexe Angelegenheit ist, wehrt man sie am zuverlässigsten mit dem Nachweis ab, daß ein Versagen der Verantwortlichen oder der Institution schon deswegen nicht vorliegen könne, weil der Suizid sich völlig unvorhersehbar und unerwartet ereignet habe. Die Verschanzung hinter dieser Feststellung ist heutzutage verhältnismäßig unverfänglich, weil im Zeichen einer aufgeklärten und reformierten Psychiatrie niemand mehr erwartet, daß man zum Zwecke der Suizidprophylaxe alle Kranken unter den Bedingungen ständiger Überwachung auf geschlossenen Stationen interniert. Aber wenn man das Argument der Unvorhersehbarkeit als gegeben betrachtet, bleibt einem aus Suizidforschung wenig mehr, als die Beschränkung auf das Abfragen und Abhaken oberflächlicher epidemiologischer, sozialer, biographischer und klinischer Fakten.

Dabei böte gerade der Suizid im psychiatrischen Krankenhaus, der sich gleichsam unter den wachsamen klinischen Blicken der Therapeuten ereignet, die Chance, wesentlich mehr über die Psycho- und Soziodynamik suizidalen Verhaltens und seiner äußeren Rahmenbedingungen zu erfahren als dies in allen anderen Konstellationen möglich ist. Diese Chance ist der entscheidende Grund, weshalb wir aufgerufen sind, in der Erforschung des Suizids unter den Bedingungen der Behandlung im psychiatrischen Krankenhaus nicht nachzulassen. Um hier voranzukommen, ist neben einem offenen psychiatrisch-psychodynamischen Zugang die soziologische und sozialpsychologische Sichtweise, verbunden mit einer entsprechenden Methodologie, gefragt.

Widersprüchliche Referenzdaten

Zugleich kommen wir nicht umhin, die anderen Ebenen in unsere Überlegungen einzubeziehen – den Suizid in der Allgemeinbevölkerung, den Suizid psychisch Kranker generell und den Suizid psychisch Kranker unter den Bedingungen ambulanter Behandlung.

Über den Suizid existiert eine unüberschaubare Fülle von Literatur. Allein für die letzten zehn Jahre registriert das Literatursuchsystem Medline über 18.000 Titel. Diese scheinbare Fülle täuscht jedoch, wenn man genauer hinschaut. Schon im Bereich der Epidemiologie sind die verfügbaren Daten genau so vielfältig wie widersprüchlich. So vermitteln sie beispielsweise im Hinblick auf den Suizid Jugendlicher oder auf den Suizid alter Menschen kein geschlossenes einheitliches Bild.

Viele Feststellungen zu den sozialen Rahmenbedingungen des Suizids, die wir als selbstverständlich betrachten, sind dies in Wirklichkeit keineswegs – nicht zuletzt, weil sie vielfach aus den fünfziger oder aus den sechziger Jahren stammen und, weil sie so selbstverständlich erscheinen, einfach fortgeschrieben worden sind.

Globalstudien

Überraschend spärlich ist die Datenlage, wenn wir nach Globaluntersuchungen begrenzter Bevölkerungen suchen. So gibt es beispielsweise nur sehr wenige Untersuchungen über die Häufigkeit und die Bedingungen des Suizids in Städten oder ländlichen Bevölkerungskreisen, die psychosoziale und psychiatrische Aspekte einschließen. Die wenigen umfassenden Studien liegen zudem durchweg zwei Jahrzehnte oder noch länger zurück. Dazu gehören vor allem die Studien von Barraclough aus dem Jahre 1974 und Robins aus dem Jahre 1959.

Barraclough und Mitarbeiter untersuchten damals hundert aufeinanderfolgende Fälle von Suizid auf der Grundlage von Coroner-Akten. Robins und Mitarbeiter führten in den fünfziger Jahren auf der Grundlage von Umgebungsbefragungen in einer begrenzten Region eine Studie über die letzten Monate von 134 Menschen durch, die sich das Leben genommen hatten. Wesentlich später veröffentlichte Robins (1981) darüber auch eine Monographie mit dem Titel »The Final Months«.

Auch die Untersuchungen aus unserem Tübinger Arbeitskreis (PIEPER 1977, FINZEN u. a. 1983) gehören in diesen Komplex. Wir analysierten damals auf der Grundlage von Polizeiakten alle 251 Suizide, die sich innerhalb eines Zehnjahreszeitraums im Landkreis Tübingen ereignet hatten. Durch einen Kreuzvergleich mit den Patientenarchiven der zuständigen öffentlichen psychiatrischen Krankenhäusern konnten wir feststellen, daß sich über dreißig Prozent der Suizidenten in diesem Zehnjahreszeitraum einmal in stationärer psychiatrischer Behandlung befunden hatten. Aus den Polizeiakten ließ sich außerdem entnehmen, daß weitere zwanzig Prozent gravierende Alkoholprobleme hatten.

Die Untersuchungen von BARRACLOUGH und ROBINS sind trotz ihres Alters unvermindert von Bedeutung. Sie werden häufig zitiert und liefern vor allem für jene die Argumentationsgrundlage, die der Überzeugung sind, daß ein Suizid fast immer mit einer relevanten psychischen Störung verbunden ist. BARRACLOUGH hatte in seiner Studie bei hundert Prozent der Betroffenen, also bei allen, das Vorliegen einer Depression festgestellt. ROBINS war immerhin bei 91 Prozent seiner Untersuchungspopulation zu einem psychiatrisch relevanten Befund gekommen, bei den meisten ebenfalls zur Feststellung einer Depression.

An diesen Befunden sind Zweifel erlaubt. Da es sich um klassische Studien handelt, sind diese Zweifel aber nur durch weitere Untersuchungen substantiierbar. Solche Untersuchungen sind auch notwendig, wenn man zu einer differenzierten Risikobetrachtung und damit zu einer realisierbaren Suizidprophylaxe kommen will. Die Befunde von ROBINS und BARRACLOUGH legen allenfalls ein ständiges Screening der Gesamtbevölkerung auf depressive Störungen mit den entsprechenden anschließenden psychiatrischen Interventionen nahe.

Suizid psychisch Kranker

Die Erforschung des Suizids psychisch Kranker, unabhängig davon, ob sie sich in Behandlung befinden oder nicht, wirft einige methodologische Probleme auf. Naturgemäß läßt sich das Vorliegen einer psychischen Krankheit nur dann retrospektiv mit einiger Sicherheit feststellen, wenn von einem dazu qualifizierten Experten zu gegebener Zeit eine entsprechende Diagnose gestellt worden ist. Daß der Weg der retrospektiven Diagnosestellung nicht ohne Probleme ist, beweisen die erwähnten klassischen Untersuchungen von BARRACLOUGH und ROBINS. David GUNNELL (1994) von der Universität Bristol kommt in seiner fundierten Literaturübersicht über »Das Potential zur Suizidprävention« – wie eingangs erwähnt – zu der Feststellung, daß die Hälfte der Menschen, die sich (in einer westlichen Gesellschaft) das Leben nehmen, irgendwann in ihrem Leben einmal in psychiatrischer Behandlung waren, 25 Prozent im Jahr ihres Suizids (vgl. GUNNELL 1994).

Diese Daten dürften je nach Art und Ausformung des Gesundheitswesens auch in den westlichen Ländern erheblich schwanken. Sie vermitteln aber einen Anhaltspunkt. Das Suizidrisiko gegenwärtiger oder früherer psychiatrischer Patientinnen und Patienten – also diagnostizierter psychisch Kranker – ist nach GUNNELLS Schätzung zehnmal höher als das der Allgemeinbevölkerung. Das Suizidrisiko ist nach GUNNELLS Übersicht um das Zehn- bis Dreißigfache erhöht, wenn ein früherer Suizidversuch vorgelegen hat, bei Alkoholkranken und Drogenabhängigen um das zwanzigfache, bei Aidskranken um das Sechsunddreißigfache.

Die Forschung zum Suizid psychisch Kranker und psychisch gestörter Menschen beschreitet seit einiger Zeit vorzugsweise einen umgekehrten Weg. Sie geht nicht von den jeweiligen Anteilen an der Gesamtsuizidrate aus, sondern von der Risikopopulation selbst. Sie versucht, entsprechend zu erforschen, bei wievielen und welchen Schizophreniekranken, wievielen Depressiven, wievielen Alkoholkranken das Risiko besteht, daß sie aufgrund ihrer Störung irgendwann durch Suizid sterben werden.

Diese Raten sind teilweise erschreckend hoch. Bei Schizophreniekranken beträgt sie ca. zehn Prozent, bei Depressiven mit Störungen vom Typ der Major Depression beträgt sie zehn bis zwanzig Prozent. Bei Alkoholkranken und Drogenabhängigen dürfte sie auch in der Höhe von etwa zehn Prozent liegen. Die Literatur zu diesem Problemaspekt hat in den letzten Jahren erheblich zugenommen. Zum Teil ist das ein Ergebnis der Schwerpunktverschiebung von der Erforschung des Patientensuizids während der Behandlung (vgl. ALLEBECK 1989, APPLEBY 1992, BABIGAN 1996, BRADVIK und BERGLUND 1993, CANTOR u. a. 1992, MORGAN 1992, MORTENSEN und JULE 1993, NORSSTRÖM 1995).

Der Suizid während ambulanter psychiatrischer Behandlung

Der Suizid während ambulanter Behandlung unter besonderer Berücksichtigung des Suizids in unmittelbarem Anschluß an die Entlassung aus dem psychiatrischen Krankenhaus ist für die Psychiatrie – wie der Suizid in der Klinik – von besonderem Gewicht. Anders als der Suizid im Gefolge von psychischen Störungen allgemein – und entscheidend anders als jener unter undifferenzierten Bedingungen in der Allgemeinbevölkerung – besteht bei dieser Gruppe die Chance (und die Verpflichtung) zu helfen. Nun wissen wir über den Suizid während ambulanter Behandlung verhältnismäßig wenig. Die Untersuchungen, die zu dieser Thematik vorliegen, differenzieren meist unzureichend zwischen dem Suizid nach Entlassung aus dem psychiatrischen Krankenhaus – unabhängig davon, ob eine psychiatrische Nachbehandlung stattfindet oder nicht – und dem Suizid während einer tatsächlich stattfindenden ambulanten Therapie.

Eine Übersicht über 28 Studien, die wir 1984 in der Suizidprophylaxe veröffentlicht haben (FINZEN 1984), macht dies überdeutlich. Allerdings weisen die Arbeiten, die sich mit dem Suizid nach der Entlassung aus der Klinik befassen, einhellig darauf hin, daß der Suizid im unmittelbaren Anschluß an die Klinikentlassung drastisch erhöht ist. Einzelne zeigen, daß das Suizidrisiko in den ersten drei bis sechs Monaten – mit einem Gipfel vor allem aber in den ersten vier Wochen – um ein Vielfaches höher liegt als während des gesamten psychiatrischen Krankenhausaufenthaltes. Mehrere vor kurzem in England erschienene Untersuchungen unterstreichen das für die Gegenwart noch einmal (z. B. GEDDES und JUSZCZAK 1995, GOLDACRE u. a. 1993). Auch unsere vorläufigen Basler Daten weisen in die Richtung.

Zur Problematik des Suizids während ambulanter Psychotherapie und ambulanter medikamentöser Behandlung gibt es mittlerweile einige gut fundierte Untersuchungen, die recht konkrete Ansatzmöglichkeiten für die Verminderung des Suizidrisikos im ambulanten Raum vermitteln: die Gewährleistung einer konsequenten ambulanten Nachbetreuung vom Tage der Entlassung an, Überbrückung des »schwarzen Lochs«, in das viele Kranke nach der Entlassung fallen, sowie konsequente und ausreichende medikamentöse Therapie mit Antidepressiva und/oder Lithium (vgl. BLACK u. a. 1989, FINZEN und BEUSHAUSEN-(OESTEREICH) 1984, MODESTIN 1993, MÜLLER-OERLINGHAUSEN u. a. 1992, SCHOU und WECKE 1988, SCHWARZENBACH und MODESTIN 1993).

Gewiß sind viele Fragen offen. Aber das, was wir wissen, reicht aus, wirksame Strategien der Suizidprophylaxe und der Behandlung suizidgefährdeter psychisch Kranker zu entwickeln.

4 Welche Kranken sind gefährdet? Das präsuizidale Syndrom

Wirksame Suizidprophylaxe setzt die rechtzeitige Erkennung der Suizidgefährdung voraus. Dies festzuhalten ist eine Banalität. Aber eben diese Banalität macht das Dilemma der Suizidprophylaxe bei psychischen Störungen aus. Auf Kriseninterventionsstationen, beim Konsiliar- und Liaisondienst in der Inneren Medizin und der Chirurgie nach Suizidversuchen in den vielfältigen Beratungsstellen für Lebensmüde ist die Zielgruppe klar umrissen.

Im psychiatrischen Alltag hingegen besteht eine unserer Schwierigkeiten darin, Suizidprophylaxe bei Menschen leisten zu müssen, deren Gefährdung uns nicht bekannt ist, die sie möglicherweise aktiv verbergen.

Bei der Untersuchung vollzogener Selbsttötungen psychiatrischer Patienten müssen wir in jedem zweiten Fall zur Kenntnis nehmen, daß ein Suizid für die betreuenden Therapeuten völlig unerwartet gekommen ist. Eine erkennbare aktuelle Gefährdung dieser Patienten hat vor dem Suizid nicht vorgelegen. In Einzelfällen kann man gewiß davon ausgehen, daß es sich dabei um Schutzbehauptungen handelt. In anderen Fällen mag mangelnde Sorgfalt bei der Diagnostik und der Einschätzung der Symptomatik eine Rolle spielen. Aber wir kommen an der Tatsache nicht vorbei, daß wir während der psychiatrischen Behandlung vor die Aufgabe gestellt sind, zum beträchtlichen Teil bei solchen Patientinnen und Patienten Suizidprophylaxe zu leisten, deren Gefährdung wir nicht kennen. Die Erkennung der Suizidgefährdung während des gesamten Behandlungsverlaufes ist somit von ebenso großer Bedeutung wie die Diagnose der Grunderkrankung.

Damit wir das leisten können, müssen wir einige Bedingungen erfüllen: Wir müssen einige allgemeine Überlegungen zur Suizidgefährdung anstellen. Wir müssen uns fragen, warum ihre Motive sich von denen anderer Menschen unterscheiden. Wir müssen nach Wegen suchen, die aktuelle Suizidgefährdung beim einzelnen Patienten durch Beobachten und Fragen zu ergründen. Wir müssen schließlich nach unspezifischen Risikofaktoren suchen, die uns helfen, die besondere Gefährdung solcher Patienten zu identifizieren, die diese entweder nicht mitteilen können, oder die sie vor uns verbergen.

Das präsuizidale Syndrom

Das Nachdenken über den Sinn des Lebens, das Empfinden von Sinnlosigkeit und Selbsttötungsgedanken sind weit verbreitet. Jeder Mensch ist irgendwann so bedrückt, daß er – zumindest so – nicht weiterleben mag. In der Regel handelt es sich dabei um die vorübergehende kritische Zuspitzung schwieriger und belastender Lebenssituationen. Meist findet sich mit oder ohne Hilfe Dritter doch ein Weg. Verzweiflung und Hoffnungslosigkeit lösen sich. Das Leben geht weiter.

Damit aus Suizidgedanken suizidales Handeln wird, muß einiges hinzukommen. Ein Ausweg findet sich nicht. Das Gefühl von Sinnlosigkeit, Hoffnungslosigkeit und Verzweiflung staut sich und mischt sich mit anderen Gefühlen. Selbstzerstörerische und aggressive Impulse gehören ebenso dazu wie appellative und Fluchtimpulse. Dabei sind Suizidtendenzen, wie WEDLER (1987) hervorhebt, keineswegs allein auf eine Selbstauslöschung ausgerichtet. Vielmehr können »die Suche nach Hilfe, die Flucht aus einer unerträglichen Situation oder die Abfuhr ambivalent gerichteter Aggressionen im Vordergrund stehen. Jedes der vier genannten Elemente ist in nahezu jeder Suizidhandlung bzw. Suizidtendenz in mehr oder minder starker Ausprägung präsent. Das Überwiegen eines dieser Elemente und die Reaktion des sozialen Umfeldes entscheiden dann schließlich über den Ausgang einer Suizidkrise« (WEDLER 1987).

HENSELER (1974) hat diesen Widerstreit von Gefühlen und Handlungsimpulsen in seinem Buch »Zur Psychodynamik des Selbstmords« in einem anschaulichen Schema zusammengefaßt.

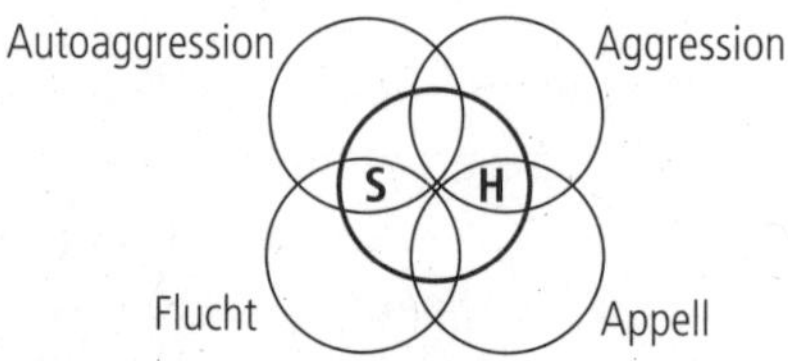

Motivstruktur der Suizidhandlung (SH) (aus HENSELER, H. 1974)

Eine Selbsttötung ereignet sich nicht aus dem Augenblick heraus gleichsam aus heiterem Himmel. Es herrscht Einverständnis darüber, daß der Suizidhandlung eine mehr oder weniger lange Phase latenter und akuter Suizidgedanken vorausgehen, bevor der Entschluß gefaßt und in die Tat umgesetzt wird. Diese Zeitspanne vor dem Suizid gibt uns Gelegenheit, die Gefährdung zu erkennen und zu intervenieren. PÖLDINGER (1968) unterscheidet in seinem Buch über die Abschätzung der Suizidalität drei Phasen vor dem Suizid: Die Erwägung, die Ambivalenz und den Entschluß.

Der ersten Phase gehen psychodynamische und psychosoziale Faktoren voraus, die Sinnlosigkeit oder Hoffnungslosigkeit signalisieren. In der Phase der Erwägung können suggestive Momente wie Suizide in der Familie oder in der Umgebung, aber auch Pressemeldungen, Fernsehsendungen, Lektüre oder Gespräche eine Rolle spielen. In der Phase der Ambivalenz kommt es nicht selten zu direkten Suizidankündigungen, die oft die Funktion eines Hilferufes haben. In der Phase der Ambivalenz sucht der Suizidgefährdete oft auch vermehrt nach Kontakten. Ist er damit erfolgreich, kann die Suizidalität aufgehoben werden. Erfährt er Zurückweisung, kann die Ambivalenz in den Entschluß zum Suizid übergehen. Diese letzte Phase ist durch Vorbereitungshandlungen gekennzeichnet, oft durch eine »Ruhe vor dem Sturm«. Suizidankündigungen sind in dieser Phase meist eher verhalten und indirekt. Mit dem Entschluß verlieren sie ihren appellativen Charakter. Bemerkungen und Handlungen, die auf den gefaßten Entschluß hinweisen, werden oft erst nach dem Suizid in ihrer wahren Bedeutung erkannt.

Der Wiener Suizidforscher Erwin RINGEL (1969) hat die psychische Entwicklung, die zur Suizidgefährdung und zum Suizid führt, als »präsuizidales Syndrom« zusammengefaßt. Dies ist durch folgende Merkmale gekennzeichnet:

- Einengung
  - situative Einengung
  - dynamische Einengung
  - Einengung der zwischenmenschlichen Beziehungen
  - Einengung des Werterlebens
- gehemmte und gegen die eigene Person gerichtete Aggression
- Selbsttötungs- und Todes-Phantasien.

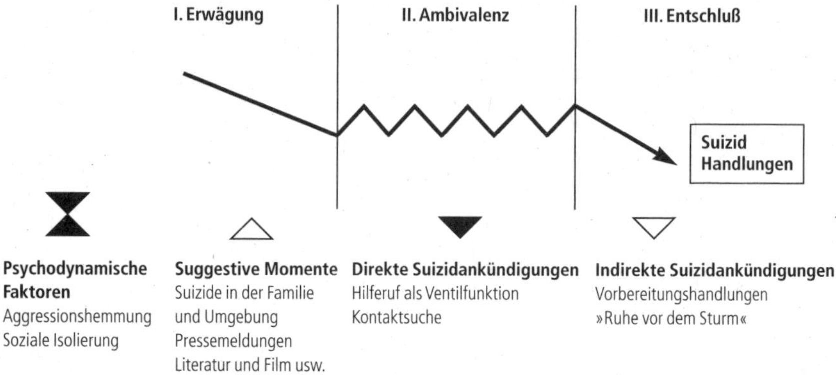

Entwicklungsstadien vor einer Suizidhandlung (nach PÖLDINGER 1968)

Alle diese Modelle der psychischen und der psychosozialen Entwicklung zum Suizid sagen wenig über das inhaltliche Erleben der Betroffenen und ihre Motive aus. Diese können außerordentlich vielfältig sein: Der suizidalen Krise liegt fast immer ein nicht lösbarer Konflikt zugrunde, der als neurotischer Konflikt gelegentlich ausschließlich innerhalb der Persönlichkeit des Suizidgefährdeten zu suchen ist. Oft spielen aber objektivierbare äußere Faktoren eine begleitende oder führende Rolle: Probleme in der Familie und Partnerkonflikte, körperliche oder psychische Krankheit, berufliche Schwierigkeiten, tatsächliche oder drohende soziale Isolierung, wirtschaftliche Not, Sucht oder Suchtmittelmißbrauch ...

Entscheidend ist, daß der Betroffene allein oder mit fremder Hilfe keinen Ausweg aus seinen Schwierigkeiten findet, bis er seine Situation schließlich als hoffnungslos erlebt. Das Motiv Hoffnungslosigkeit ist in den letzten Jahren aufgrund der Forschungen von Aaron T. BECK zu einem Schlüsselbegriff der Suizidursachenforschung geworden (z. B. 1985).

Nach diesen allgemeinen Bemerkungen zum Suizid und seinen Ursachen wollen wir uns im folgenden den Besonderheiten der Suizidgefährdung psychisch Kranker zuwenden.

5 Warum nehmen psychisch Kranke sich das Leben?

Verzweiflung und Hoffnungslosigkeit

Psychisch Kranke suizidieren sich aus den gleichen Gründen wie andere Menschen auch: aus Hoffnungslosigkeit und Verzweiflung. Sie nehmen sich das Leben, weil sie keinen anderen Ausweg wissen.

Dies festzuhalten scheint mir wichtig. Der Suizid psychiatrischer Patienten ist, um es drastisch zu formulieren, nicht Ausgeburt ihres Wahns, sondern Reaktion auf eine Lebenssituation, die sie als unerträglich erleben. Gewiß wird dieses Erleben von der Krankheit geprägt. Aber nur ausnahmsweise wird die Krankheitssymptomatik selbst zum unmittelbaren, unvorhersehbaren Auslöser des Suizids.

Mich hat ein Bericht J. GESTRICHS und J. STIEFS (1981) tief beeindruckt, die den Studienerfolg schizophrener Studenten untersuchen wollten und dabei feststellen mußten, daß jeder fünfte von ihnen sich das Leben genommen hat. Sie schreiben dazu:

»Den meisten Suizidhandlungen schienen einfühlbare Motive zugrunde zu liegen. Grundlage der Suizidalität bildeten häufig das Gefühl, so nicht mehr weiterleben zu können und zu wollen, und die fehlende Hoffnung, selbst oder mit fremder Hilfe an der Situation etwas ändern zu können. Als unerträglich wurden dabei vor allem zwei Umstände erlebt: Isolation und unbefriedigende Partnerbeziehungen zum einen, Erfolglosigkeit im Studium zum anderen. Die Gesunden zur Verfügung stehende Möglichkeit, Mißerfolge auf einem dieser beiden Gebiete durch Erfolge auf dem anderen auszugleichen, fehlt den Schizophrenen häufig. Hält der Zustand des fehlenden Erfolgserlebnisses in der Bewältigung dieser beiden altersspezifischen Aufgaben an, und entsteht beim Patienten der Eindruck, daß sich daran nichts Entscheidendes ändern wird, kann es zur Krise kommen. Suizidale Impulse treten darum gerne dann auf, wenn nach längerer stationärer oder teilstationärer Behandlung eine Verlegung in eine andere

> Institution, z. B. eine Rehabilitationseinrichtung, ins Auge gefaßt wird. Patienten mit schlechtem Realitätsbezug und latenten oder manifesten Größenideen erleben die Diskrepanz zwischen Anspruch und Wirklichkeit schwerer und sind deswegen gefährdeter. Liegen noch psychotische Symptome vor oder besteht ein Residualzustand, können zu großer sozialtherapeutischer Aktivismus, aber auch ein zu intensives psychotherapeutisches Engagement zur Angst, den Anforderungen nicht gerecht zu werden, und zu Schuldgefühlen, trotz aller Bemühungen des Therapeuten nicht gesund zu werden, führen und Suizidimpulse heraufbeschwören. Überhöhte Anforderungen der Angehörigen hinsichtlich Kommunikation und Leistung können das gleiche Ergebnis haben.
> Die meisten unserer Suizidfälle scheinen eine Reaktion auf das bewußte Erleben der Krankheit und ihrer Folgen im zwischenmenschlichen Bereich und auf dem Leistungsgebiet zu sein …
> In unserem Krankengut trat der Suizid meist nach Abklingen der produktiven Symptome auf. Gleichwohl gab es auch bei uns Suizide, die auf paranoide Erlebnisse zurückzuführen waren, z. B. ein Student mit Christus- und Opfertodphantasien, der sich am Karfreitag tötete. Im allgemeinen scheinen uns aber weniger die direkten Krankheitssymptome zum Suizid zu führen, als die wahrgenommenen und als nicht kompensierbar erlebten Folgen der Krankheit.«

Die Darstellung GESTRICHS und STIEFS spricht für sich. Ihre Befunde werden inzwischen von einer amerikanischen Untersuchergruppe um P. G. COTTON (1985) und R. E. DRAKE (1984, 1985) bekräftigt, die eine ganze Reihe fundierter Untersuchungen zum Suizid Schizophrener veröffentlicht haben. Auch meine eigenen Befunde zum Patientensuizid (1988) weisen in diese Richtung.

Wenn der Krankheitsverlauf langwierig ist, wenn immer wieder Rückfälle auftreten, wenn die Partnerschaft bedroht ist, die Familienbeziehungen gespannt sind, wenn der Arbeitsplatz durch die Krankheit verlorengeht, wird das Gefühl von Ausweglosigkeit fast zwingend. Die Möglichkeiten der Kompensation sind durch die Krankheit eingeschränkt. Depressivität, gleich welcher Ursache, die Grund- oder Begleitsymptom fast aller psychischer Störungen ist, begünstigt den Weg in die präsuizidale Sackgasse.

Krankheitsbedingte Suizidmotive

Es gibt natürlich auch Suizidmotive, die dem krankhaft veränderten Denken und Fühlen entsprechen. Es gibt Wahnwahrnehmungen, sogenannte imperative Stimmen, die den Kranken den Suizid befehlen. Es gibt den depressiven Schuld- oder Versündigungswahn, der mit unkontrollierbaren Suizidimpulsen einhergehen kann. Es gibt den Kontrollverlust gegenüber Suizidgedanken bei Intoxikation und anderen psychoorganischen Syndromen, einschließlich solcher nach Elektrokrampfbehandlung. Dies zu bedenken ist bei der Überwachung solcher Patienten besonders wichtig, die durch einen Suizidversuch – z. B. durch Kohlenmonoxid – in einen solchen Zustand geraten sind. Schließlich gibt es klinische Bilder, die zur Selbsttötung führen können, ohne daß ein Suizid beabsichtigt ist: Es gibt Kranke, die in der akuten Psychose wähnen, sie könnten fliegen oder den Straßenverkehr aufhalten. Solche Risikokonstellationen, die sich unmittelbar aus der Krankheit ableiten, sind jedoch eher selten.

Besonderheiten der Suizidgefährdung psychisch Kranker

Obwohl die Gründe psychisch Kranker, sich das Leben zu nehmen, sich meist nicht von denen anderer Menschen unterscheiden, bedürfen einige Besonderheiten der Beachtung. Die Anlässe für das Erleben von Verzweiflung, Hoffnungs- und Ausweglosigkeit durch den psychisch Kranken sind für den Außenstehenden manchmal nicht ohne weiteres nachvollziehbar, wenn Krankheit und Krankheitsfolgen das Fühlen und Denken verändern oder die Fähigkeit zur Bewältigung von Lebensproblemen vermindern. So erleben *Depressive* ihre Situation auch ohne äußeren Anlaß als ausweglos. Selbst geringfügige Frustrationen erscheinen ihnen unerträglich. Bagatellprobleme erscheinen ihm unlösbar. Das ganze Leben wird zur Last.

Bei *schizophrenen Kranken* kommt es vor, daß die Kraft zu leben sich im Verlauf der Krankheit aufzehrt. Rückfälle sind Rückschläge. Verschlimmerungen, krisenhafte Zuspitzungen und die Aufnahmen im Krankenhaus verengen die Lebensperspektive. Der Verlust von Freunden, die zunehmende Ungeduld der Eltern oder des Partners sind deprimierende Erfahrungen, die bei untergründiger Depressivität und krankheitsbedingter Verminderung der Vitalität um so einschneidender wirken.

Gerade Kranke, die mit ihrem Leiden ringen, die nicht aufgeben wollen, die an den Hoffnungen für ihr Leben festhalten, erleben immer wieder bittere Enttäuschungen. Das gilt insbesondere für junge Menschen, die während einer vielversprechenden Berufsausbildung oder während des Studiums erkranken. Daß sie Therapeuten finden, die an hochgesteckten Behandlungszielen festhalten, verhindert günstigensfalls ihren sozialen und persönlichen Aufstieg. Ungünstigenfalls programmiert es ein unausweichliches Scheitern vor, das in das Erleben von Hoffnungs- und Ausweglosigkeit mündet.

Das Leben mit der schizophrenen Psychose bedeutet für viele Betroffene eine unablässige Anstrengung bei der Bewältigung von psychischen und sozialen Situationen, die Gesunde gar nicht als Belastung wahrnehmen. Dadurch erklärt sich, daß es bei schizophrenen Kranken nicht selten zu unvermittelten sozialen Krisen kommt, wenn Therapeuten und Außenstehende eine anhaltende Besserung und Stabilisierung beobachten. Aber auch in solchen Phasen der Remission leben die Betroffenen nicht ohne Anstrengung. Scheinbar nichtige Versagenserlebnisse können das mühsam aufrecht erhaltene emotionale Gleichgewicht zum Zusammensturz bringen und eine suizidale Krise heraufbeschwören.

Bei *Alkoholkranken*, bei *Medikamenten-* und bei *Drogenabhängigen* kann der Suchtstoffgebrauch in seinen verschiedenen Phasen die suizidale Krise heraufbeschwören. Der Katzenjammer nach zuviel Alkoholgenuß ist sprichwörtlich. Der Suchtmittelgebrauch ist oft von einer emotionalen Labilisierung begleitet. Erhöhte depressive Verstimmbarkeit – auch außerhalb der Entzugssituation – gehört zur Suchtstoffabhängigkeit gleich welcher Art.

Aus allen diesen Gründen ist das präsuizidale Syndrom, wie RINGEL (1969) es formuliert hat, bei psychisch Kranken nicht in der gleichen Deutlichkeit zu erkennen wie bei anderen Suizidgefährdeten. Gewiß findet auch bei ihnen eine zunehmende Einengung der Lebenssituation, der Psychodynamik, der zwischenmenschlichen Beziehungen und der Wertewelt statt. Gewiß kommt es auch bei ihnen zu Aggressionsstau mit Wendung der Aggression gegen die eigene Person. Gewiß haben auch sie Selbstmordphantasien, die sich konkretisieren, die sie schließlich nicht mehr beherrschen können. Aber vieles spricht dafür, daß es bei ihnen, auf dem Hintergrund einer ständig vorhandenen Basisgefährdung, zu einer viel rascheren krisenhaften Zuspitzung kommt als bei anderen Suizidgefährdeten.

Damit werden die einzelnen Schritte der suizidalen Entwicklung kaum mehr abgrenzbar. Die Zeiträume für die Erkennung der suizidalen Krise und die Möglichkeit einer Intervention verkürzen sich.

Vieles spricht dafür, daß die suizidale Krise bei schwer depressiven und beim schizophrenen Kranken von der Aktualisierung der Suizidalität bis zur Vollendung der Suizidhandlung manchmal nur Minuten dauert. Dadurch werden die Möglichkeiten des Eingreifens innerhalb der Krise eingeschränkt. Die Suizidprophylaxe muß früher einsetzen – etwa bei der Behandlung der Grundkrankheit oder bei dem Versuch, der Entwicklung solcher Krisen vorzubeugen.

Nach der Klinikentlassung

Die Gefährdung ist mit der Klinikentlassung nicht vorüber. Die Entlassung bewirkt zunächst Hoffnung beim Kranken und in seiner Umgebung, nun werde alles gut. Diese Hoffnung ist beim Kranken fast immer von der Angst vor einem Rückschlag begleitet. Er muß fürchten, die Erwartungen an ihn könnten zu hoch sein – oft sind sie es auch.

Zugleich verliert der Patient den beschützenden Hintergrund der Klinik, in der Versagen nicht nur erlaubt ist, sondern gleichsam die Rechtfertigung für weitere Behandlung darstellt. Die Absicherung durch die Geborgenheit der Station und ihres entlastenden Milieus findet ein abruptes Ende. Ebenso übergangslos verdünnen sich die stützenden Kontakte zu den Kliniktherapeuten. Auch das Kommunikationsnetz zu den Mitpatienten reißt.

Die durch den Klinikaufenthalt suspendierten Beziehungen zu Lebenspartnern, Eltern, anderen Angehörigen und Freunden müssen wieder aufgenommen werden. Rollenerwartungen und Erfüllung von Aufgaben in Familie und Beruf harren der Erfüllung. Enttäuschungs- und Vereinsamungserlebnisse können nicht ausbleiben. So wird der entlassene psychiatrische Patient mit einer Vielfalt von Belastungen und Frustrationsmöglichkeiten konfrontiert, die ihn in seinem Zustand fortbestehender psychischer und sozialer Verwundbarkeit in Gefahr bringen können. Das gilt vor allem, wenn eine Nachsorge nicht organisiert ist, oder wenn sie mit zusätzlichen Erwartungsängsten verbunden ist.

Das größte Risiko besteht in den ersten vier Wochen nach der Entlassung. In unserer Basler Nachuntersuchung nahmen sich in diesem

Zeitraum fast doppelt so viele Patientinnen und Patienten das Leben wie während des gesamten stationären Aufenthaltes. Insgesamt töteten sich innerhalb eines Zeitraums von fünf Jahren siebenmal so viele Kranke nach Klinikentlassung wie in der Klinik.

Suizide in der Klinik und nach Entlassung

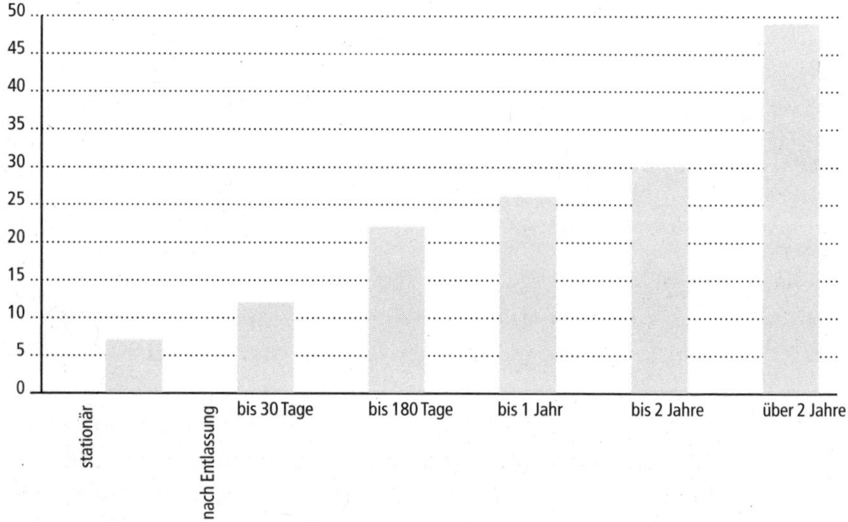

Suizid psychiatrischer Patienten innerhalb von fünf Jahren: stationär 7, nach der Entlassung 49, davon 12 innerhalb des ersten Monats, 18 (kummulativ) während der ersten drei Monate nach Entlassung (AG Suizid in Basel)

6 Besonders gefährdete Patientinnen und Patienten. Versuch einer Typisierung

Mit Hilfe der epidemiologischen und der epidemiologisch-kasuistischen Literatur lassen sich jene Kranken, die besonders gefährdet sind, bis zu einem gewissen Grad typisieren. Es fragt sich, ob eine solche Abstrahierung sinnvoll und im Alltag hilfreich ist. Dennoch will ich eine solche Typisierung versuchen. Ich stütze mich dabei auf Literaturübersichten, die ich in der »Suizidprophylaxe« (1984, 1986) und in meinem Buch »Patientensuizid« vorgenommen habe. Eine solche Typisierung dient der Sensibilisierung. Sie vermittelt nur die halbe Wahrheit. Im konkreten Fall kann immer auch das Gegenteil des gerade beschriebenen Merkmals richtig sein.

Demographische Merkmale

Während unter den Suiziden in der Allgemeinbevölkerung Männer doppelt so häufig vertreten sind wie Frauen, sind Männer und Frauen bei Suiziden von psychisch Kranken etwa gleich häufig vertreten. 80 Prozent der Betroffenen sind zwischen 20 und 60 Jahren alt. Dabei sind schizophrene Kranke eher unter 40; depressive eher über 50 Jahre. Der typische Patient, der sich das Leben nimmt, ist eher ledig, verwitwet oder geschieden als verheiratet. Aber er lebt meistens trotzdem nicht allein. Dabei mag überraschen, daß er die Wohnung eher mit einem Partner als mit den Eltern teilt. Zwischen ihm und den Menschen, mit denen er zusammenlebt, bestehen Spannungen. Er hat berufliche Schwierigkeiten. Oft hat er einen beruflichen und sozialen Abstieg erlebt. Diese Merkmale gelten in gleicher Weise auch für Patientinnen.

Krankheitsbilder

Die Kranken sind schizophren; oder sie leiden an einer affektiven Psychose. Bei beiden Störungen sind die Krankheitsbilder häufig untypisch. Depressionen sind nicht selten durch Wahnsymptome kompliziert. Die diagnostische Einordnung wechselt während des Verlaufes. Manchmal wird die Diagnose bis zum Suizid nicht gestellt. Die Fehlklassifikation junger schizophrener Kranker als »Borderline-Patienten« und die phasisch-depressiver als »neurotisch« Depressive ist häufig. Auch wenn andere Grundstörungen bestehen, ist die Stimmung depressiv.

Der typische Suizidant *während* der Klinikbehandlung ist *nicht* alkohol- oder medikamentenabhängig. Aber er hat nicht selten Probleme mit Alkohol oder dem Gebrauch von Opiaten oder Tranquilizern. *Nach* der Krankenhausentlassung und *während* der *ambulanten* Behandlung sind Suchtstoffabhängige, meist im Zusammenhang mit Rückfällen, besonders oft vertreten. Auch diese Merkmale gelten für Männer und Frauen.

Familienvorgeschichte

In der Familienvorgeschichte sind vermehrt psychische Krankheiten bekannt. Auch Suizide von nahen Angehörigen kommen gehäuft vor – insbesondere von Eltern, Großeltern oder Geschwistern.

Suizidversuche und Suizidalität

Er hat meist einen oder mehrere Suizidversuche in der Vorgeschichte. Auf jeden Fall ist Suizidalität ein Problem, mit dem er sich bereits auseinandergesetzt hat. Das gilt vor allem auch für die Zeit des Klinikaufenthaltes, der schließlich mit dem Suizid endet. Aber er wird in den Tagen, die dem Suizid unmittelbar vorangehen, in den meisten Fällen nicht als unmittelbar suizidgefährdet eingeschätzt. Das gilt, soweit bekannt, auch für den Suizid nach der Klinikentlassung oder während ambulanter Behandlung für Frauen und Männer in gleicher Weise.

Krankheitsdauer, häufige Wiederaufnahmen, schleppender Verlauf

Seine Krankheit dauert *länger als ein Jahr*, meist sogar mehr als fünf Jahre. Er ist nicht zum ersten Mal im psychiatrischen Krankenhaus, oft fünfmal und mehr. Ein Anstieg der Suizidgefährdung scheint mit der dritten Aufnahme in die Klinik einzusetzen.

Ein besonders großes Risiko für den Suizid in der Klinik besteht, wenn die *Wiederaufnahme nach kurzer Zeit* (weniger als drei Monate) erfolgt. Sein Krankheitsverlauf ist chronisch oder chronisch-rezidivierend. Die *Behandlungsfortschritte* während der Krankenhausbehandlung sind *schleppend*. Während typischerweise weit über die Hälfte der Patientinnen und Patienten nach weniger als dreißig Tagen entlassen werden, tritt der Suizid oft jenseits dieses Zeitraums, aber noch im ersten Behandlungsjahr ein. Ist er Langzeitpatient, ist er besonders gefährdet, wenn er sich in einer rehabilitativen Situation befindet, oder wenn seine Station großen Veränderungen ausgesetzt ist.

Insgesamt wird der Behandlungsverlauf von den Therapeuten als schleppend, die Prognose als eher negativ gesehen. Das subjektive Erleben des Patienten entspricht dem. Er äußert Resignation, Hoffnungslosigkeit und sieht keine Zukunftsperspektive.

Fehlende floride Symptome

Die Kranken haben zum Zeitpunkt des Suizids meist keine floriden Symptome; allenfalls die Depressivität ist schwerwiegend.

Ort der Behandlung – Ort des Suizids

Sie befinden sich auf einer offenen Aufnahmestation oder einer Rehabilitationsstation. Sie haben Ausgang oder Urlaub oder entfernen sich zum Suizid unerlaubt von einer offenen Stationen. Selten suizidieren sie sich im Wachsaal. Dann leiden sie eher unter akuten Symptomen, wie depressiver Verzweiflung. Oft nutzen sie den Weg zu therapeutischen Aktivitäten im Krankenhausgelände oder zurück zur Station (Arbeitstherapie, Beschäftigungstherapie) zum Suizid. Unmittelbar vor dem Suizid werden sie entweder überhaupt nicht als suizidal eingeschätzt, oder ihre Suizidgefährdung wird von den Therapeuten – in

Absprache mit dem Patienten oder der Patientin – als kontrollierbar betrachtet.

Harte Methoden

Sie wählen bevorzugt harte Suizidmethoden, die in ihrer Umgebung besonders leicht zugänglich sind (auf der geschlossenen Station Erhängen; sonst Sturz-vor-Zug oder Sturz-aus-großer-Höhe oder Ertränken, je nach Geographie des Krankenhauses; in den USA und in der Schweiz Erschießen).

Pharmakotherapie

Sie erhalten neuroleptische oder antidepressive Medikamente oder beides. Art und Dosierung der Medikation sind nicht selten, aber untypisch gegenüber den sonstigen Gepflogenheiten der Behandlungsinstitution. Die antidepressive Behandlung ist oft unterdosiert. Schizophrene Kranke erhalten nicht selten, gemessen an der jeweiligen Phase des Krankheitsverlaufes, erstaunlich hohe Medikamentendosen, ohne daß diese zu Restriktionen bei Ausgang oder Urlaub führen. Die Medikamente maskieren die Krankheitssymptomatik, ohne sie vollständig zu unterdrücken. Sie verdecken dann auch die Suizidgefährdung.

Therapiefreie Zeiten als Risikosituationen

Der Suizid ereignet sich in therapiefreien Zeiten, wenn das Pflegepersonal abgelenkt oder anderweitig beschäftigt ist, oder wenn die Personalbesetzung nur gering ist – am frühen Morgen, um die Mittagszeit oder am Spätnachmittag und Abend, nicht jedoch in der Nacht zwischen Mitternacht und sechs Uhr morgens. Ein bestimmter Wochentag ist nicht eindeutig mit einer besonderen Gefährdung verbunden. In einzelnen Untersuchungen zeichnet sich jedoch ein erhöhtes Risiko am Freitag ab, wenn Entscheidungen und Vorkehrungen für ein therapeutenfreies Wochenende getroffen werden. An Wochenenden ereignet sich der Suizid vor allem während der Beurlaubung zu Hause und nicht in der Klinik. Jahreszeitlich scheint eine Häufung in den Monaten Juli, August und September zu bestehen.

Beziehungs-Clinch und Gegenübertragungshaß

Der typische Patient, der sich in der Klinik suizidiert, befindet sich oft mit seinen Therapeuten im Clinch. Das gilt für Ärzte und Psychologinnen ebenso wie für Krankenpfleger und -schwestern. Es entsteht der Eindruck, daß er die an ihn gestellten Erwartungen der Therapeuten erfüllen kann, aber nicht will. In Teambesprechungen heißt es oft von ihm, er »agiere« neurotisch, obwohl die Diagnose Psychose allgemein bekannt ist. Vom Pflegepersonal wird er wegen seiner Unzufriedenheit und seiner ständigen Klagen schließlich nicht mehr oder nur noch widerwillig angehört. Er sperrt sich gegen die Aufnahme ins Krankenhaus und will möglichst bald wieder raus. Aber er ist vom Leben draußen überfordert, oder er hat sich ans Krankenhausmilieu angepaßt und fühlt sich von der geplanten Entlassung bedroht, weil sie ihn überfordert, die Therapeuten ihm dies jedoch nicht abnehmen. Oft geraten die Therapeuten in einen regelrechten »Gegenübertragungshaß« zu ihm, weil die gegenseitigen Erwartungen unrealistisch sind und zu schweren Enttäuschungen geführt haben. Nach dem Suizid ist die typische Reaktion der Therapeuten: »auf die Dauer mußte es ja so kommen«; oder »ist es nicht vielleicht das Beste für ihn« – eine Haltung, die jede Suizidprophylaxe im Krankenhaus bedroht.

7 Die Suizidgefährdung erkennen

Die Probleme von Erkennung und Beurteilung der Suizidalität werden in gründlicher und fruchtbarer Weise von HAENEL und PÖLDINGER (1986) im zweiten Band der »Psychiatrie der Gegenwart« in all ihrer Komplexität dargestellt. Der Leser sei zur weiterführenden Lektüre darauf verwiesen. Die wichtigste Leitlinie für den psychiatrischen Alltag ist diese:

Suizidgefährdung erkennt man am sichersten, indem man die Kranken danach fragt. Das fällt schwer. Gerade bei Anfängern besteht eine Scheu, Selbstmordgedanken, frühere Suizidversuche und Suizide in der Familie oder im Freundeskreis anzusprechen. Diese Furcht ist in der Regel unbegründet. Patienten greifen die einfühlsam gestellte Frage nach Gedanken von Nichtigkeit, Sinnlosigkeit, Selbstzerstörung und Tod oft mit Erleichterung auf.

Ein Fragenkatalog zur Abschätzung der Suizidalität, den PÖLDINGER (1982) entwickelt hat, kann vor allem dem Anfänger wertvolle Hilfe leisten. Wenn noch keine Vertrauensbeziehung zum Patienten besteht, empfiehlt es sich, nicht mit der ersten, sondern mit der zehnten Frage zu beginnen. Für die Beurteilung ist der klinische Gesamteindruck gewiß von größerer Bedeutung als die erreichte Punktzahl.

Die sorgfältig erhobene Anamnese suizidalen Verhaltens gehört in jede psychiatrische Krankengeschichte. Dabei muß nach früheren und aktuellen Suizidgedanken, früheren Suizidversuchen und nach Suizidereignissen in der näheren Umgebung, insbesondere in der Elternfamilie, gefragt werden. Daß die notwendige Sorgfalt nicht immer aufgewendet wird, war ein Nebenbefund einer unserer Untersuchungen (HUNTEMANN 1987): Bei der Exploration der Patienten einer Station für unser Projekt ermittelten wir bei neun von dreizehn Kranken vorangegangene Suizidversuche. Auf der Station waren aber nur zwei bekannt!

Fragenkatalog zur Abschätzung der Suizidalität (PÖLDINGER) 1982
Je mehr Fragen im Sinne der angegebenen Antwort beantwortet werden, um so höher muß das Suizidrisiko eigeschätzt werden.

1. Haben Sie in letzter Zeit daran denken müssen, sich das Leben zu nehmen?	ja	
2. Häufig?	ja	
3. Haben Sie auch daran denken müssen, ohne es zu wollen? Haben sich Selbstmordgedanken aufgedrängt?	ja	
4. Haben Sie konkrete Ideen, wie Sie es machen würden?	ja	
5. Haben Sie Vorbereitungen getroffen?	ja	
6. Haben Sie schon zu jemandem über Ihre Selbstmordabsicht gesprochen?	ja	
7. Haben Sie einmal einen Selbstmordversuch unternommmen?	ja	
8. Hat sich in Ihrer Familie oder in Ihrem Freundes- und Bekanntenkreis schon jemand das Leben genommen?	ja	
9. Halten Sie Ihre Situation für aussichts- und hoffnungslos?	ja	
10. Fällt es Ihnen schwer, an etwas anderes als an Ihre Probleme zu denken?	ja	
11. Haben Sie in letzter Zeit weniger Kontakte zu Ihren Verwanten, Bekannten und Freunden?	ja	
12. Haben Sie noch Interesse daran, was in Ihrem Beruf und in Ihrer Umgebung vorgeht? Interessieren Sie noch Ihre Hobbies?		nein
13. Haben Sie jemanden, mit dem Sie offen und vertraulich über ihre Probleme sprechen können?		nein
14. Wohnen Sie zusammen mit Familienmitgliedern oder Bekannten?		nein
15. Fühlen Sie sich unter starken familiären oder beruflichen Verpflichtungen stehend?		nein
16. Fühlen Sie sich einer religiösen bzw. weltanschaulichen Gemeinschaft verwurzelt?		nein
Anzahl entsprechend beantworteter Fragen		
Endzahl = max. 16		

Es genügt aber nicht, die Frage der Suizidgefährdung bei der Aufnahme zu prüfen. Der Krankheitsverlauf in der Klinik und nach der Entlassung kann ein Auf und Ab von Besserung und Verschlechterung, von Hoffnungen und Enttäuschungen sein.

Auf unseren Aufnahme- und Rehabilitationsstationen tragen wir dem Rechnung, indem Arzt und Krankenpfleger jeden Morgen die Liste der Patienten routinemäßig durchgehen mit der Frage: Wer könnte gefährdet sein? Wer ist es nicht? An allen Eckpunkten der Behandlung reicht das nicht aus. Bei der Erstgewährung von Ausgang und Urlaub, nach Verminderung der Medikamentendosis, bei anstehender Entlassung oder bei Enttäuschungserlebnissen, vor und nach belastenden Situationen muß ebenso nachgefragt werden, wie bei einer Veränderung der klinischen Symptomatik. Die Besserung der Krankheitssymptomatik signalisiert beim schizophrenen wie bei depressiven Kranken nicht unbedingt Entwarnung. Die Distanzierung vom psychotischen Erleben zwingt zur Auseinandersetzung mit der Wirklichkeit und den sozialen Konsequenzen mit der Krankheit.

Unspezifische Risikofaktoren: die Basissuizidalität

Versuche, die Suizidgefährdung psychiatrischer Patienten mit Hilfe von Testverfahren zu messen (z. B. MOTTO 1985) haben bislang keine praktische Bedeutung gewonnen. Sie sind zu aufwendig, zu kompliziert und zu unspezifisch. Dennoch gibt es jenseits der aktuellen klinisch faßbaren Suizidalität einige Merkmale, die mit einem erhöhten Suizidrisiko einhergehen. Dazu gehören:

- frühere Suizidversuche;
- die Diagnose einer Psychose aus dem schizophrenen Formenkreis oder einer »endogenen« Depression;
- suizidales Verhalten im Zusammenhang mit der jetzigen Erkrankungsphase (Suizidversuche während des Aufenthaltes oder vor der Aufnahme, Suizidgedanken und Suizidphantasien, auch wenn sie aktuell nicht mehr vorhanden sind);
- vermehrte Wiederaufnahmen innerhalb kurzer Zeit (insbesondere von der dritten Aufnahme an);
- Wiederaufnahmen innerhalb von weniger als drei Monaten nach der letzten Entlassung;

- ein schleppender Behandlungsverlauf bei Kranken mit schizophrenen Psychosen, die dennoch keine typischen Langzeitpatienten sind (Verweildauer von mehr als 90 Tagen, aber weniger als einem Jahr).

Durch diese Merkmale unterschieden sich die Patienten unserer Klinik, die sich das Leben genommen haben, von einem Kollektiv von 168 aufeinanderfolgenden neuaufgenommenen Patienten (FÜRST 1988) und/oder einem Kollektiv von 101 Patienten bei einer Stichtagserhebung (HUNTEMANN 1987). Die Unterschiede sind deutlich. Sie treten bei der Analyse der neuaufgenommenen Patienten noch klarer hervor als bei der Analyse der offenbar schwerer erkrankten Stichtagspopulation.

Als weiteren Risikofaktor ist die *Hoffnungslosigkeit* im Hinblick auf die aktuelle Situation und die Lebensperspektive zu betrachten, die der Kranke erlebt und/oder die die Therapeuten als Reaktion auf die Situation des Patienten empfinden. Für die Beurteilung ist das subjektive Erleben des Patienten ausschlaggebend. Gerade bei depressiven Verstimmungszuständen muß die erlebte Hoffnungslosigkeit, die zum unmittelbaren Anlaß eines Suizids werden kann, nichts mit der von Dritten wahrgenommenen Wirklichkeit zu tun haben. Ähnliches gilt für Enttäuschungs- und Zurückweisungserlebnisse bei schizophrenen Kranken mit schleppendem Behandlungsverlauf und erhöhter emotionaler Verwundbarkeit, die von Dritten oft als Bagatellen wahrgenommen werden: z. B. die Verschiebung des Entlassungstermins, die Verweigerung eines Urlaubs, ein Streit mit Angehörigen.

Natürlich bietet die Erfassung dieser Risikofaktoren kein Patentrezept zur Erkennung und Verhütung von Patientensuiziden. So sind auch andere Patientengruppen gefährdet als Schizophrene und Depressive (letztere doppelt so häufig wie Schizophrene!). Das gilt etwa für Patienten mit körperlich begründbaren Psychosen oder mit depressiver Verstimmtheit bei psychoorganischen Syndromen, für Kranke, die nach einem Suizidversuch noch intoxikiert sind, für Kranke mit einer beginnenden senilen Demenz, die ratlos und verzweifelt sind über das, was mit ihnen geschieht.

Auf der anderen Seite müssen wir davon ausgehen, daß Kranke mit mehreren der von uns beschriebenen Risikofaktoren unabhängig von der aktuellen Suizidalität erhöht suizidgefährdet sind. Bei ihnen besteht eine vermehrte Wahrscheinlichkeit, daß es innerhalb des Behandlungsverlaufes zu suizidalen Krisen und zu Suizidhandlungen kommen wird.

Die Schwierigkeiten bei der Abschätzung der Suizidalität stehen im Mittelpunkt des 14. Kapitels meines Buches über den Patientensuizid (1988). Aufgrund unserer Erfahrungen habe ich den Eindruck, daß die Dokumentation der »Basissuizidalität« sich als taugliches Mittel zur Suizidprophylaxe bewährt. Wir beschränken uns dabei auf die Registrierung von drei objektivierbaren Risikofaktoren: frühere Suizidversuche, Diagnose einer Psychose, Wiederaufnahme nach kurzer Zeit. Dazu kommt als eher subjektiver Faktor die »Hoffnungslosigkeit« von Patienten und/oder Therapeuten, wobei wir das englische Wort »hopelessness« im Sinne BECKS verwenden. Kranke, bei denen mehrere dieser Faktoren zutreffen, erfahren auch dann erhöhte Aufmerksamkeit, wenn sie keine aktuelle Suizidgefährdung erkennen lassen (vgl. DIEKMANN 1989, von der HAAR 1990).

Behandlung

8 Die Bedeutung von Diagnose und Psychopathologie

Die folgenden Kapitel widmen sich der Behandlung suizidgefährdeter Kranker. Dabei sind einige Darstellungsprobleme zu bewältigen. Diese haben ihren Grund vor allem darin, daß wir zwei Aufgaben zugleich gerecht werden müssen. Zum einen geht es um Maßnahmen *der Behandlung und der Krisenintervention bei Patienten mit bekannter aktueller Suizidalität*. Zum anderen geht es um die *Behandlung von psychisch Kranken*, bei denen aufgrund ihres Leidens oder aufgrund des Krankheitsverlaufs eine Suizidgefährdung unterstellt werden muß, *ohne daß eine aktuelle Suizidalität vorhanden oder bekannt ist*. Der zweite Aspekt wird in diesem Kapitel ganz im Vordergrund stehen. Die anschließenden Kapitel über spezifische therapeutische Interventionen und Zugehensweisen werden das Vorgehen bei bekannter Suizidalität stärker berücksichtigen.

Suizidgefährdung ist keine Krankheit eigener Art. Sie ist Ausdruck einer Lebenskrise. Sie kann aus einer als ausweglos erlebten sozialen Situation erwachsen. Sie kann aber auch Begleitsymptom einer psychischen Krankheit sein.

Psychische Störungen

Psychosen: Am stärksten belastet sind Kranke mit psychotischen Depressionen und Psychosen aus dem schizophrenen Formenkreis. Fast alle Patienten, die an solchen Krankheiten leiden, sind irgendwann im Verlaufe ihrer Erkrankung suizidgefährdet. Die Rate vollendeter Suizide ist bei solchen Kranken hoch. Wenn die Krankheit so schwer ist, daß sie eine Klinikbehandlung erforderlich gemacht hat, kann sie auf lange Sicht zehn bis zwanzig Prozent betragen.

Suchtstoffabhängigkeit: Die hohe Suizidgefährdung von Suchtstoffabhängigen ist bekannt. Sie besteht vor allem außerhalb der Klinik. Sie ist ein Ergebnis mannigfacher psychischer und sozialer Krisen im Gefolge der Abhängigkeit – Scheitern der Partnerschaft, Verlust des Arbeitsplatzes, allgemeine Entwurzelung, Verlust des Selbstwertgefühls. Hinzu treten Zustände depressiver Verstimmung nach Suchtmittelexzessen oder im Entzug (»Katerstimmung«), die zu krisenhaften Zuspitzungen des Gefühls von Ausweglosigkeit und Hoffnungslosigkeit führen können.

Persönlichkeitsstörungen und Konfliktreaktionen: Menschen mit Konfliktreaktionen oder Persönlichkeitsstörungen sind unter den Patientinnen und Patienten, die sich im Krankenhaus suizidieren, eher selten. Sie weisen damit Parallelen zu den Suchtstoffabhängigen auf. Sie stellen jedoch den größten Anteil der Klientel der Entgiftungsstationen allgemeiner Krankenhäuser, wo sie mit Suizidversuchen zur Aufnahme kommen. Haben sie erst einmal einen Suizidversuch unternommen, liegt ihr Langzeitsuizidrisiko ebenso hoch wie das Psychosekranker. Auch unter den Hilfesuchenden der Lebens- und Krisenberatungsstellen sowie der Telefonseelsorge sind sie am häufigsten vertreten. Der Übergang zu jenen ist fließend, die in einer aktuellen Lebenskrise Rat suchen, ohne daß dieses Ausdruck von Krankheit oder länger dauernder beeinträchtigter psychischer Gesundheit wäre.

Psychische Störungen im Alter: Patientinnen und Patienten gerontopsychiatrischer Stationen sind nach unseren Befunden unter den Krankenhaussuiziden kaum vertreten. Das hängt vielleicht damit zusammen, daß Kranke mit Altersdepressionen häufig auf allgemeinpsychiatrischen Abteilungen behandelt werden. Die senile Demenz, die der häufigste Grund für die Klinikaufnahme psychisch kranker alter Menschen ist, führt zur Handlungs- und Entscheidungsunfähigkeit. Davon ist auch die Entscheidung zum Suizid betroffen.

Das darf nicht darüber hinwegtäuschen, daß psychische Krankheit auch im höheren Lebensalter eine wichtige Teilursache suizidalen Verhaltens sein kann. Depressive Verstimmungszustände jenseits des sechzigsten Lebensjahres sind häufig. Sie treten auf als Krankheit eigener Art – als Involutionsdepression. Öfter sind sie Reaktionen und Begleitsymptome körperlicher Erkrankungen, des allmählichen Schwindens der psychischen und physischen Kraft, des Verlusts als sinnvoll erlebter Lebensinhalte und von Vereinsamung. Wenn Krankheitssymptome und soziale Faktoren zusammen zum Gefühl der Hoffnungslosigkeit führen, steigt das Suizidrisiko, das vor allem bei Männern im höheren Lebensalter außerordentlich hoch ist (vgl. Kap. 1).

Komplexes Geschehen

Die Suizidgefährdung ist ein komplexes Geschehen. Psychische, soziale und situative Faktoren wirken zusammen. Bei psychiatrischen Patienten kann die Krankheit gleich auf mehrfache Weise Suizidgefährdung herbeiführen: als Symptom, als Auslöser von Lebens- und Beziehungskrisen und als Auslöser sozialer Katastrophen mit Verlust von Arbeitsplatz, Einkommen und Zukunftsaussichten. Entsprechend bietet sich in Beratungsstellen für Menschen in Lebenskrisen eine Klärung der Situation als Einstieg in die Behandlung des Suizidgefährdeten an. In der psychiatrischen Klinik wie in der Sprechstunde hat die Behandlung der Grundkrankheit gleichrangige Bedeutung. Voraussetzung dafür ist die Sicherung der Diagnose und die richtige Einschätzung der Psychopathologie.

Diagnose

»Vor die Therapie haben die Götter die Diagnose gesetzt.« Diese Binsenwahrheit, die dem Medizinstudenten in den ersten Semestern mit auf den Weg gegeben wird, ist in der Psychiatrie nie ganz unumstritten gewesen. Das Ringen um eine verbindliche Klassifikation psychiatrischer Krankheitsbilder hält bis in unsere Tage an. Der Streit um die Einheitspsychose gehört in die jüngere Geschichte der Psychiatrie. Von Syndrom-Diagnosen ist heute noch die Rede. Die Aufforderung, Diagnosen wegen ihres etikettierenden und stigmatisierenden Charakters tunlichst ganz zu vermeiden, kommt nicht nur von antipsychiatrischen Theoretikern.

Die Diagnose ist ein Etikett. Sie ist die Abstrahierung eines wahrgenommenen und beschriebenen Bildes. Sie dient der Orientierung für die Therapie. Sie ist zugleich Sammelbecken – Schublade – für eine Vielfalt von Varianten, atypischen Bildern und Verläufen, die unter der gleichen Überschrift zusammengefaßt werden. Die Diagnose schließt die individuelle Würdigung der Situation des einzelnen Kranken nicht aus. Sie verlangt sie vielmehr.

Die Diagnose als Orientierungspunkt ist unabdingbar. Wenn sie nicht gestellt ist, kann es keine therapeutische Linie geben. Die Therapie ist dann polypragmatisch und sprunghaft. Der ungeplante Einsatz von Medikamenten, sozialtherapeutischen Maßnahmen und konfliktorientierter Psychotherapie kann bei potentieller Suizidalität zur Gefahr für den Patienten werden.

RITZEL (1974) hat schon früh darauf hingewiesen, daß die Krankheitssymptome von Patienten, die sich später suizidieren, manchmal komplex und schwierig einzuordnen sind. Unsere eigenen Befunde bestätigen das. Bei der retrospektiven Untersuchung von Suiziden in Klinik und Ambulanz kamen wir bei fast einem Drittel der Fälle zu einer anderen Diagnose als die Therapeuten.

Die diagnostische Klassifikation hat Konsequenzen für die Therapie. Das gilt in verschärftem Maße, wenn man sich zu Maßnahmen gegen den Willen des Kranken entschließen muß. Mir sind mehrere Gespräche mit den verantwortlichen Ärzten in Erinnerung, die auf den Schluß hinausliefen: »Wenn ich damals geglaubt hätte, es handle sich um eine Psychose, dann hätte ich einen Unterbringungsbeschluß beantragt.«

Psychopathologie und Differentialdiagnose

Es scheint vor allem eine bestimmte Wahrnehmung von Psychopathologie zu sein, die die Differentialdiagnose Psychose/Persönlichkeitsstörung erschwert: Das Verhalten des Kranken ist einfühlbar. Der Kranke »agiert« – und verärgert damit oft die Therapeuten. Auch Ambivalenz wird gelegentlich nicht als Symptom wahrgenommen, sondern verständnisvoll oder unmutig zu »er weiß nicht, was er will« verkürzt. Es scheint eine Tendenz zu bestehen, solche Symptome, die im JASPERschen Sinne verstehbar und einfühlbar sind, eher zu interpretieren als sie auf ihren psychopathologischen Gehalt abzuklopfen – bzw. beides zu tun!

Auf Gegenübertragungsprobleme werde ich später eingehen. Im Zusammenhang mit Diagnostik und Psychopathologie sei lediglich darauf verwiesen, daß vor allem bei Patienten Schwierigkeiten bestehen, eine Psychose zu erkennen, die nur diskrete Krankheitssymptome zeigen und die eine Betroffenheit oder Mitbetroffenheit im Diagnostiker auslösen: gleichaltrige junge Leute, deren hoffnungsvolle Zukunft bedroht ist; Kranke, die Gedanken an die eigenen Kinder – oder Eltern – wachrufen; Patienten, die in ihrem Verhalten an bekannte Reaktionen aus dem Familien- und Freundeskreis erinnern: »Mein Vater ist auch depressiv geworden, als er seinen Betrieb schließen mußte«, meinte die Therapeutin, als ihr Patient im Rahmen einer, meiner Ansicht nach, phasischen depressiven Verstimmung sein florierendes Büro aufgab – und sich bald danach suizidierte.

Die Diagnose Psychose aus dem schizophrenen Formenkreis oder Borderline-Syndrom, affektive Psychose oder neurotische Entwicklung entscheidet darüber, ob die Pharmakotherapie mit stützender psychotherapeutischer Führung im ersten Abschnitt der Behandlung zur tragenden Säule der Behandlung wird oder die konfliktorientierte Psychotherapie. Bei Suizidgefährdung kann die richtige Differentialdiagnose damit lebensentscheidend werden. Auch die Abgrenzung zwischen schizophrener und affektiver Psychose scheint gelegentlich Schwierigkeiten zu bereiten, wenn ein ausgeprägter Wahn besteht. Dann besteht die Gefahr, daß das Suizidrisiko im akuten Krankheitsstadium unterschätzt wird.

Solche Erörterungen klingen theoretisch. Oft benötigt man für seine differentialdiagnostischen Erwägungen Zeit. Außerdem ist die Abgrenzung zwischen depressiver Neurose und Psychose zunehmend umstritten. Andererseits hat die Abgrenzung therapeutische Konsequenzen im Hinblick auf den Umgang mit konfliktorientierter psychotherapeutischer Behandlung bei Kranken mit depressiven Verstimmungszuständen.

Biographie

Wichtig scheint mir in diesem Zusammenhang der eher banale Hinweis zu sein, daß nicht allein der gegenwärtige Zustand Grundlage der Diagnose werden darf. Die Biographie des Kranken und die Geschichte seiner Krankheit ist einzubeziehen. Psychische Krankheiten haben vielfältige Verlaufs- und Erscheinungsformen.

Beispiel

Als Beispiel sei eine Patientin mit einer lange bekannten Psychose aus dem schizophrenen Formenkreis genannt, die zunächst nur im Zusammenhang mit Schwangerschaften aufgetreten war. Bei ihrer vierten klinischen Aufnahme standen unkontrollierbare Angst und die Furcht, sich suizidieren zu müssen, im Vordergrund der Symptomatik. Beide Ängste klangen innerhalb von wenigen Tagen ab. Aus organisatorischen Gründen erfolgte die Verlegung auf eine offene Station. Der Stationsarzt diagnostizierte anhand des Bildes, das die Patientin nun bot, eine neurotische Entwicklung mit identifizierbaren Konflikten. Er entschloß sich, diese aufdeckend psychotherapeutisch zu bearbeiten. Im Verlauf der folgenden vier Wochen beobachtete er ständige Fortschritte. Zugleich dokumentierte er, die Patientin fühle sich immer schlechter; dies treffe aber nicht zu. Schließlich suizidierte sie sich anläßlich eines Ausgangs.

Konsistenz von Diagnose und Therapie

Die Konsistenz von Diagnose und Therapie ist eine verständliche Forderung. Sie scheint aber, wie das Beispiel zeigt, nicht immer gewährleistet zu sein. Es gibt dafür andere Gründe als die fälschliche Revision der Diagnose. Unentschlossenheit, Unsicherheit, mangelnde Konsequenz in der Auseinandersetzung, auch Unkenntnis gehören dazu: alles Faktoren, die nicht geeignet sind, das Vertrauen des Kranken in die Zuverlässigkeit seiner Therapeuten zu kräftigen.

Wenn es so ist, daß Suizidgefährdung ein Symptom von Depressionen, von Psychosen aus dem schizophrenen Formenkreis, von Abhängigkeitserkrankungen, Neurosen und Persönlichkeitsstörungen und von bestimmten Formen psychischer Krankheiten älterer Menschen ist, verspricht die Behandlung der Grundkrankheit die dauerhafteste Chance zur Überwindung dieses Symptoms. Auch wenn sie nur ein Teilfaktor ist, kräftigt die erfolgreiche Behandlung der Grundkrankheit den Betroffenen für die Auseinandersetzung mit den situativen Anteilen seiner Suizidalität.

Nun können diese Leitlinien zur Suizidprophylaxe kein Lehrbuch der psychiatrischen Therapie ersetzen. Ich will mich deshalb unter dem Gesichtspunkt der Suizidprophylaxe auf wenige Anmerkungen beschränken.

9 Depressionen (affektive Psychosen)

Die phasisch verlaufenden Depressionen, die affektiven Psychosen, sind am relativ häufigsten mit Kliniksuiziden belastet. Das hängt möglicherweise damit zusammen, daß im Zeichen der antidepressiven Pharmakotherapie nur noch verhältnismäßig schwer betroffene und therapieresistente Patienten mit solchen Krankheiten in die Klinik kommen. Es gilt die Regel, daß Depressive in der Phase der Besserung und in der Phase der Verschlechterung besonders gefährdet seien. In diesen Abschnitten der Krankheit seien Hoffnungslosigkeit und Verzweiflung schon bzw. noch ausgeprägter. Der Antrieb zur Umsetzung suizidaler Anwandlungen sei noch bzw. schon wieder vorhanden. Demgegenüber seien Antrieb und Vitalität auf dem Plateau der tiefsten depressiven Verstimmung so weit gemindert, daß die Energie zur Umsetzung vorhandener Suizidgedanken in Suizidhandlungen nicht aufgebracht werden könne.

Diese Lehrmeinung mag vom Grundsatz her richtig sein. Für den therapeutischen Alltag müssen wir davon ausgehen, daß phasisch Depressive – der psychotisch Depressive – suizidgefährdet sind, solange die Depression besteht. Innerhalb des Verlaufs können Stimmungs- und Antriebsschwankungen auftreten, die die Regel in graue Theorie verwandeln. Im übrigen können gerade bei schwer Depressiven Nichtigkeitsgefühle, Schuld- und Versündigungsideen von wahnhaftem Ausmaß so bedrängend sein, daß den Kranken trotz Antriebslosigkeit kein Ausweg bleibt als der Tod. Der depressive Wahn muß als Zeichen besonderer Gefährdung gewertet werden.

Stützung und Ermutigung

Für die Suizidprophylaxe ist wichtig: Phasisch depressive Patientinnen und Patienten »agieren« nicht mit Suizidalität, wie manche Patienten mit Neurosen und Persönlichkeitsstörungen das tun. Sie sind suizidgefährdet, auch wenn ihr Verhalten gelegentlich »pseudoneurotisch« erscheint. Es ist ein Ausdruck von

Verzweiflung und Hilflosigkeit. Wichtig ist ferner, daß phasisch Depressive über weite Strecken ihrer Krankheit nur beschränkt bündnisfähig sind. Sie können nicht zuverlässig versprechen, daß sie sich an den Arzt oder die Krankenschwester wenden, wenn ihre Suizidimpulse sie zu überwältigen drohen. Sie bedürfen des Schutzes, der Zusprache und Ermutigung, der ständigen Versicherung, die Depression werde vorübergehen.

Versuche konfliktorientierter Psychotherapie verbieten sich während der Phase. Der Versuch der Klärung von familiären und beruflichen Problemen hat zurückzustehen, bis eine Stabilisierung erreicht ist. Der Patient bedarf der verstärkten Aufmerksamkeit der Mitarbeiter der Klinikstation. Bei eindeutiger akuter Suizidalität kann eine dauernde Überwachung notwendig werden. Aktivierende soziotherapeutische Maßnahmen, Arbeits- und Beschäftigungstherapie sollten individuell überlegt eingesetzt werden, um die Erfahrung des Versagens gegenüber einfachsten Angeboten nicht noch zu bekräftigen und zu verstärken.

Psychotherapie soll sich auf Stützung und Ermutigung beschränken. Diese aber sind von größter Wichtigkeit.

Die Depressionsbehandlung verlangt Geduld von allen Beteiligten.

Antidepressive Pharmakotherapie

Die antidepressive Pharmakotherapie hat zwei Ziele. Zum einen versucht sie, mit Hilfe von antidepressiv wirksamen Medikamenten in den Verlauf der Depression selbst einzugreifen. Sie versucht, die depressive Verstimmung aufzuhellen und den verminderten Antrieb wiederherzustellen. Dies dauert seine Zeit. Dafür muß man mit einer Anlaufzeit von drei bis vier Wochen rechnen. Deshalb ist die zweite Säule der medikamentösen Depressionsbehandlung für die Suizidprophylaxe von um so größerer Bedeutung. Sie zielt auf die Verminderung von Angst, innerer Unruhe und Verzweiflung. Sie sediert den Kranken, beruhigt, »dämpft« ihn. Wenn im Zusammenhang mit psychiatrischer Pharmakotherapie von Dämpfung die Rede ist, treten die Kritiker auf den Plan. Den Kranken nur zu »dämpfen«, gilt weiterhin als illegitim. Der englische Psychologieprofessor Stuart SUTHERLAND (1981), der selbst an einer manisch-depressiven Erkrankung litt, meint zu der Warnung seines Psychotherapeuten, Medikamente würden ihn sedieren: für ihn sei genau dies eine Frage von Leben oder Tod gewesen.

Angstlösung und Beruhigung versucht man entweder mit Hilfe von Antidepressiva herbeizuführen, die eine sedierende Begleitwirkung haben, wie Amitriptylin, oder mit Hilfe von Tranquilizern oder niederpotenten Neuroleptika. Die Entscheidung, wie vorzugehen ist, ist in jedem Einzelfall neu zu treffen. Von Übel sind die früher häufig gebrauchten festen Kombinationen von Antidepressiva und Tranquilizern oder von Antidepressiva und Neuroleptika. Sie machen eine angemessene individuelle Dosierung unmöglich. Bei schweren depressiven Wahnsyndromen ist im übrigen eine intensive Neuroleptikabehandlung unabdingbar.

Eine Lehrmeinung im Hinblick auf die antidepressive Behandlung ist mit Zurückhaltung zu betrachten. Die Behandlung mit sedierenden Antidepressiva vom Amitriptylintyp vermindere das Suizidrisiko; die Behandlung mit antriebssteigernden Antidepressiva vom Imipramintyp erhöhe es hingegen. Daran ist richtig, daß bei der medikamentösen Behandlung ängstlicher, unruhiger, agitierter, verzweifelter Patienten der Aspekt der Sedierung ausreichend berücksichtigt werden muß. Diese kann aber auf vielfältige Weise erreicht werden. Wenn sie geboten ist, kommt man oft ohne zusätzliche Verordnung von Tranquilizern oder Neuroleptika nicht aus, ganz gleich, für welches Antidepressivum man sich entschieden hat.

Die Lehrmeinung, bestimmte Antidepressiva verminderten die Suizidgefährdung depressiv Kranker, wiegt einen leicht in falsche Sicherheit. Eigene Untersuchungsergebnisse zur Rolle der Medikamente beim Patientensuizid (1988) und solche von MODESTIN (1985) weisen auf einen anderen Gefährdungsfaktor hin: die unzulängliche Behandlung mit Antidepressiva, die Unterdosierung oder die Verdeckung depressiver Symptome durch die ausschließliche Behandlung der Depression mit Tranquilizern oder niederpotenten Neuroleptika. Auf die Frage, ob den neueren Antidepressiva, den Serotoninwiederaufnahmehemmern, wegen ihrer geringeren Toxizität gegenüber den klassischen Substanzen der Vorzug zu geben ist, gehen wir im 14. Kapitel ein (Medikamentenbehandlung).

Der Stand der Psychopharmakotherapie muß im übrigen auch bei Managemententscheidungen Berücksichtigung finden. Aktivierende Maßnahmen in Arbeits- und Beschäftigungstherapie gehören ebenso dazu wie die Gewährung von Ausgang und Beurlaubung. Die Medikamente heilen die Krankheit über eine lange Strecke nicht. Sie tragen zum Verschwinden mancher Symptome bei, unter denen der Patient sehr leidet. Manche andere verdecken sie. Wenn man den Kranken belastet, muß man deshalb sorgsam prüfen, ob sie nicht eine unverändert fortbestehende Gefährdung maskieren. Das gilt besonders im Hinblick auf die Gewährung von Urlaub nach Hause. Dort fällt die Schutzwirkung der Medikamente durch unregelmäßige Einnahme allzu leicht fort. Zudem neigen Angehörige gerade gegenüber depressiven Kranken zu der Auffassung, nun sei es aber genug. Wenn er sich nur ein wenig zusammenreiße, würde es schon gehen.

Besondere Probleme bei der ambulanten Behandlung

Damit sind die Belastungen, die der Depressive nach der Klinikentlassung zu erwarten hat, bereits vorgezeichnet. Im ambulanten Bereich gelten für die Behandlung ohnehin einige Erschwernisse. Der Therapeut muß sich auf die Bündnisfähigkeit des Suizidgefährdeten verlassen können. Dem Einsatz von sedierenden Medikamenten und Begleitmedikamenten sind Grenzen gesetzt, wenn der Kranke Pflichten in Familie und Beruf zu erfüllen hat. Eine ständige Beobachtung ist nicht möglich. Zudem bekommt der Kranke ein mögliches Suizidmittel in Form seiner Medikamente zu treuen Händen anvertraut. Daß man bei gefährdeten Kranken nur die kleinstmögliche Medikamentenmenge verordnen soll, ist ein wohlmeinender, dennoch wenig wirksamer Rat. Diese einem Angehörigen in Obhut zu geben, ist schon effizienter.

Alle diese Einschränkungen begrenzen die Möglichkeiten, Kranke mit schwereren Formen von Depressionen ambulant zu behandeln. Andererseits kommt der Arzt in eine Zwangslage, wenn der Patient die Krankenhausbehandlung verweigert. Bei depressiven Kranken scheint es schwerer zu fallen, eine Klinikeinweisung gegen den Willen des Betroffenen herbeizuführen als beim Schizophrenen. Die Entscheidung will sorgfältig überlegt sein. Manchmal ist sie zur Vermeidung eines Suizids unabdingbar.

10 Psychosen aus dem schizophrenen Formenkreis

Patienten mit Psychosen aus dem schizophrenen Formenkreis sind in absoluten Zahlen am häufigsten vom Kliniksuizid betroffen. Das gleiche Ausmaß an Gefährdung scheint für die Tage und Wochen unmittelbar nach der Krankenhausentlassung zu gelten. Die frühere Vorstellung, Schizophreniekranke seien im akuten Stadium ihrer Erkrankung unter Einfluß von Wahnvorstellungen und sogenannten imperativen Stimmen besonders bedroht, trifft nicht zu. Immerhin gibt es solche Selbsttötungshandlungen. Zum Teil stellen sie sich subjektiv nicht als Suizide dar, etwa wenn ein Kranker wähnt, er könne fliegen und beim Versuch abstürzt. Die Gefahr der Überwältigung durch Wahnerlebnisse bleibt einer der Gefährdungsfaktoren, die die sorgfältige Überwachung akut kranker Schizophrener notwendig machen.

Typischerweise nehmen sich schizophrene Kranke das Leben, wenn sie schon länger krank sind, wenn sie Besserung und Rückfälle erlebt haben, wenn sie sich im Krankheitsverlauf in einer Phase depressiver Verstimmtheit befinden. Sie nehmen wahr, daß die Krankheit ihr weiteres Leben bestimmen wird. Sie setzen sich mit den Folgen für ihr soziales Dasein auseinander. Das Ergebnis ist, gemessen an ihren früheren Vorstellungen vom Leben, nicht selten Hoffnungslosigkeit und Verzweiflung.

In zahllosen Berichten über Suizide schizophrener Kranker findet sich die Bemerkung, die Selbsttötung sei in dieser Phase der Erkrankung völlig unerwartet gekommen. Der Patient habe sich von seinem psychotischen Erleben distanziert. Eine allgemeine Besserung und Stabilisierung sei festzustellen gewesen. Gerade daß er in seinem Denken und Fühlen nicht mehr krankhaft verändert ist, versetzt ihn in die Lage, sich mit seiner Krankheit und ihren Folgen auseinanderzusetzen. Die verbliebene Verletzlichkeit und die latente depressive Verstimmbarkeit in der Wiederherstellungsphase begrenzen seine Möglichkeiten, sich gegen aufkommende suizidale Anwandlungen zu behaupten.

Neuroleptika als »künstliches dickes Fell«

Die Therapie hat hier weniger konkrete Zugriffsmöglichkeiten als beim Depressiven. Die Medikamentenbehandlung führt fast immer zu einer Beruhigung der akuten Krankheitssymptomatik. Sie kann bei chronisch-rezidivierendem Verlauf auch zur Rückfallprophylaxe beitragen. Aber sie hat nur begrenzten Einfluß auf krankheitsbedingte Veränderungen der Persönlichkeit und des Wesens, auf Neigungen zum sozialen Rückzug, Verminderungen von Vitalität und Lebensfreude und die allgemeine soziale Verletzlichkeit, die nach längerer Krankheitsdauer fast immer besteht.

Die Therapie zielt auf Rückfallvermeidung. Dazu greift sie auf Medikamente und die Vermittlung sozialen Schonraums zurück. Sie zielt zum anderen auf Integration in Familie und Beruf. Dazu muß sie aktivieren, Ansprüche formulieren und auf deren Einhaltung drängen. Sie wird damit zu einem Balance-Akt zwischen medikamentöser Dämpfung und sozialer Stimulation. Dabei steht die Hoffnung im Hintergrund, daß die Medikamente dem Kranken ein »künstliches dickes Fell« vermitteln, wie die englische Soziologin Barbara STEVENS (1973) das einmal formuliert hat.

Gerade bei schizophrenen Kranken scheinen die Suizidmotive denen »Gesunder« zu entsprechen. Sie sind nur verwundbarer als diese, sie haben durch ihre Krankheit einen geringeren Kompensationsspielraum. Und die zwischenmenschlichen und sozialen Katastrophen treffen sie infolge ihrer Erkrankung wieder und wieder in geballter Ladung.

Die Behandlung muß versuchen, der Situation der Kranken Rechnung zu tragen. Sie muß versuchen, ihnen bei der Lösung ihrer Probleme zu helfen. Schizophrene Kranke langzeitig zu behandeln, bedeutet immer wieder, sie psychisch und sozial zu stützen. Zugleich muß die Therapie den Betroffenen helfen, ihre Lebensziele ihren Möglichkeiten anzupassen. Das kann ein dornenvoller Weg sein. Denn zu Beginn einer Psychose aus dem schizophrenen Formenkreis ist weder für den Therapeuten noch für den Patienten oder die Patientin erkennbar, welchen Verlauf sie nehmen wird. Zu früh aufzustecken, kann unnötige Invalidität bedeuten. Zu spät die Grenzen zu erkennen, kann viel Leid und Mühsal heraufbeschwören.

Schleppende Wiederherstellung und Rehabilitation

Die Situation ist unproblematisch bei jenen Kranken, die eine Krankheitsepisode durchmachen, eine rasche Besserung erleben und dann auf Jahre oder immer aus dem Gesichtsfeld des Psychiaters verschwinden. Die Herausforderung der Schizophrenietherapie beginnt bei schleppender Wiederherstellung oder beim ersten Rückfall. Dann gilt es, sich auf einen langwierigen Krankheitsverlauf einzustellen. Es empfiehlt sich, sich dann auch Zeit zu nehmen, die Grenzen und die Möglichkeiten des Kranken zu erfahren und ihm selbst eine Chance zu geben, zu lernen mit seiner Krankheit zu leben.

Es gibt Anhaltspunkte dafür, daß das Suizidrisiko besonders bei jüngeren Schizophrenen mit der Verbesserung unserer Behandlungsmöglichkeiten gestiegen ist. Wenn das zutrifft, müssen wir einen der Gründe dafür in der Ungeduld der Therapeuten, ihrer Angehörigen und der Betroffenen selbst suchen. Vieles kommt auf den Zeitpunkt an: wann etwa der jugendliche Schizophrene das Elternhaus verläßt, wann man eine Partnerschaftskrise bearbeitet (nicht unmittelbar nach der Aufnahme, wenn die Wogen der Erregung noch hochgehen), wann man ein Rehabilitationsprogramm beginnt und mit welcher Intensität man es durchführt.

Die subjektiven Erfahrungen des Kranken und seiner Angehörigen sind anders als die der Therapeuten. Wenn sie meinen, »der Junge müsse von der Mutter weg«, mag dieser das in der akuten psychotischen Krise zwar auch so erleben. Aber in der Phase der Wiederherstellung sieht er das oft ganz anders. Die Therapeuten müssen lernen, die Enttäuschung über solche Zurückweisungen zu verschmerzen. Wenn sie meinen, der Kranke werde ohne systematische Rehabilitation draußen nicht wieder Fuß fassen, kann es aus dessen Sicht völlig anders sein. Eine Rehabilitation mit einem widerwilligen Patienten ist aussichtslos. Man muß ihn gehen lassen und seine Enttäuschung, die mit Suizidalität verbunden sein kann, auffangen, wenn er wiederkommt.

Andererseits ist zu bedenken, daß wir in ein Rehabilitationsprogramm mannigfache Möglichkeiten der Frustration und der Enttäuschung einbauen. Sie treten ein, wenn der Patient seinen und unseren Ansprüchen nicht genügt. Wenn wir das Ziel korrigieren müssen, wenn anstelle der Entlassung in die eigene Wohnung die beschützende Wohngruppe tritt, kann der Kranke das als schwere Zurückweisung erleben. Selbst objektiv geringe Abweichungen vom Plan, wie eine Verschiebung der Entlassung, können bei langwierigem Krankheitsverlauf das Faß zum Überlaufen und den Patienten zur suizidalen Dekompensation bringen.

Diese Schilderung zeigt, daß unsere therapeutischen Zugriffsmöglichkeiten manchmal gering sind. Wahrscheinlich leisten wir aber schon einen beträchtlichen Beitrag zur Suizidprophylaxe, wenn wir die Reaktionen der Patienten auf unsere Entscheidungen ernst nehmen. Aber es ist hilfreich, wenn wir sie gut kennen, wenn eine Konstanz in der Betreuung durch die gleichen Therapeuten besteht. Auch schizophrene Patienten »agieren« nicht. Wenn sie pseudoneurotisches Verhalten zeigen, ist es Ausdruck von Hilflosigkeit – wenn man es so dramatisch formulieren will, der berühmte Schrei nach Hilfe.

Pharmakotherapie und depressive Symptome

Im Zusammenhang mit der Einführung der Neuroleptikabehandlung bei schizophrenen Psychosen tauchte bald der Begriff der »pharmakogenen Depression« auf. Dieses Konzept ist auch nach mehr als zwei Jahrzehnten umstritten. Fest steht, daß während der Medikamentenbehandlung – wie sonst auch jederzeit im Verlauf der Erkrankung – depressive Verstimmungszustände auftreten können. Gelegentlich sind sie Zeichen einer Überdosierung. Dann lassen sie sich leicht korrigieren. Ansonsten können sie Begleitwirkung der Medikamentenbehandlung, Krankheitssymptom eigener Art oder Reaktion auf die Krankheit sein. In jedem Fall erhöhen sie das Suizidrisiko. Sie können Anlaß zu einer begleitenden antidepressiven Medikamentenbehandlung sein. Sie müssen stützende psychotherapeutische und soziotherapeutische Maßnahmen zur Folge haben.

Solche depressiven Verstimmungszustände sind erkennbar. Sie sind damit für den therapeutischen Zugang offen. Problematischer ist eine Wirkung der Medikamentenbehandlung, die ich bereits im Zusammenhang mit den Depressionen angesprochen habe: die Maskierung fortbestehender Krankheitssymptome, insbesondere die Maskierung der verminderten Belastbarkeit der Kranken. Äußerlich erscheinen sie weitgehend kompensiert. In Wirklichkeit sind sie aber kaum belastbar. Die Ruhe – die Dämpfung –, die die Medikamente vermitteln, täuschen aber darüber hinweg. Auf diese Gefahr hat bereits 1964 COHEN aus der Gruppe von FARBEROW und SHNEIDMAN warnend hingewiesen.

Das ist bei Entscheidungen über Ausgang, Urlaub und Entlassung von großer Bedeutung. Die Gefahr der Maskierung ist nach eigenen Erfahrungen und Untersuchungsbefunden besonders hoch, wenn die Kranken unter hohen Medikamentendosen weitgehend stabilisiert erscheinen. Unerwartete Belastungen in Verbindung mit unregelmäßiger Medikamenteneinnahme führen dann gelegentlich zur Katastrophe. Meist ist es ein gewöhnlicher Rückfall. Aber bei unseren Untersuchungen haben wir eine ganze Reihe von Suiziden während des Urlaubs und nach der Entlassung unter solchen Vorzeichen feststellen müssen.

Die Vorbereitung der Entlassung

Die Klinikentlassung bedarf bei schizophrenen Kranken mit chronisch-rezidivierendem Verlauf besonders sorgsamer Vorbereitung. Das Loch, in das sie mit der Entlassung fallen, scheint bei vielen besonders tief und schwarz zu sein. So sehr manche sich gegen die Krankenhausbehandlung sperren, so sehr vermissen sie anschließend dessen Rückhalt und Geborgenheit, wenn sie allein auf sich gestellt sind. Das Gefühl der Isolierung bei gespannten emotionalen Beziehungen zu Angehörigen kommt wieder zum Tragen. Berufliche Anforderungen wollen bewältigt sein.

Die Möglichkeiten der entlassenden Kliniken, Vorsorge zu leisten, sind begrenzt. Die Klärung, wie der Empfangsraum auf die Rückkehr des Entlassenen reagiert, gehört ebenso dazu wie dic Vermittlung eines nachsorgenden Therapeuten. Bewährt hat sich bei uns, daß der Patient bereits vor der Entlassung Kontakt mit diesem aufnimmt, damit er weiß, mit wem er es später zu tun hat. Die Schwellenangst wird vermindert.

Langzeitpatienten

Psychiatrische Langzeitpatienten stellen keine einheitliche Patientengruppe dar. Deshalb geht es bei ihnen auch nicht vorrangig um die Behandlung der Grundkrankheit. Im klassischen kustodialen Krankenhaus waren die Suizidraten im Vergleich zu heute eher niedrig. Nachdem unsere therapeutischen und rehabilitativen Bemühungen inzwischen auch diesen Kranken gelten, müssen wir auch bei ihnen den möglichen Zusammenhang von Behandlung und Suizidgefährdung ins Auge fassen. Er ist bei dieser Gruppe möglicherweise sogar deutlicher als bei allen anderen Patientengruppen. Suizidalität von Langzeitpatienten wird provoziert, wenn sie durch Therapie und Rehabilitationsbemühungen überfordert werden. Jede Veränderung der kleinen Welt ihrer Station kann sie aus dem Gleichgewicht bringen. Behutsamkeit ist sowohl bei therapeutischen Ansätzen wie bei der Reorganisation von Langzeitbereichen am Platz.

Beispiel

Ein 62jähriger Patient hat wegen einer im Verlauf seiner schizophrenen Psychosen begangenen schweren Straftaten mehr als 15 Jahre in einem psychiatrischen Sonderkrankenhaus verbracht. Als die Maßregel aufgehoben wird, erfolgt die Verlegung in ein Wohnheim für psychisch Behinderte. Schon nach wenigen Wochen kommt es zu einer erneuten psychotischen Episode. Der Patient wird auf einer Akutstation unseres Krankenhauses aufgenommen und schließlich, weil er sich gegen jeden Entlassungsversuch sperrt, auf eine wohnheimähnliche Langzeitstation verlegt. Dort lebt er unauffällig und zurückgezogen. Er arbeitet in einem der Krankenhausbetriebe und sucht gelegentlich die Cafeteria im Sozialzentrum auf. Sonst verläßt er die Station nur selten. Nach Ansicht der Betreuer könnte er gut in einem Wohnheim oder in einer Wohngemeinschaft leben, aber er reagiert auf jeden Versuch, ihn zu einem Schritt voranzumotivieren, mit Ängstlichkeit und Verstörtheit. Nach zweieinhalb Jahren wird im Zusammenhang mit einer körperlichen Erkrankung ein harmloser operativer Eingriff notwendig. Dazu muß er für zwei Tage in das Allgemeine Krankenhaus überwiesen werden. In der Nacht vor der geplanten Verlegung erdrosselt er sich in seinem Zimmer. Nach dem Suizid berichten Mitarbeiter, er sei in den Tagen davor immer aufgeregter geworden. Man habe einen Zusammenhang mit der Verlegung ins Allgemeine Krankenhaus und der geplanten Operation gesehen. Man habe dem als angemessene, wenn auch etwas übertriebene Reaktion keine weitergehende Aufmerksamkeit geschenkt.

11 Konfliktreaktionen und Persönlichkeitsstörungen, Abhängigkeit, psychische Krankheiten im höheren Lebensalter, psychoorganische Syndrome

Die psychischen Störungen, die im folgenden Kapitel behandelt werden, haben keinen systematischen Zusammenhang, obwohl natürlich Persönlichkeitsstörungen und Abhängigkeitserkrankungen sowie psychoorganische Syndrome und psychische Erkrankungen des höheren Lebensalters zwanglos miteinander verknüpft werden könnten. Die Zusammenfassung in einem Kapitel hat ihre Logik in der Systematik der Darstellung, nicht in der Logik der Inhalte: Die einzelnen Abschnitte sind zu kurz, als daß ihnen jeweils ein ganzes eigenständiges Kapitel zugewiesen werden könnte.

Konfliktreaktionen und Persönlichkeitsstörungen

Patienten und Patientinnen mit Konfliktreaktionen und Persönlichkeitsstörungen kommen überwiegend zur Krisenintervention in die psychiatrische Klinik. Oft hat die krisenhafte Zuspitzung ihrer Probleme zum Suizidversuch geführt. Nicht selten sind aber auch familiäre Krisen und anders ausgelöste Zustände von Erregung Grund für die Aufnahme. Entsprechend besteht die stationäre Intervention zunächst im Versuch einer Situationsklärung und einer psychotherapeutischen Stützung. Mit der Entlassung ist nicht selten die Empfehlung einer systematischen ambulanten Psychotherapie verbunden. Ähnlich wie beim Abhängigen ist die Krankenhausaufnahme bei neurotischen Patienten oft mit einer Entlastung verbunden. Sie haben die Möglichkeit zur Regression. Sie sind aus dem Konfliktfeld herausgekommen. Das vermindert das Risiko während des stationären Aufenthaltes. Aber nach der Entlassung kann es wieder zur Zuspitzung kommen. Auf lange Sicht ist Hilfe nur über eine systematische Beratung oder Psychotherapie möglich.

Unklarheit mag bei der Behandlung schwerer depressiver Persönlichkeitsstörungen bestehen. Sie sind oft nicht eindeutig als neurotische Entwicklungen einzuordnen. Hier empfiehlt es sich, den Schweregrad und das Ausmaß der depressiven Verstimmung als Leitlinie der Behandlung heranzuziehen. Die schwere depressive Verstimmung ist unabhängig von ihrer Ursache einer Behandlung mit antidepressiven Medikamenten zugänglich, zu Anfang oft besser als einer systematischen Psychotherapie. In diesem Zusammenhang scheint der Begriff der »major depressive disorder«, wie er im Angelsächsischen gebräuchlich ist, hilfreich, der die Ursache der Störung offen läßt.

Alkohol-, Medikamenten- und Drogenabhängigkeit

Suchtstoffabhängige suizidieren sich während der Klinikbehandlung ungewöhnlich selten. Dies war eines der überraschenden Ergebnisse unserer Untersuchung. Es wird durch die Literatur überwiegend bestätigt. Es hat auch seine Logik. Die Suizidgefährdung des Abhängigen wird bedingt durch die psychischen Begleitwirkungen der Sucht und die psychosozialen Probleme, die in ihrem Gefolge auftreten. Hoffnungs- und Ausweglosigkeit erlebt er, während er den Suchtstoff konsumiert. Mit der Einweisung in die Klinik wird er nicht nur von der Droge ferngehalten. Er wird zeitweilig auch aus seinen Lebensproblemen herausgenommen. Er erlebt in der Klinik neben therapeutischen Anforderungen Schutz und Geborgenheit, die Freiheit von Sorgen um die Sicherung des täglichen Lebens. Der Klinikaufenthalt ist für ihn eine Art »psychosoziales Moratorium« (ERIKSON 1961).

Zur Therapie und ihren Risiken ist in diesem Zusammenhang wenig zu sagen. Wichtig ist, daß die Entlassung und die Nachsorge vorbereitet werden. Wichtig ist, daß der behandelte Abhängige nach der Entlassung weiß, wo er bleibt und eine Perspektive für sich sieht. Dazu gehört heute fast selbstverständlich der Anschluß an eine Selbsthilfegruppe. Die Vermittlung von Arbeit, die auch dazu gehört, wird heute allerdings oft zum unüberwindlichen Problem. Suizidprophylaxe nach der Klinikentlassung ist beim Suchtstoffabhängigen gleichzusetzen mit Rückfallprophylaxe.

Anders liegen die Dinge, wenn der Suchtstoffmißbrauch sekundär ist. Bei zahlreichen Kranken mit schizophrenen Psychosen und manisch-depressiven Krankheiten besteht ein sekundärer Alkoholmißbrauch und desgleichen bei Kranken mit schweren Persönlichkeitsstörungen. Dann ist die Entwöhnungsbehandlung nur ein erster Schritt. Dann bedarf die Grundkrankheit der Behandlung. Dabei mag beim Abhängigen mit schweren Persönlichkeitsstörungen die Frage manchmal offen bleiben, welches die Grundkrankheit ist. Auf jeden Fall besteht bei psychisch Kranken, deren Leiden durch einen sekundären Alkoholismus kompliziert ist, ein erhöhtes Suizidrisiko.

Psychische Krankheiten im höheren Lebensalter

Patienten jenseits des sechzigsten Lebensjahres kommen gelegentlich nach Suizidversuchen zur Aufnahme in die psychiatrische Klinik. Wir haben den Eindruck, daß die Häufigkeit steigt. Suizide von Patienten mit spezifischen Alterserkrankungen im Krankenhaus sind dagegen eher selten.

Wenn Kranke im siebten Lebensjahrzehnt sich in der Klinik oder während der Nachbehandlungsphase das Leben nehmen, sind es Patienten mit Depressionen, die durch typische psychosoziale Konflikte der Involution kompliziert werden: das Gefühl des Verlassenwerdens durch die Kinder, der Sinnlosigkeit des Lebens ohne Arbeit und Beschäftigung. Für sie gelten im Hinblick auf die Behandlung der Grundkrankheit die gleichen Leitlinien wie für die Behandlung des suizidgefährdeten Depressiven. Flankierende stützende psychotherapeutische und soziale Maßnahmen müssen hinzukommen. Die Anbindung an Clubs und Selbsthilfevereinigungen muß ebenso überdacht werden wie die Übersiedlung in ein Altenwohnheim. Die Schwellenangst, die damit verbunden ist, kann wiederum zum Risikofaktor werden.

Die häufigste psychische Krankheit des höheren Lebensalters ist die senile Demenz. Im fortgeschrittenen Stadium ist sie mit einem Verlust der Autonomie verbunden. Suizidhandlungen sind dann selten. Die beginnende Demenz dagegen ist mit erhöhtem Suizidrisiko verbunden. Außer mit Ratlosigkeit und Verzweiflung über das, was dem Kranken geschieht, ist sie mit einer erhöhten depressiven Verstimmbarkeit verbunden.

In den letzten Jahren beobachten wir bei älteren Menschen immer häufiger Suizidalität im Zusammenhang mit unspezifischen psychopathologischen Syndromen nach Tranquilizerentzug. Dieser tritt nicht selten verdeckt auf, wenn Patienten nach Klinikeinweisung nicht wissen, welche Medikamente sie vorher eingenommen haben, und wenn die Einweisungsunterlagen, wie so oft, unvollständig sind.

Körperlich begründbare Psychosen und psychoorganische Syndrome

Auch körperlich begründbare Psychosen und psychoorganische Syndrome können mit einer erhöhten Suizidgefährdung verbunden sein. Besonderer Aufmerksamkeit bedürfen Kranke, die nach einem vorangegangenen Suizidversuch noch an einem psychoorganischen Syndrom erkrankt sind, etwa aufgrund einer Intoxikation durch Medikamente oder Kohlenmonoxid – aber auch nach Elektrokrampfbehandlung. Bei ihnen maskiert die psychoorganische Symptomatik nicht selten die zugrundeliegende Grundkrankheit und die depressive Verzweiflung. Zugleich ist die Fähigkeit zur Steuerung des eigenen Verhaltens durch die fortbestehende hirnorganische Veränderung herabgesetzt. Bei ihnen ist neben der Behandlung der Vergiftungserscheinungen eine erhöhte Aufmerksamkeit am Platz.

Schlußbemerkung

Diese Hinweise zur Therapie der Grundkrankheit im 8. bis 11. Kapitel behandeln nur einen Teilaspekt der Suizidproblematik während der psychiatrischen Behandlung. Andere Gesichtspunkte werden in den Kapiteln ›Krisenintervention und Psychotherapie‹, ›Medikamentenbehandlung‹, ›Soziotherapie und Rehabilitation‹, ›Gegenübertragungsreaktionen‹ und bei der Ausleuchtung der institutionellen Rahmenbedingungen wiederaufgenommen.

12 Krisenintervention und Psychotherapie

Krisenintervention und Psychotherapie sind nicht identisch. Psychotherapie ist ein Oberbegriff mit großer Spannweite. Psychotherapie ist es beispielsweise auch, wenn man jemandem Gelegenheit gibt, sich auszusprechen und ihm dabei zuhört; wenn man ihm einen Rat gibt, wenn man ihm hilft, seine Situation zu klären; wenn man ihn anhält, seine Probleme systematisch zu reflektieren. Die Konfrontation mit verdrängten Problemen, die Interpretation unbewußter Inhalte gehören zur hohen Schule der Psychotherapie (LOCH 1970). Im psychiatrischen Alltag nehmen einfache Formen der Psychotherapie, auch stützende Verfahren, einen breiten Raum ein

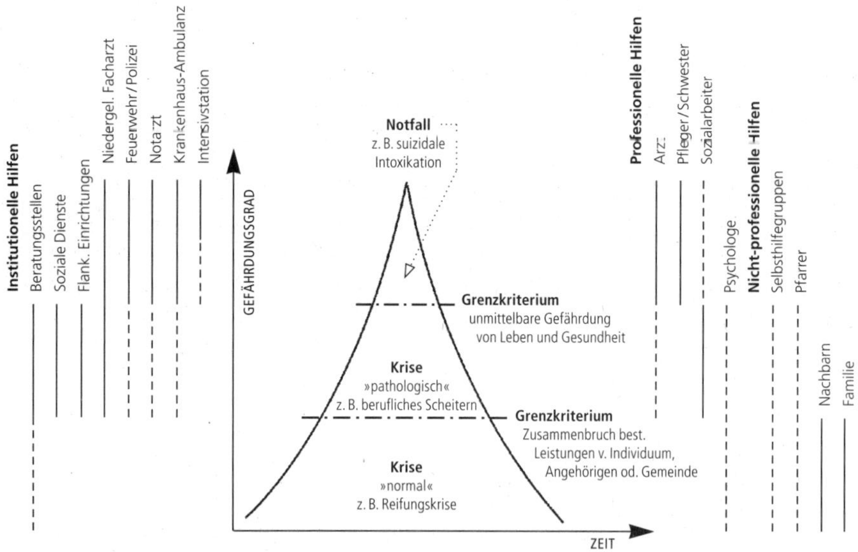

Adäquate Vorsorgung von Notfällen und Krisen durch institutionelle, professionelle und nicht-professionele Hilfe.
Notwendige Zuordnung ———, Mögliche Zuordnung - - - - - -
(Aus HÄFNER und HELMCHEN 1978)

Krisenintervention

Krisenintervention ist der pragmatische Einsatz vielfältiger psychotherapeutischer Elemente, die der jeweiligen Krisensituation angepaßt sind. Die suizidale Krise ist ein Spezialfall vielfältiger möglicher »normaler« und »pathologischer« Krisensituationen, die in unterschiedlichem Ausmaß professionelle Hilfe erforderlich machen. Eine schematische Darstellung von Häfner und Helmchen (1978) vermittelt eine gute Übersicht über die komplexen Zusammenhänge von Krisenintervention und Notfallpsychiatrie. Daß es im Formalen verharrt, ist nicht zufällig. Es spiegelt vielmehr ein Dilemma, das Henseler (1981) so umschreibt: »Alle reden von Krisenintervention, vom Wie aber nicht.« Er bleibt dabei nicht stehen, sondern beschreibt auf der Grundlage der Narzißmus-Theorie die Ausgangslage für psychotherapeutische Aufarbeitung der akuten Suizidalität:

> »Die bewußte Konfliktsituation, die zur suizidalen Krise führt, stellt in der Regel nur einen Anlaß dar, an dem sich eine längst vorhandene, aber unbewußte Konfliktthematik neu entzündet. Diese Grundthematik, meistens eine narzißtische Art, gilt es zu erschließen, wenn die suizidale Krise verständlich werden soll. Krisenintervention hat die Aufgabe, mit dem Patienten dieses Verständnis zu erarbeiten und Folgerungen daraus zu ziehen.«

Dieses Modell der suizidalen Krise ist mit den gebotenen Einschränkungen auf psychosekranke Patientinnen und Patienten zu übertragen. Verletzlichkeit und Kränkbarkeit sind gerade bei ihnen in hohem Maße gegeben. Auf diesem Hintergrund wollen wir im folgenden unter Berücksichtigung psychiatrisch-phänomenologischer und tiefenpsychologischer Ansätze einige Aspekte herausstellen, die sich für den psychotherapeutischen Umgang mit suizidgefährdeten Menschen als hilfreich erwiesen haben.

Vier Grundkonstellationen

Wolfersdorf (1984) hat darauf verwiesen, daß die Konfrontation mit der Suizidgefährdung in vier unterschiedlichen Grundkonstellationen erfolgt. Zum einen kann der Patient Rat suchen, weil ihn Suizidgedanken plagen und er deswegen Hilfe braucht. Zum anderen kann die Suizidgefährdung im Rahmen der Feststellung einer psychischen

Störung ins Blickfeld geraten. Zum dritten können Suizidideen oder suizidale Impulse während einer fortlaufenden Psychotherapie auftreten. Zum vierten schließlich erfolgt die Begegnung zwischen Kranken und Helfern in einer Behandlungs- oder Konsiliarsituation nach dem Suizidversuch.

So unterschiedlich diese Grundkonstellationen sich im einzelnen darstellen mögen, die Systematik des Vorgehens ist die gleiche:

- Klärung der Situation und ihrer Rahmenbedingungen
- Abschätzung der Bedrohlichkeit und der Akutität der Krise sowie Beurteilung der psychischen Gesamtsituation
- Einleitung geeigneter Maßnahmen

Im Mittelpunkt haben dabei die Kranken mit ihren individuellen Problemen und Beschwerden zu stehen. Bei der Klärung der Situation geht es nicht nur um die Psychodynamik, die die Kranken in die suizidale Krise geführt haben. Es geht auch um das soziale Feld, um das Beziehungsgeflecht, in dem sie leben und auf das sie zurückgreifen können.

Von zentraler Bedeutung ist auch die psychiatrisch-diagnostische Einordnung des zugrundeliegenden Problems: Handelt es sich um eine Lebenskrise, um das, was man im Sinne der neuen Klassifikationssysteme eine Anpassungskrise nennt, um eine kritische Zuspitzung im Rahmen einer Persönlichkeitsstörung oder um den Ausdruck einer schizophrenen oder depressiven Symptomatik im Rahmen einer Psychose.

Diagnose und weiteres Vorgehen

Die diagnostische Einordnung bestimmt das weitere Vorgehen. Gewiß ist es bei allen Menschen in einer suizidalen Krise vorrangig, zunächst einmal zu beruhigen, zu stützen, zu trösten, Hoffnung zu vermitteln. Beim Vorliegen einer Psychose aber hat darüber hinaus die spezifische Behandlung der Grundkrankheit den Vorrang, auf die wir an anderer Stelle eingehen. Beim Auftreten suizidaler Impulse während einer fortlaufenden Psychotherapie ist diese nach einer vorübergehenden Phase der Stützung, die auch mit direktiven Interventionen verbunden sein kann, fortzusetzen.

Die spezifischen Empfehlungen für die Krisenintervention bei Suizidalen beziehen sich somit vorrangig auf zwei Situationen: jene nach dem Suizidversuch und jene, in der die Patientinnen und Patienten wegen Suizidgefährdung Hilfe suchen. Diese beiden Situationen unterscheiden sich vor allem dadurch, daß sich durch den Suizidversuch als einschneidendem, oft außerordentlich dramatischem Ereignis für den Betroffenen selbst wie für seine Mitmenschen vieles geändert hat. Nicht selten wirkt der Suizidversuch als karthartisches Ereignis, das zu vorübergehender Beruhigung und Entspannung führt – allerdings ohne daß die zugrundeliegenden Probleme gelöst sind –, so daß die Voraussetzungen für eine therapeutische Intervention besonders günstig sein können. Nach neueren Vorstellungen der Theorie der Psychotherapie eröffnet eine abgelaufene emotionale Erschütterung den Weg zur psychotherapeutischen Aufarbeitung von Konflikten und Lebensproblemen sowie zur Einleitung von tatsächlichen Veränderungen in Haltung und Verhalten.

Zuhören, klären, ratgeben

Aus all dem ergibt sich, daß die ersten Schritte bei der Behandlung von Menschen in suizidalen Krisen, ob sie nun wegen subjektiv erlebter Suizidgefährdung oder nach dem Suizidversuch in Behandlung kommen, neben der Herstellung einer vertrauensvollen Beziehung darin bestehen zu haben, daß wir ihn ermutigen, sich gründlich auszusprechen und daß wir uns ausreichend Zeit nehmen, ihm auch zuzuhören. Das ist im übrigen ja auch Voraussetzung für die Klärung seiner Situation. Aber es kann, so Wolfgang LOCH, wesentlich mehr sein:

> »Hört man dem einfach zu, was der Klient zu sagen hat, gibt man ihm Gelegenheit, sich etwas von der Seele zu reden, dann kann darin ein reinigender, ein karthartischer Effekt liegen. Zuweilen mag es vollkommen genügen, diese Bereitschaft zu zeigen, die Sorgen eines in arge Bedrängnis geratenen Menschen anzunehmen. Das Aussprechen kann dann gelegentlich von einer unmittelbaren Wirkung begleitet sein.«

Der nächste Schritt kann dann, ebenfalls im Sinne Wolfgang LOCHS, das »Ratgeben« sein. In der Regel aber ist eine weitere Klärung erforderlich, das Gespräch über das Woher und Wohin, über die Lebens- und Problemsituation und schließlich die gemeinsame Reflexion über das »Wie-Weiter?«.

Zeitliche Begrenzung

Es existiert mittlerweile eine umfangreiche Literatur über die akute psychotherapeutische Krisenintervention, auf die hier nicht im einzelnen eingegangen werden soll, zumal über die Grundprinzipien Einigkeit besteht: Die Krisenintervention soll zeitlich begrenzt sein. Sie soll nicht mehr als eine bis sechs Sitzungen in Anspruch nehmen und dann, falls erforderlich, in eine systematische Psychotherapie übergehen. Ziel der Krisenintervention ist neben der Reduktion von Krankheitssymptomen und unmittelbarem Leiden die Lösung der akuten Krise – nicht die längerfristige Stabilisierung oder gar Veränderung der Persönlichkeit, die der systematischen Psychotherapie vorbehalten bleibt.

Die Krisenintervention konzentriert sich auf das aktuelle Hauptproblem. Ihr Vorgehen ist pragmatisch. Sie begnügt sich mit den verfügbaren Informationen von seiten des Patienten und seines Umfeldes und zieht dieses, wo immer möglich, in die Intervention und die Planung der anschließenden Maßnahmen ein. Das erstrebte Beziehungsmuster gestaltet sich von seiten der Therapeutin oder des Therapeuten empathisch-akzeptierend. Die Intervention versucht, wie schon erwähnt, ein hohes Maß an Stützung. Sie enthält sich, soweit möglich, psychodynamischer Deutungen. Sie ist direktiv und aktivierend, wie dieses geboten erscheint.

Der Rahmen der psychotherapeutischen Krisenintervention ist also offener, zugewandter und aktiver als jener der systematisierten Psychotherapie. Krisenintervention ist auch nicht schulengebunden, wiewohl die Therapeutinnen und Therapeuten sie selbstverständlich auf dem Hintergrund der Vorstellungen und Theorien ihrer psychotherapeutischen Ausrichtung durchführen.

Inhalte

Die Inhalte der Krisentherapie sind bereits vor vielen Jahren von CULLBERG (1978) in einer Tabellenübersicht zusammengefaßt worden, die hier wiedergegeben sei.

Inhalt der Krisentherapie (nach CULLBERG 1978)

- Die Selbstheilungstendenzen des Klienten unterstützen – nicht heilen.
- Ermutigen, Gefühle von Trauer, Schmerz, Schuld und Aggressivität zu zeigen.
- Die Funktion als »stellvertretende Hoffnung« übernehmen.
- Stützen in der Konfrontation mit der Realität, Verleugnungstendenzen und Realitätsverzerrungen entgegenwirken.
- Die Hilfskräfte der Familie und eventuelle andere zu mobilisieren versuchen.
- Die Regression im Dienste des Ichs unterstützen (Pharmaka, kurze Krankschreibung etc.)
- Schädlicher Regression – Alkohol, Tabletten, Krankenhauseinweisung, soziale Isolation, Bitterkeit – entgegenwirken.

Von zentraler Bedeutung im Rahmen der Krisenintervention ist es, die Suizidgefährdung offen und deutlich zum Thema zu machen. Dazu seien Empfehlungen von Manfred WOLFERSDORF (1984) und Christian REIMER (1986) zitiert:

> »Besprechen der Suizidgedanken hinsichtlich ihrer Intensität (gering, nachhaltig, bedrängend) und Art (dauernd, zeitweise, plötzlich auftretend) im Sinne einer Distanzierungs- und Umgangshilfe mit sich selbst ... Der Therapeut soll auf die geäußerten und nicht geäußerten Gefühle von Resignation, Enttäuschung, aber auch Ärger, Wut, Aggression und Gekränktheit beim Patienten achten, diese vorsichtig verbalisieren, bzw. dem Patienten beim Verbalisieren helfen. Wichtig ist es, nicht frustrierend vorzugehen ...« (WOLFERSDORF 1984)
>
> »Suizidalität ist bei entsprechenden Patienten häufig und offen anzusprechen. Ängste, mit einem solchen Vorgehen latente Suizidalität erst bewußt zu machen, sind unberechtigt. Die meisten Suizidpatienten sind deutlich entlastet, wenn sie mit ihren quälenden Suizidgedanken nicht allein bleiben müssen.« (REIMER 1986)

Häufige Fehler

REIMER (1986) führt in der gleichen Arbeit zur Prävention und Therapie der Suizidalität häufige Fehler an, die den Umgang mit suizidgefährdeten Patienten kennzeichnen. Dazu gehört das Übersehen von

Trennungsängsten, die Bereitschaft, sich auf Bagatellisierungsneigungen von seiten der Patientinnen oder Patienten einzulassen, die zu rasche Suche nach positiven Veränderungsmöglichkeiten und die internalisierte Klassifikation von Suizidversuchen. Gerade diese führe häufig zu gravierenden Fehlern, wenn beispielsweise die Einteilung in sogenannte demonstrative und ernstgemeinte Suizidversuche vorgenommen werde und nur jene Patienten eine Chance hätten, ernstgenommen zu werden, deren Suizidversuch beeindruckend eindeutig ausgefallen sei.

»Dabei besteht die Gefahr, Patienten, deren Anlage eines Selbstmordversuches nicht einer bestimmten klinischen Schwere entspricht zu be- bzw. zu entwerten und nicht ernst zu nehmen.« (REIMER 1986)

Häufige Fehler im Umgang mit Suizid-Patienten

- Trennungsängste übersehen (z. B. Urlaub, Stationswechsel, Entlassung)
- Provokation persönlich nehmen (Agieren von Ablehnung)
- Bagatellisierungstendenzen des Patienten mitmachen (Abwehr)
- Einseitige Betonung der Aggressionsproblematik
- Suizid-Vertrag
- Mangelnde Exploration der jetzigen und evtl. früherer Umstände, die zu Suizidalität geführt haben
- Zu rasche Suche nach positiven Veränderungsmöglichkeiten (Abwehr)
- Internalisierte Klassifikation von Suizidversuchen anwenden

Problematischer Suizidvertrag

In diesem Zusammenhang nimmt REIMER auch zur Frage des Suizidvertrages Stellung: Es gebe eine Reihe von Laienorganisationen, die in der Behandlung der Suizidalität Suizidverträge für hilfreich halten. Es sei aber die Frage, ob das Sich-in-die-Hand-versprechen-Lassen, daß der Patient sich während der Behandlung nicht suizidiere, wirklich primär dem Wohl des Patienten diene. Möglicherweise diene es mehr dem Therapeuten, der sich versichern lassen möchte, daß der Patient sich während der Behandlung nicht umbringe. Ich teile diese Beurteilung von REIMER. Ich stehe dem Suizidvertrag mit großer Zurückhaltung gegenüber. Er kann für die Kranken zu einer zusätzlichen Belastung werden, indem ihnen von therapeutischer Seite eine Verantwortung zurückdelegiert wird, die sie nicht tragen können. Bei Psychosekranken halte ich den Suizidvertrag beim Vorliegen manifester Symptome für einen Kunstfehler. METZGER und WOLFERSDORF (1988) haben im übrigen darauf hingewiesen, daß die Hälfte jener Kranken, die sich während der Behandlung das Leben nehmen, in einen solchen Vertrag eingebunden waren.

Anders steht es mit der Frage an die Kranken, wie sie ihre eigene Situation einschätzen, ob sie sich zutrauen, einen Tages- oder Wochenendurlaub durchzustehen, ob sie sich zutrauen anzurufen, wenn sie in Schwierigkeiten geraten, oder ob sie glauben, so stabil zu sein, daß sie sofort in die Klinik oder in die Sprechstunde zurückkehren können, wenn sie ihren Suizidgedanken nicht mehr allein gewachsen sind. Das ist sowohl Teil des fortlaufenden Abschätzens der Suizidalität, Überprüfung der Tragfähigkeit der Vertrauensbeziehung und Bekräftigung der gemeinsamen Verantwortung für die Bearbeitung und Überwindung der Suizidalität. Aber dies darf niemals dazu führen, daß die Behandelnden die Hilfesuchenden mit ihrem Problem allein lassen.

Nach der Krise

Nach Überwindung der akuten Krise ist mit Beendigung der Krisenintervention die Frage der Weiterbehandlung zu prüfen. Die Entscheidung darüber hängt wesentlich von der biographisch-psychopathologischen Grundsituation ab, die zur suizidalen Krise geführt hat. Eine stützende psychotherapeutische Begleitung über einige Wochen empfiehlt sich in fast jedem Fall. In dieser Zeit kann dann auch die Abklärung der Ratsamkeit einer systematischen und tiefergehenden Psychotherapie abgeklärt werden. Dem steht entgegen, daß zahlreiche Patientinnen und Patienten nach der Krisenintervention jede Weiterbehandlung ablehnen.

Besondere Probleme der psychotherapeutischen Betreuung Psychosekranker

Wenn wir von Psychotherapie reden, denken wir spontan an konfliktorientierte psychodynamische Psychotherapie oder an Verhaltenstherapie. Seltener denken wir an das, was im Behandlungsalltag selbstverständlich ist, die psychotherapeutische Führung und Stützung unserer Patientinnen und Patienten, unabhängig davon, an welcher Krankheit sie leiden. Bei Psychosekranken hat diese Form der klassischen »einfachen« Psychotherapie den Vorrang, die gelegentlich zu Unrecht als »zudeckende« Psychotherapie bezeichnet wird. Stützen, Führen, Trösten, Klären und Hilfe zur Selbsthilfe decken nicht zu. Sie sind Voraussetzung dafür, daß die Kranken ihr Leben irgendwann wieder selbst in die Hand nehmen können, daß sie die biographische Katastrophe, die die Krankheit bedeutet und ihre psychosozialen Folgen bewältigen können. Alles das ist Psychotherapie, wiewohl bei Psychosekranken nach der Remission durchaus auch eine konfliktorientierte psychodynamische Psychotherapie indiziert sein kann (vgl. FINZEN 1993, 1996). Dabei sind jedoch einige Besonderheiten zu beachten, die mit der spezifischen Vulnerabilität psychosekranker Menschen zu tun hat.

Die amerikanische Gruppe um P.G. COTTON und R.E. DRAKE (1985) hat sich intensiv vor allem mit dem Suizid schizophrener Kranker befaßt. In diesem Zusammenhang haben sie auch die Erfahrung von 20 Psychotherapeuten einbezogen, die Patienten durch Suizid verloren hatten. Die Aufarbeitung dieser Erfahrungen veranlaßte sie zur Formulierung von sechs kritischen Behandlungsproblemen, die die psychotherapeutische Betreuung im engeren Sinn ebensosehr betreffen wie die Rehabilitation. Die Beachtung dieser Problembereiche bei Behandlung und Rehabilitation ist von großer Hilfe.

Die Gefährdung der Selbstachtung

Selbstachtung und Selbstwertgefühl der chronisch Schizophrenen werden ständig untergraben. Ihre früheren Lebenshoffnungen und Ansprüche werden illusorisch. Auf dieser Grundlage verlieren sie alle möglichen Bindungen. Am Schluß bleibt möglicherweise nur noch ein intakter Aspekt übrig, der ihnen ein Stück Selbstwertgefühl läßt, etwa die Erziehung eines Kindes oder die Berufstätigkeit. Wenn dieser letzte Faktor fortfällt, kann das der Anlaß zum Zusammenbruch sein. Diese Gefahr des Zusammenbruchs werde prospektiv von Therapeuten manchmal nicht wahrgenommen.

Die Erkenntnis, daß die Psychose eine protektive Funktion haben kann

Schizophrene Patienten sind verstärkt durch Depressivität und Verzweiflung gefährdet, wenn ihr wahnhaftes Denken verschwindet. Das gilt besonders, wenn es wenig konkrete Stützen für ihr Selbstwertgefühl gibt. Psychotherapeutische und rehabilitative Arbeit mit schizophrenen Patienten sollte sich darauf konzentrieren, die Lebensbewältigung zu unterstützen und dabei das Selbstwertgefühl zu fördern. Dann wird das Wahnsystem nicht mehr zum Selbstschutz benötigt. Durch konfrontative therapeutische Ansätze dagegen können Verzweiflung und Suizidalität heraufbeschworen werden.

Differenzierung zwischen Nicht-Können und Nicht-Wollen

Schizophrene Patienten sind in suizidalen Krisen nicht typisch psychotisch, sondern zurückgezogen, depressiv und hoffnungslos. Die Patienten können unwillig oder unfähig sein, ihre Gedanken über Leben und Tod mit anderen zu teilen. Therapeuten entwickeln in solchen Situationen oft unrealistische Erwartungen an den Patienten, die mit seiner äußeren Erscheinung oder seiner früheren Persönlichkeit zusammenhängen. Bei den meisten analysierten Suizidfällen gab es Behandlungspläne mit hohen Erwartungen, denen keine reale Hoffnung auf Erfolg gegenüberstand. Unangemessene Behandlungsziele jedoch setzen den Patienten unter Druck und lassen ihn seine Unfähigkeit spüren, die Erwartungen des Therapeuten zu erfüllen. Die Folge ist eine weitere Verminderung des Selbstwertgefühls, die den inneren Kampf des Patienten weiter in die Richtung auf den Suizid zutreiben läßt.

Anteilnahme an der Bürde der Verzweiflung

Neben realistischen Behandlungszielen und der Akzeptierung ihrer Rückzugsbedürfnisse brauchen solche Patienten Verbündete. Die Therapeuten sollten auf dieser Grundlage an der existentiellen Verzweiflung der Patienten Anteil nehmen und versuchen, sie zu stützen, statt sie in ihren hohen Anforderungen an sich selbst und ihrem negativen Bild von sich selbst zu bestärken. Die betroffenen Patienten brauchen Hilfe dabei, sich auf ihr neues Funktionsniveau einzustellen, es zu akzeptieren, ihre Verzweiflung zu tragen, auszuhalten und neue Gründe der Hoffnung zu finden.

Förderung familiärer Beziehungen

Auf diesem Hintergrund ist es wichtig, die familiären Beziehungen zu fördern. Mehr als die Hälfte der Patienten hatte den Kontakt zu ihrer Familie innerhalb von drei Monaten vor dem Suizid verloren. Die Therapeuten berichteten, daß sie die Rolle der Familie in vielfältiger Weise unterschätzt hatten. Dazu gehörte die Fehleinschätzung der Wichtigkeit der Familie für den Patienten und der Folge, daß sie sich vorzeitig für eine Ablösung von der Familie eingesetzt hatten. Dazu gehörte auch, daß sie eine so vertrauensvolle Bindung zur Familie aufgebaut hatten, daß diese sie über plötzliche Veränderungen nicht informiert hätten. Die Fürsorge und die Unterstützung durch die Familie, so COTTON und DRAKE, sind vitale Grundlagen. Wenn die Familie den Kranken fallen läßt, kann es sein, daß er alle Hoffnung aufgibt.

Hilfe bei der Bewältigung des Therapeutenverlustes

Der Schizophrene wird mit dem Verlust des Therapeuten nur schwer fertig. Er kann seine Gefühle, insbesondere positive Gefühle, nicht in direkter Weise ausdrücken. Er ist in Gefahr, sie bei Verlusterlebnissen direkt in Verzweiflungshandlungen umzusetzen. Der Verlust des Selbstwertgefühls und das Fehlen von anderen Stützen gefährdet die schizophrenen Patienten besonders. Dabei scheint wichtig zu sein, daß die Schizophrenen auch ihre positive Beziehung zum Therapeuten oft nicht deutlich machen können, so daß die Therapeuten nicht damit rechnen, daß der Patient ein Verlusterlebnis erleiden wird, wenn er sich vom Patienten trennt, wenn er die Station wechselt oder in Urlaub geht.

13 Psychotherapie und Gegenübertragung

Nicht alle Therapeuten sind in gleicher Weise zur Behandlung von Suizidgefährdeten befähigt. Die eigene Persönlichkeit, die berufliche Erfahrung und die eigene Einstellung zum Leben wirken sich im Umgang mit suizidalen Patienten unmittelbarer aus, als das bei anderen Kranken der Fall sein mag. Dies ist im psychiatrischen Alltag von besonderer Bedeutung, weil wir alle in Klinik und Praxis beständig mit suizidalen Patienten umgehen, zum beträchtlichen Teil ohne daß wir von ihrer Gefährdung wissen. Die Gefühle, die sie in uns auslösen, und die Gefühle, die wir ihnen übermitteln, werden zum Bestandteil des therapeutischen Prozesses. Wir müssen lernen, unsere Gefühle zu erkennen, damit das Wechselspiel von Übertragung und Gegenübertragung nicht zum Risikofaktor wird.

Zuverlässigkeit, Einfühlungsvermögen (Empathie) und innere Stabilität sind die Eigenschaften, die im Umgang mit Suizidgefährdeten weiterhelfen. Unsicherheit, Ängstlichkeit, Zwiespältigkeit, Unentschiedenheit auf der einen Seite, Unflexibilität und persönliche Starrheit auf der anderen Seite werden zu Risikofaktoren. So kommt ROTOV (1970) in seiner Analyse von zwanzig durch Suizid gescheiterten Therapien zum Schluß, die verantwortlichen Ärzte hätten zum beträchtlichen Teil charakteristische Persönlichkeitsmerkmale gehabt: die einen seien wohlwollend, unentschlossen und schwach gewesen; die anderen aggressiv und nihilistisch.

Ärztliches versus psychotherapeutisches Handeln: ein Rollenkonflikt

Der Patientensuizid bedroht die berufliche und die persönliche Identität. Er bringt den Psychiater, wie D.W. LIGHT (1971) meint, in ein kaum auflösliches Dilemma: Der Suizid berührt das Wesen der Therapie. Der therapeutische Prozeß muß sich bei jedem psychisch Kranken mit selbstzerstörerischen Tendenzen auseinandersetzen. Behandlung beinhaltet damit das Risiko des Suizids. Der Umgang mit Suizidgefährdeten rührt deshalb an den Grundkonflikt psychiatrischen Handelns. Dieser besteht, so LIGHT, im Spannungsverhältnis von ärztlicher und psychotherapeutischer Haltung, die in einer Person vereint sein müssen. Das führt dazu, daß »die psychiatrische Profession ihre Arbeit und ihre Ideologiebildung um den potentiellen Patientensuizid herum organisiert«.

Die suizidale Krise treibt den Rollenkonflikt im Psychiater auf die Spitze. Der vollendete Suizid führt zum Zusammenbruch der psychiatrischen Professionalität: »Der Suizid beschwört eine Krise herauf, die nicht mit professionellen Routinen bewältigt werden kann. Der Suizid spaltet die mühsam zusammengehaltenen Hälften der professionellen Identität des Psychiaters.« Früher seien suizidale Patienten nackt in Isolierzellen gesperrt worden. Ein solches Verhalten symbolisiere den kritischen Punkt professioneller Ambivalenz zwischen der Verantwortlichkeit als Arzt, der nicht mehr helfen könne, und dem helfenden Psychotherapeuten, der keine Verantwortung übernehmen wolle: »Denn der Suizid führt zum Tod. Aber der ist vom Patienten selber herbeigeführt.«

Der Psychiater versucht, sich so zu verhalten, »als ob er den Suizid verhindern oder die Suizidalität verhindern kann«. Er entwickelt Therapiepläne. Er stellt eine Diagnose. Er glaubt zu wissen, was mit dem Patienten nicht stimmt.

> »Wenn die Situation bedrohlich wird, macht er dem Patienten als Psychotherapeut deutlich, daß die Therapie zum Erfolg führt. Aber gleichzeitig veranlaßt seine ärztliche Verantwortung ihn, den ambulanten Patienten in die Klinik einzuweisen oder beim Klinikpatienten die Restriktionen zu verschärfen. Er interpretiert die Warnsignale als Schrei nach Hilfe und intensiviert seine therapeutischen Bemühungen. Seine professionellen Anforderungen an sich selber geraten in Konflikt miteinander. Das wiederum kann dazu führen, daß er den Patienten zurückweist.«

Die Vielfalt der Probleme und der Verstrickungsmöglichkeiten beim »Helfen als Beruf« sind von W. SCHMIDBAUER (1977 und 1983) in kompetenter Weise dargestellt worden. Zu seinen verdienstvollen Leistungen gehört die Herausarbeitung einer Typologie »alter« und »neuer« Helferberufe, die sich in ihrer Strukturiertheit und in ihren emotionalen Anforderungen an den Therapeuten klar voneinander unterscheiden. Zu den alten Helferberufen zählen vor allem jene des Arztes, des Pfarrers und des Rechtsanwaltes, zu den neuen jene des Psychotherapeuten, des Sozialarbeiters und, des Pädagogen.

Die alten Helferberufe sind durch mannigfache Normierung und Ritualisierung, durch teils jahrhundertealte berufliche Traditionen und die entsprechende berufliche Sozialisation geprägt. Die neuen Helferberufe sind in ihrer Identität unsicher. Sie sind subjektiver. Sie sind in ihrer Beziehung zum Klienten weniger distanziert. Sie sind schon deswegen anfälliger gegenüber emotionalen Reaktionen von Klienten. Sie werden damit auch angreifbarer. SCHMIDBAUERS Gegenüberstellung der Typologie alter und neuer Helfer vermittelt die Anfälligkeit des neuen Helfers in eindrucksvoller Weise.

Das bedeutet nicht, daß die alten Helferberufe durch Ritualisierung und Normierung versteinert wären. Auch bei ihnen kommt es zu emotionalen Reaktionen und zur Abwehr – vor allem dann, wenn ihr Idealbild als Helfer berührt wird. Dies ist am typischsten der Fall, wenn die Therapie versagt. Das Nicht-Wahrhaben-Wollen des »Versagens« hat zu manchen Auswüchsen der Medizin beigetragen. Harmloser, aber noch bezeichnender, ist die Reaktion des Arztes auf den Therapieabbruch von seiten des Patienten. Gefühle und Reaktionen von Kränkung und Wut gehen dann leicht ineinander über: Der Kranke wird »gegen Revers« entlassen. Er wird damit bedroht, daß sein unkooperatives Verhalten der Krankenkasse gemeldet werde. Düstere Prognosen werden ihm mit auf den Weg gegeben. In der Psychiatrie war es früher nicht selten, daß unkooperative Patienten zu »ihrem Besten« mit Gerichtsbeschluß zurückgehalten wurden.

Der schwierige suizidale Patient ist gleichsam ein Prototyp des unzuverlässigen Patienten, der die angebotene Hilfe – zumindest potentiell – in den Wind schlägt. Zugleich ist die Behandlung des Suizidalen eine Herausforderung an den Helfer – eine Herausforderung, die auch den Arzt zwingt, den Schutz der klassischen Helferrolle zu verlassen und sich den Unsicherheiten der »neuen« Helfer voll auszusetzen. Die Konflikte, die daraus erwachsen, habe ich oben in Anlehnung an ROTOV (1970) dargestellt. Sie führen nicht selten zu dem, was als »Gegenübertragungskrise« (TABACHNIK 1961), ja als »Gegenübertragungshaß« (MALTSBERGER und BUIE 1974) in die Literatur über die Behandlung suizidaler Patienten eingegangen ist.

Übersicht zur Typologie »alter« und »neuer« Helfer

»alter« Helfer	»neuer« Helfer	Blickpunkt
Sicher Klare Berufstradition	Unsicher Umstrittene Tradition	Gesellschaftliche Etablierung
Stabilt Eindeutig definiert (»Eid des Hippokrates«)	Labil Variabel definiert	Rolle
»Objektiv«, rechtlich abgesichert	»Subjektiv«, persönlich orientiert	Normative Ordnung
Theologie, Naturwissenschaft, Jurisprudenz (aber auch »empirische« Psychologie und Soziologie, Verhaltenstherapie)	Psychologie, Sozialwissenschaften, Psychoanalyse	Wissenschaftliche Basis
Techniken (Operation, Medikament, Sakrament); Ratschläge (»Sie müssen das Rauchen einstellen!« »Sie müssen beten!«)	Einsicht vermitteln, Selbsterfahrungsprozesse einleiten, »Korrigierende emotionale Erfahrung«	Praktisches Vorgehen
Rational, autoritär »Harte Daten«, z. B. Statistik, Fragebogen, Doppelblindversuch, »Erklären«	Gefühle werden einbezogen Qualitativbeschreibend Fallgeschichte, Deutung – »Verstehen«	Metodische Orientierung

Therapeutenpersönlichkeit und Suizid

Patienten, die einen Suizidversuch unternommen haben, lösen bei vielen Mitgliedern helfender Berufe zwiespältige Gefühle aus, bei manchen offene Ablehnung. Das wird in der allgemeinen Medizin deutlicher als in der Psychiatrie. Einige Beispiele sollen das unterstreichen:

Vor kurzem kam eine Frau in meine Sprechstunde. Ein Chirurg hatte ihr nach einem untauglichen Suizidversuch, der zu oberflächlichen Hautverletzungen an den Unterarmen geführt hatte, beide Handgelenke eingegipst. Sie war praktisch hilflos.

Ein anderes drastisches Beispiel berichtet Ch. REIMER (1981):

Beispiel

»Ich erinnere einen Bereitschaftsdienst in einem Universitätsklinikum. An jenem Samstagabend wurde ich in eine Chirurgische Klinik gerufen: Der diensthabende Psychiater möge sich in der Chirurgischen Unfallambulanz melden. Dort fand ich eine junge Frau vor, Anfang 20, die sich nach einem Streit mit ihrem Freund Schnittwunden im Bereich des linken Handgelenks beigebracht hatte. Das Gespräch mit ihr fand in einem Zimmer der Klinik statt, wurde aber bereits nach etwa fünf Minuten gestört. Herein kam ein älterer Oberarzt der Klinik, grüßte mich kurz und bekam dann völlig unvermittelt einen heftigen aggressiven Ausbruch gegenüber der Patientin, verknappt dargestellt etwa des Inhaltes: Solche Leute wie sie wolle man hier gar nicht haben, und wenn sie schon so etwas wie einen Suizidversuch mache, dann solle sie es auch richtig machen. Er sei gerne bereit, ihr am Hafen ein Geschäft zu nennen, wo sie sich einen ordentlichen Strick kaufen könne; mit dem könne sie sich dann zu Hause auf ihrem Dachboden aufknüpfen.«

Solcher Ablehnung der Suizidpatienten durch die Helfer steht in vielen Fällen die Ablehnung des »geretteten« Kranken nach dem Suizidversuch gegenüber. Er läßt die gebührende Dankbarkeit vermissen. Er bestreitet die Legitimation des Helfers. Er beharrt darauf, daß man ihn hätte sterben lassen sollen. Er kündigt entschlossen in vagen Andeutungen eine Wiederholung an, die man ohnehin nicht verhindern könne.

Ohne Zweifel rührt der suizidale Patient an der Grundsätzen ärztlicher Überzeugung. Oberstes Ziel ärztlicher Tätigkeit ist es, Leben zu erhalten. Der Patient nach dem Suizidversuch tritt in die therapeutische Beziehung ein, nachdem er dieses Ziel gründlich und »mutwillig« in Frage gestellt hat. Der suizidale Patient weist somit destruktive Tendenzen auf, die sich gegen die berufliche Identität des Therapeuten wenden. Er löst Unsicherheit, Angst und Abwehr aus, wenn der Therapeut sich dessen nicht bewußt wird.

Zugleich kommt die eigene Haltung des Therapeuten zu Leben und Tod zum Tragen. Es besteht heute kein Zweifel mehr, daß sie bei den Angehörigen helfender Berufe, insbesondere bei medizinischem Personal, ziemlich komplex ist. Die Angst vor dem Tod und der Wunsch, ihn zu beherrschen, spielen bei der Berufswahl eine wichtige Rolle. Damit wird die Suizidalität auch zu einer Bedrohung der persönlichen

Identität des Helfers. REIMER (1981) erklärt die häufigen emotionalen Spannungen zwischen Helfer und Suizidant damit, daß beide emotionale Gemeinsamkeiten haben:

»Ich denke, beide haben ein hohes Ausmaß an Empfindlichkeit und narzißtischer Labilisierbarkeit, das vom Helfer mit Hilfebereitschaft einerseits und Macht- bzw. Allmachtsaspekten seines Berufes andererseits besser kompensiert werden kann. Ferner ist vermutlich beiden gemeinsam die Problematik der adäquaten Äußerung und Abfuhr von Aggressionen bzw. narzißtischer Wut. Dem Suizidanten »gelingt« dies vielleicht noch besser, wenn auch nur autodestruktiv. Ferner scheint beiden gemeinsam eine Neigung zu depressiven Reaktionen und süchtigen Verhaltensweisen, d.h. zu Resignation und Rückzug, zu sein. Diese drei Punkte sind sozusagen der *unbewußte Aspekt der Gemeinsamkeit.*«

Die hohe Suizidrate von Medizinern, insbesondere aber jene von Psychiatern und die erhöhte Neigung zu Depressionen und süchtigem Verhalten unterstreichen die Zwiespältigkeit von Therapeuten in der Begegnung mit dem Suizidalen, zumal diese Befunde im Widerspruch zum Idealbild des Arztes stehen, der »seelisch stabil, immer hilfsbereit sein und jeder Anforderung standhalten« soll (REIMER 1981).

»Der Suizidant ist, wenn er mit dem Helfer konfrontiert wird, dann unter Umständen ein ›Aufreißer‹ von dessen Abwehr und insofern ein ›Agent provocateur‹, der bekämpft werden muß, auch weil er damit dem Helfer zu nahe tritt, was diesem ja von seinem Rollenverständnis meist nur umgekehrt vorstellbar ist. Diese Art von ›Erinnern‹ an die eigenen Verletzlichkeiten kann für den Helfer eine schwere Kränkung darstellen und zu heftigen Übertragungs- bzw. Gegenübertragungsreaktionen führen.«

Übertragung, Gegenübertragung

Die Begriffe von Übertragung und Gegenübertragung, die der Sprache und dem therapeutischen Rahmen der Psychoanalyse entstammen, werden hier in allgemeinerer Weise benützt. Sie umreißen die emotionalen Reaktionen, die in jeder Patient-/Therapeuten-Beziehung auch außerhalb des psychoanalytischen Settings wirksam werden. Negative Gegenübertragungsreaktionen, die dem Therapeuten nicht als solche bewußt sind, scheinen im Umgang mit dem Patientensuizid häufig zu sein. R. QUEREN (1983) begegnete bei ihrem Versuch, die Patient-/

Therapeuten-Beziehung bei gelaufenen Suiziden zu analysieren den vielfältigen Erscheinungsformen:

»Angefangen beim gar nicht Wissen- bzw. Sagenwollen, wann und wo ein Suizid sich ereignet hat, was sich bei mir in Passivität, bei den betroffenen Therapeuten teilweise im Vergessen oder Umgehen der Mitteilungspflicht äußerte, bis zum Ausweichen vor dem Dokumentieren ...«

Auf der anderen Seite ist die Problematik für den Außenstehenden gut sichtbar. Mit einer Ausnahme, die mangelhaft dokumentiert ist,

»befanden sich in allen übrigen Fällen Patient und Therapeut in einem mehr oder weniger heftigen Clinch miteinander. So verschieden es auch im Einzelfall aussah, gemeinsam ist allen Beispielen, daß es dem Patienten gelingt, durch spezifische Angriffe auf den Therapeuten in diesem negative Gefühle und Einstellungen ihm gegenüber zu provozieren«.

Solche negativen Gefühle müssen, wenn sie nicht in die Therapie integriert werden können, dazu beitragen, die Suizidgefährdung des Patienten zu erhöhen. Die Ablehnung durch die Therapeuten drängt sie weiter in die präsuizidale Sackgasse von Verzweiflung und Hoffnungslosigkeit ab. Man wird die Entwicklung solcher Gefühle nicht verhindern können. Wichtig ist es, sie rechtzeitig als Gegenübertragung zu erkennen und entsprechend zu bearbeiten. Wie es zur Entwicklung von »Gegenübertragungshaß« kommt und wie er sich auswirkt, hat C. Reimer (1981) in Anlehnung an Maltsberger und Buie in einer tabellarischen Übersicht zusammengefaßt.

Als unsere Assistenzärzte im Zusammenhang mit einer Suizidserie in unserer Klinik die Krankengeschichten einer Gruppe von Patienten durcharbeiteten, die sich das Leben genommen hatten, stellten sie zu ihrer und unserer Überraschung fest, daß die Patienten ohne Ausnahme nicht nur von den behandelnden Ärzten emotional abgelehnt worden waren, sondern daß sie auch auf der Station isoliert waren. Sie hatten unter den Mitarbeitern keinen Fürsprecher mehr gehabt. Zum Teil waren sogar die Mitpatienten gegen sie eingenommen gewesen.

Der Zorn der Therapeuten

In Einzelfällen ist der Zorn der Therapeuten eindrucksvoll im Krankenblatt dokumentiert:

Beispiel

Folgendes Beispiel dokumentiert die allgemeine Ablehnung einer zweiundsechzigjährigen Patientin mit einer chronifizierten affektiven Psychose, deren Mutter und Großmutter durch Suizid gestorben waren, anläßlich ihrer letzten Aufnahme. Ihre Situation spitzte sich zu, als sich ihr Ehemann weigerte, sie über das Wochenende nach Hause kommen zu lassen. Er meinte, er wolle seine Frau erst zurückhaben, wenn sie gesund sei. Sie würde ständig ziellos herumlaufen und Selbstmordgedanken äußern. Die Tochter fühlte sich von der Mutter belästigt, weil sie sie ständig anrufe. Sie verweigerte ihr ihre neue Telefonnummer. Im Zusammenhang mit diesem Gespräch protokollierte der Stationsarzt, er habe der Patientin deutlich gemacht, wenn sie nun hier nicht mehr ganz gesund werde, dann müsse sie eben in ein Heim und das würde ein teurer Spaß! Die unverhohlene Wut des Stationsarztes und die Verhärtung von Mann und Tochter sind unübersehbar.

Ein weiteres Beispiel möge zeigen, wie eine ganze Station in den Bann einer ablehnenden Gegenübertragung gerät:

Beispiel

Als ich eine geschlossene Aufnahmestation besuche, klopft eine junge Frau immer wieder an die Glastür des Stationsdienstzimmers. Niemand schenkt ihr Beachtung. Als ich dieses ungewöhnliche Verhalten anspreche, meint der verantwortliche Pfleger: »Die müssen Sie nicht beachten. Die agiert hier ganz wild herum. Sie setzt uns ständig unter Druck. Vor ein paar Tagen mußten wir sie sogar von den Bahngleisen holen. Eine Taxifahrerin hat uns alarmiert. Aber wir nehmen das nicht so ernst.«

Ich war beunruhigt. Ein Gespräch mit der Patientin ergab, daß ihr Freund, ein Mitpatient, sich erst einige Wochen vorher vor den Zug geworfen hatte. Sie bot eine deutliche psychotische Ambivalenz. Sie suchte zu allen Kontakt und wurde, weil sie keinen Abstand halten konnte, von fast allen zurückgewiesen. Sie überspielte ihre depressive Verstimmtheit mit diesem scheinbar kontaktfreudigen Verhalten. Sie äußerte konkrete Suizidgedanken. Sie würde sich vor den Zug werfen. Sie war hoffnungslos im Hinblick auf ihre Zukunft.

Als Außenstehender hielt ich sie für schwer gefährdet. Meine erste Reaktion war: Sind die hier auf der Station von allen guten Geistern verlassen! Als ich das ansprach, kam zunächst die Entgegnung: »Sie müssen sich täuschen; die agiert nur.« Es kam aber auch die spontane Antwort: »Wir

Aufbau und Wirkung von Gegenübertragungshaß bei der Behandlung suizidaler Patienten (nach MALTSBERGER, J.T. und D.H. BUIE 1974; REIMER 1981)

Abwehr	Bewußte Phantasie des Therapeuten	Erlebter Affekt	Potential für »Acting Out«
Keine	Mord, Marter, Abweisung	Haß	gering
Verdrängung von Haß	Wunsch, irgendwo-anders zu sein, Konzentrations-schwierigkeiten auf das, was Pat. sagt	Ruhelosigkeit, Angst, Schläfrigkeit, Erfahrung eines geringen Affektes gegenüber dem Pat.	Tendenz, auf die Uhr zu sehen, ungeduldig zu sein, indirekte Übermittlung einer leichten Abweisung
Wendung des Hasses gegen sich selbst	Impuls, aufzugeben. Phantasien von Selbst-entwertung und Degradierung. Suizidgedanken	Gefühl von Wert- und Hoffnungslosigkeit; deutliches Gefühl von Unfähigkeit	Pat. irgendwoanders hinschicken; in maso-chistischer Weise die Entwertung durch den Pat. ohne weitere Nach-forschungen akzeptieren
Verkehrung des Hasses ins Gegenteil (Reak-tionsbildung)	Wunsch, den Pat. von der Bindung an ihn zu lösen	Gefühl von ängstlicher Einsamkeit, Drang zu helfen und zu heilen	Einmischung in die Angelegenheiten des Pat., zu häufiges Nach-fragen nach Suizid-impulsen
Projektion des Hasses	Der Pat. ist dabei, sich selbst zu töten. Der Pat. will mich töten	Furcht, leichter Haß	Verstoßung des Pat.; Versuche, suizidales Verhalten durch aufge-zwungene Kontrollen zu kontrollieren
Verschiebung und Verleugnung	Pat. ist jenseits jeder Hilfe	Gleichgültigkeit, Mitleid, Resignation	Verstoßung des Pat.

können die Frau einfach nicht mehr ertragen! Seit Wochen geht es rauf und runter. Immer stellt sie unangemessene Forderungen; und wenn wir nicht tun, was sie will, droht sie mit Suizid. Wir können sie nicht mehr aushalten, und wir können sie nicht mehr ernstnehmen.«
In einem anschließenden Teamgespräch wurde dieser Gefühlsausbruch zum Anlaß genommen, die Beziehung der Mitarbeiter, einschließlich der Ärzte, zur Patientin zu klären. Das Phänomen des Gegenübertragungshasses wurde transparent gemacht und konnte bearbeitet werden. Die Therapeuten konnten der Patientin wieder unvoreingenommen gegenübertreten. Sie erkannten den Ernst ihrer Gefährdung an. Ein wenig später besserte sich der Gesamtzustand der Patientin. Die Suizidgefährdung klang ab. Sie konnte einige Wochen danach entlassen werden. Die Station, auf der sich die geschilderte Szene abspielte, gilt als eine der bestgeführten im Hause.

Gefahren übergroßer Hoffnung

R. QUEREN meint aufgrund ihrer Berliner Analyse, die Gefahr, in therapeutischen Clinch zu geraten, sei bei bestimmten Patienten besonders groß. Dazu gehörten intelligente junge Männer und Frauen, die an sich gute Voraussetzungen für die Behandlung mitbringen und beim Therapeuten große Hoffnungen erwecken, daß sie helfen können, ohne daß dies in Wirklichkeit der Fall ist:

»Die gleichzeitig signalisierte große Hilfebedürftigkeit des Patienten kann beim Therapeuten Angst vor der eigenen Hilflosigkeit auslösen (je eher, je sozial näher ihm der Patient steht), die dieser mit verstärkten therapeutischen Anstrengungen versucht anzugehen. Die Erwartungen sind auf beiden Seiten so unrealistisch, daß damit die Konflikte vorprogrammiert sind: über kurz oder lang muß die Enttäuschung eintreten. Der Patient wirft dem Therapeuten Unfähigkeit vor, entwertet ihn und seine Arbeit, will nichts mehr von Therapie wissen, wobei er den Therapeuten an einem zentralen Punkt trifft.«

Eine solche Infragestellung der therapeutischen Kompetenz kann heftige Gegenreaktionen hervorrufen. R. QUEREN fand ebenso wie wir in ihren Krankenblättern entsprechende vorwurfsvolle oder abwertende Bemerkungen über die betreffenden Patienten. Wie in unserem Beispiel verstärkten die Therapeuten den Druck auf den Patienten aus dem eigenen Erfolgsbedürfnis heraus, um so mehr, je mehr Angst sie selbst hatten.

»Er versucht, sein therapeutisches Konzept auch mit Zwang durchzusetzen, sei es durch überforderndes Deuten oder durch erzwungene Medikamentengabe oder starken Rehabilitationsdruck. Welch großes Tabu die eigenen Reaktionen des Therapeuten gegenüber dem Patienten darstellen, zeigte sich nicht zuletzt darin, daß in unserem Beispiel der Suizid in der Krankengeschichte nicht erwähnt wird und damit auch der vorausgegangene Zweikampf verleugnet wird.«

Positives und negatives Abwendungsverhalten

MALTSBERGER und BUIE (1974) wie auch HENSELER und REIMER (1981) berichten über den Gegenübertragungshaß im Zusammenhang mit Patienten, deren Suizidgefährdung bekannt ist. Es spricht vieles dafür, daß Gegenübertragungsphänomene auch bei Patienten mit nicht bekannter Suizidalität zum Tragen kommen. MITTERAUER (1981/1986) spricht davon, daß der gefährdete Patient, der uns seine Suizidalität verbergen will, unser Urteilsvermögen einschläfert. Er tue dies, indem er uns in ein Abwendungsverhalten hineinmanipuliere. Dies geschehe in doppelter Weise:

1. Abwendung in positivem Sinn werde erreicht, wenn die Patienten durch einen plötzlich gebesserten Zustand das Personal beruhigen.
2. In negativem Sinn werde eine Abwendung erreicht, indem die Patienten permanent durch ein unersättlich forderndes und hemmungsloses Verhalten die soziale Umgebung verärgern oder zumindest zur Resignation zwingen.

Für MITTERAUER ist dies einer der Gründe dafür, weshalb die Gefährdung bei vielen psychiatrischen Patienten, die sich während der Behandlung das Leben nehmen, nicht bekannt ist. Für DEAN (1967) ist der Patient der Handelnde, der den Suizid vom Therapeuten »ungestört« durchführen will. Ich halte es für ebenso wahrscheinlich, daß die Eskalation einer negativen emotionalen Beziehung zwischen Patienten und Therapeuten das erhöhte Suizidrisiko erst heraufbeschwört. Der Kranke erfährt Ablehnung statt Hilfe. Er erlebt Isolierung statt Geborgenheit. Seine Verzweiflung und seine Hoffnungslosigkeit werden nicht aufgefangen.

Auch in unseren Befunden werden feindselige Gegenübertragungsreaktionen immer wieder gegenüber solchen Patienten sichtbar, bei denen eine aktuelle Suizidalität nicht bekannt war. Wir müssen daraus die Schlußfolgerung ziehen, daß die ablehnende Gegenübertragung nicht nur eine bekannte Begleiterscheinung der Therapie suizidaler Patienten ist. Sie ist auch umgekehrt ein Risikofaktor, der Suizidgefährdung unter Umständen erst aufkommen läßt.

Die Provokation der Abwehr

FARBEROW und SHNEIDMAN (1965) beschreiben in ihrer richtungsweisenden Arbeit über Kliniksuizide schizophrener Kranker drei Patiententypen als besonders gefährdet, die ohne Ausnahme die Ungeduld der Therapeuten herausfordern müssen: den sich verweigernden, den abhängig-zufriedenen und den abhängig-unzufriedenen Patienten. Das ist besonders bemerkenswert, weil FABEROW und SHNEIDMAN sich von ihrem Ansatz her um die Typisierung gefährdeter Patientengruppen bemühen. Die Frage, wie diese möglicherweise auf die Behandelnden wirken, ist für sie zunächst ohne Bedeutung. Die drei Patiententypen seien im folgenden zusammenfassend dargestellt. Der Leser möge in sich hineinhorchen, welche Reaktionen die Lektüre in ihm auslöst.

Der sich verweigernde Patient

Dieser Patient wehrt sich zunächst gegen die Aufnahme im Krankenhaus. Aber wenn er bleiben muß, muß man ihm Hoffnung machen, daß er wieder entlassen wird. Die Zuversicht auf die Rückkehr in seine Umwelt ist wichtig für ihn. Wenn sein Zustand sich bessert, kann das Suizidrisiko steigen. Wenn es ihm so gut geht, daß er Ausgang und Urlaub erhalten oder daß er entlassen werden kann, darf er nicht in eine belastende Umgebung entlassen werden.

Er will das Krankenhaus verlassen, weil es ihm bessergeht. Aber das bedeutet nicht, daß er die Belastungen bewältigen kann, die ihn außerhalb erwarten. Eine sorgfältige Abschätzung seiner häuslichen Situation muß getroffen werden. Wenn diese nicht zufriedenstellend ist, muß nach Alternativen gesucht werden. Es muß betont werden, daß der sich verweigernde Patient sich nicht nur gegen die Krankenhausbehandlung sperrt. Seine gesamte Vorgeschichte ist gekennzeichnet durch Ruhelosigkeit, forderndes, impulsives und ggf. aggressives Verhalten. Wenn er in eine belastende Umgebung zurückkehrt, kann dieses gefährliche Verhaltensmuster wieder zum Tragen kommen.

Der abhängig-zufriedene Patient

Dieser Patient erscheint nicht als suizidal, solange er im Krankenhaus verbleibt. Aber wenn Ängste und Spannungen im Zusammenhang mit Ausgang, Beurlaubung oder Entlassung auftauchen, steigt das Suizidrisiko. Bei dem Patiententypen täuscht man sich oft über das Ausmaß seiner Gefährdung, wenn sich sein Zustand innerhalb des Krankenhauses unter neuroleptischer Behandlung bessert. Er kann dennoch nicht ohne Risiko beurlaubt oder entlassen werden. Er bedarf des Krankenhauses zum Schutze seiner selbstzerstörerischen Impulse (und in der Regel bittet er auch um diesen Schutz), bis er allmählich in eine andere beschützende Umgebung entlassen werden kann, die ihm angemessen ist, oder er bessere neue Formen der Abwehr gegen Streß außerhalb des Krankenhauses erlernt hat. Unabhängig davon, wie unterstützend und beschützend das Milieu zu Hause zu sein scheint, ist es ein Risiko, den Patienten aus dem Krankenhaus zu entlassen, wenn der Patient darüber ängstlich und gespannt ist.

Der abhängig-unzufriedene Patient

Der klagsame, depressive, ruhelose, Aufmerksamkeit heischende, übermäßig abhängige Patient vermittelt durch sein Verhalten ein verzweifeltes Flehen nach emotionaler Sicherheit, Bestätigung und Aufmerksamkeit. Er tut das unablässig – und wenn er die Hilfe, die er verlangt, nicht erhält, besteht in der Tat ein großes Suizidrisiko. Er wird sich dann mit einiger Wahrscheinlichkeit im Krankenhaus suizidieren. Seine Suiziddrohungen mögen darauf ausgerichtet sein, Aufmerksamkeit zu erlangen.

Aber dies bedeutet nicht, daß er sich nicht suizidieren wird, wenn er keine Erleichterung erfährt. Wenn er innerhalb des Krankenhauses oder außerhalb nicht zufriedengestellt werden kann, gibt es für ihn keinen Ort, an den er sich wenden könnte. Seine Selbstmordgedanken oder -drohungen müssen ernstgenommen werden. Sicherheitsmaßnahmen sollten getroffen werden. Zeitweilige Maßnahmen zur Reduktion der Suizidgefährdung sind die folgenden: medikamentöse Neueinstellung, Zuweisung eines Bezugstherapeuten, Vermittlung von außergewöhnlicher Zuwendung, wie er sie verlangt; vor allem aber Sympathie und Verständnis, obwohl er dies durch sein Verhalten seiner Umgebung äußerst schwer macht. Langfristig gelingt die Kontrolle seines suizidalen Verhaltens durch therapeutische Überwindung seiner Unzufriedenheit, seine Eingliederung in die Krankenhausumgebung. Dann gelten dieselben Leitlinien zur Kontrolle seines suizidalen Verhaltens wie für die abhängig-zufriedenen Patienten.

Supervision und Kontrolle

In den vorangehenden Abschnitten habe ich gezeigt, daß Therapiefehler zur Suizidgefährdung psychisch Kranker in Klinik und Praxis beitragen können. Diese bestehen zum einen in handwerklichen Irrtümern: in Fehleinschätzungen bei der Diagnostik, bei der Wahl des Therapieverfahrens oder im Hinblick auf die Belastbarkeit des Kranken. Sie bestehen zum anderen in der Fehlwahrnehmung psychischdynamischer Zusammenhänge, die ihre Wurzel vorrangig in der gestörten Gegenübertragung zum gefährdeten Patienten haben. Vieles spricht dafür, daß auch Fehler, die scheinbar rein handwerklicher Natur sind, durch eine gestörte emotionale Beziehung zum Kranken mitbedingt sind. Daraus läßt sich ableiten, daß Einzeltherapeuten und therapeutische Teams, die öfter oder über längere Zeit mit offen oder potentiell suizidgefährdeten Kranken arbeiten müssen, der Unterstützung bedürfen. Sie müssen Gelegenheit bekommen, das eigene Verhalten kritisch zu reflektieren. Zugleich bedarf ihre Tätigkeit der Kontrolle durch einen mehr oder weniger Außenstehenden. Dazu bieten sich zwei bewährte, mittlerweile fast klassische Instrumente an: Kontrolle durch den Oberarzt und Supervision im Balint-Stil und natürlich die Einzelsupervision.

Die *Oberarztvisite* ist in der Regel zugleich Ausbildungs- und Kontrollveranstaltung. So wichtig die Weiterbildung der Assistenzärzte ist, der Kontrollaspekt darf nicht zu kurz kommen. Die Visite dient der Sicherung der Diagnose. Sie ist eine Zweitsicht im Hinblick auf die Einschätzung von Psychopathologie und Psychodynamik. Sie versucht zur Klärung der Prognose, möglicher Gefährdungsfaktoren und der Belastbarkeit des Patienten beizutragen. Sie setzt Richtlinien für das therapeutische Vorgehen. Der Oberarzt verläßt sich dafür nicht nur auf den persönlichen Eindruck und auf die Schilderung des verantwortlichen Arztes und anderer Stationsmitglieder des Stationsteams.

Anhand der Dokumentation kontrolliert er den bisherigen Verlauf und überprüft die Konsistenz des jetzigen klinischen Bildes mit den in der Krankengeschichte niedergelegten Vorbefunden. Als teilweise Außenstehender hat er auch die Chance, gestörte Beziehungen zwischen Teammitgliedern und dem Patienten wahrzunehmen. Wenn all dies geschieht, ist ein hohes Maß von Sicherheit gewährleistet.

Die *Supervision* im Balint-Stil dient dazu, daß die Behandelnden ihre Art des Vorgehens im Kreis von Kollegen unter Leitung eines psychodynamisch geschulten Supervisors vortragen können. Auch die Supervision hat zwei Funktionen. Sie dient der Schulung. Zugleich soll sie dem Therapeuten konkret helfen, größere Einsicht in die psychodynamischen Prozesse zu gewinnen, die in der Interaktion zwischen ihm und dem Patienten ablaufen. Insbesondere Phänomene von Übertragung und Gegenübertragung können im Balint-Seminar erhellt werden. Dabei geht es nicht nur um negative Gefühle. Auch eine zu große Nähe zwischen dem Therapeuten und dem Patienten können den Blick verstellen und zu negativen Konsequenzen führen.

Leider ist die Möglichkeit der Teilnahme an Supervisionsveranstaltungen in den meisten Kliniken auf Ärzte, Psychologen und Sozialarbeiter begrenzt. Mitarbeiter des Krankenpflegedienstes haben nur selten die Möglichkeit, auf diesem Wege Einsicht in die psychodynamischen Aspekte ihrer alltäglichen Auseinandersetzungen und Reibereien mit schwierigen Patienten zu gewinnen. Ihre Teilnahme ist nicht nur unter dem Aspekt der Suizidprophylaxe dringlich, sondern auch unter dem Gesichtspunkt einer effizienteren Behandlung und eines weniger aufreibenden beruflichen Alltages. Andererseits ist der therapeutische Umgang mit chronisch suizidalen Kranken ohne Supervision auf die Dauer kaum vorstellbar.

14 Medikamentenbehandlung

Psychopharmaka spielen bei der Suizidprophylaxe eine vielfältige, um nicht zu sagen zwiespältige Rolle: als Mittel zur Behandlung der Grundkrankheit, etwa bei depressiven und schizophrenen Kranken; als Beruhigungsmittel in der akuten Krise; als Suchtmittel und Komplikationsfaktor bei Abhängigen; schließlich als Mittel zur Selbstvergiftung. Psychopharmaka können das Ausmaß an Suizidalität überdecken – maskieren – und so zu Fehlbeurteilungen beitragen.

Es gibt keine Medikamente gegen Suizidalität. Aber es gibt Medikamente gegen Angst und innere Unruhe, gegen quälende Überwachheit und gegen Schlaflosigkeit; und es gibt Medikamente zur Behandlung von psychischen Krankheiten, die mit Suizidalität einhergehen. Die Medikamente mögen nur symptomatisch wirken. Aber die Unterdrückung quälender Symptome kann für den Verzweifelten eine Frage von Leben und Tod sein.

Deshalb darf die stützende Funktion der Medikamentenbehandlung beim Suizidgefährdeten nicht unterschätzt werden. Der englische Psychologe Stuart SUTHERLAND berichtet, wie oben bereits erwähnt, im Zusammenhang mit einer eigenen seelischen Krise (1981), ihm sei mit dem Argument von Psychopharmaka abgeraten worden, die würden ihn doch nur dämpfen. Aber nur durch diese Dämpfung habe er überleben können.

Das bedeutet nicht, daß Suizidgefährdung primär eine Indikation für Medikamentenbehandlung wäre. Sie verlangt nach Krisenintervention, psychotherapeutischer Stützung und flankierenden psychotherapeutischen Maßnahmen. Wenn Hilfe durch Freunde und Angehörige nicht gewährleistet ist, oder wenn die Bindung zwischen dem Therapeuten und dem Gefährdeten nicht ausreichend tragfähig ist, kann eine Klinikaufnahme notwendig sein. Medikamente sind auch nicht immer hilfreich. Sie können die Suizidalität auch verdecken, maskieren. Sie können gelegentlich auch zu ihrer Verschärfung beitragen.

Psychopharmaka bei Depressionen

Die beste Suizidprophylaxe bei depressiven Verstimmungszuständen im Rahmen von affektiven Psychosen ist die Behandlung der Grundkrankheit.

Bei bestimmten agitierten Formen der Depression beispielsweise genügt es nicht, antidepressiv medikamentös zu behandeln. Insbesondere bei bekannter Suizidgefährdung ist es notwendig, zugleich zur Beruhigung beizutragen, den Zwang zum Grübeln und zu Selbstvorwürfen zu lindern und für Schlaf zu sorgen. In solchen Fällen kann es ausreichen, auf Antidepressiva vom Amitriptylintyp zurückzugreifen, die zugleich dämpfende und schlafanstoßende Wirkungen haben, statt Antidepressiva vom Imipramintyp einzusetzen, denen antriebssteigernde Wirkungen zugeschrieben werden.

Es kann aber auch notwendig sein, zusätzlich Neuroleptika oder – vorübergehend – Tranquilizer einzusetzen, um die Suizidgefährdung zu mindern. Eine begleitende stützende Psychotherapie ist unabdingbar. Gegebenenfalls ist eine aufmerksame Beobachtung bis hin zur Sichtüberwachung sicherzustellen.

Bei der Zusatzmedikation von Tranquilizern haben wir gelegentlich, insbesondere bei älteren Patienten, paradoxe Reaktionen beobachtet: Es kam zu einer schlagartigen Aufhebung der depressiven Gehemmtheit mit einschießender akuter Suizidalität bis hin zum Suizidversuch.

Provokation von Suizidalität durch Antidepressiva?

In der pharmakopsychiatrischen Literatur wird in Anlehnung an KIELHOLZ weithin zwischen antidepressiven Medikamenten unterschieden, die vorrangig aktivierend, stimmungsaufhellend oder dämpfend wirken. Es gilt als Standardwissen, daß Antidepressiva mit vorwiegend aktivierendem Charakter (Desipramin-Typ) bei agitierten, ängstlichen und suizidgefährdeten Patienten zu vermeiden sind. Sie können ungünstigenfalls sogar Suizidalität provozieren. Bei solchen Patienten seien deshalb Medikamente vom Amitriptylin-Typ zu bevorzugen, die eine starke dämpfende Komponente haben. PÖLDINGER (1982, 1984) faßt die Lehrmeinung dazu zusammen:

»Bei akut suizidalen und agitierten Patienten ist mit einer stark dämpfenden und neuroleptischen Behandlung zu beginnen, auch wenn es sich um

Depressionen handelt. Anschließend an die Beruhigung oder schon simultan können Antidepressiva gegeben werden. Bei Depressionen mit nicht so ausgeprägter Suizidalität ist es zweckmäßig, Antidepressiva zu verwenden, die eine dämpfende Wirkungskomponente haben, da Antidepressiva mit einem hemmungslösenden aktivierenden Effekt Suizidalität, Angst und Agitation verstärken oder provozieren können.« (1982)

Da die eigentliche antidepressive Wirkung erst nach Tagen bis Wochen auftrete, die Suizidalität aber sofort zu dämpfen sei, müsse man hier Antidepressiva mit dämpfender Eigenschaft oder einer Kombination von Antidepressiva, die vorwiegend stimmungsaufhellend wirke, mit Neuroleptika und Tranquilizern den Vorzug geben. Diese Empfehlung ist einleuchtend. In der Literatur zum Patientensuizid aber sind Auswirkungen der Einhaltung dieser Regeln oder des Abweichens davon nirgendwo empirisch belegt. Die Anmerkungen dazu (MAIER 1981, WOLFERSDORF 1984) sind eher allgemeiner Natur.

Tatsächlich erweist sich die Alternative der Behandlung mit aktivierenden oder mit dämpfenden antidepressiven Medikamenten bei der Untersuchung unserer Wunstorfer Patienten mit depressiven Erkrankungen, die sich das Leben genommen haben, als bedeutungslos. Überraschendes Ergebnis ist vielmehr, daß keiner der Patienten einer ausreichenden, konsequenten und konsistenten Behandlung mit antidepressiven Medikamenten unterzogen worden ist – sieht man von einem Kranken ab, der nach langwierigem Verlauf ausschließlich mit Lithium behandelt worden war. Solche unzureichende Behandlung erfolgte auch, wenn auch nicht ausschließlich, aufgrund von Fehldiagnosen.

»Aktivierende« und dämpfende Antidepressiva

Es kann sehr gut sein, daß die Differenzierung der Antidepressiva in aktivierende und dämpfende im therapeutischen Alltag dennoch von suizidprophylaktischer Bedeutung ist. Es ist möglich, daß sich Fehlgriffe hier eher in Suizidversuchen als in Suiziden niederschlagen. Unser Material ist zur Klärung dieser Frage möglicherweise nicht geeignet, weil in der betroffenen Klinik aktivierende antidepressive Medikamente wegen der berichteten Suizidrisiken gar nicht eingesetzt wurden. Obwohl das klassische Kielholz-Schema immer noch zum allgemeinen Wissensbestand der Pharmakopsychiatrie gehört, gibt es Anhaltspunkte dafür, daß es an der Zeit ist, ihm einen Platz in der Psychiatriegeschichte zuzuweisen. Das gilt um so mehr, als es ohne Probleme möglich ist, eine gewünschte Sedierung durch Tranquilizer oder niederpotente Neuroleptika zu erreichen.

Unsere Ergebnisse legen vielmehr nahe, daß es andere Risiken gibt, die in dieser Form und mit diesem Gewicht bisher nicht ausreichend gewürdigt worden sind. In diesem Zusammenhang müssen Berichte erwähnt werden, die über einschießende Suizidalität und Suizidimpulse beim Einsatz der jüngsten Generation der Antidepressiva, der Serotoninwiederaufnahmehemmer, bekannt geworden sind – angeblich insbesondere bei der Verwendung von Fluoxetin (Fluctine, »Prozac«). Aber auch diese Berichte sind mit Zurückhaltung zu betrachten: Suizidalität ist ein geläufiges Begleitsymptom depressiver Störungen. Das gilt auch für einschießende Suizidideen und für Suizidimpulse.

Für die langfristige Suizidprophylaxe bei Menschen mit wiederkehrenden depressiven und manisch-depressiven Störungen kann die Phasenprophylaxe mit Lithium oder Carbamazepin von entscheidender Bedeutung sein.

Depressive Zustände bei schizophrenen Psychosen: die »pharmakogene« Depression

Depressive Syndrome gehören zu den geläufigen Symptomen schizophrener Psychosen. In der Schizophreniebehandlung ist schon früh das Konzept von der pharmakogenen Depression aufgetaucht. Bis heute ist es nicht abschließend geklärt, ob depressive Verstimmungszustände, die während der Dauerbehandlung mit Neuroleptika auftreten, immer als Krankheitssymptome oder gelegentlich auch als unerwünschte Begleitwirkungen der Medikation anzusehen sind. Sicher ist, daß durch eine Überdosierung von Neuroleptika morose Verstimmungszustände auftreten können. Diese sind meist leicht erkennbar. Die Patienten wirken schläfrig und »eingemauert«. Unabhängig von der Ursache sind depressive Verstimmungszustände im Verlauf schizophrener Erkrankungen zu behandeln. Stützende psychotherapeutische Maßnahmen sind immer angezeigt. Eine vorsichtige antidepressive Behandlung bewährt sich immer wieder.

MÜLLER (1982) berichtet in seiner kontrollierten Studie über Suizidversuche und schwere Formen von Depression, die eine Krankenhausaufnahme notwendig machen, bei jenen Patienten, die unter Depotneuroleptika stehen, nicht jedoch bzw. in sehr viel geringerem Umfang bei jenen der Kontrollgruppe. HIRSCH und KNIGHTS (1982) halten dem entgegen, daß keine exakt durchgeführte prospektive Untersuchung veröffentlicht worden sei, die schlüssig aufzeige, daß die Depression ein Resultat der medikamentösen Behandlung sei. Depressive Verstimmungen im Verlauf schizophrener Erkrankungen seien vielmehr außerordentlich häufig. Sie seien sowohl Bestandteil der Krankheit selbst wie die Reaktion der Betroffenen auf die Krankheit. Sie könnten allerdings auch Folge einer relativen Überdosierung von Neuroleptika im Rahmen eines »akinetischen Syndroms« sein, dem ein depressionsähnliches Bild entspreche.

Nach MÜLLER seien die neuroleptikabedingten depressiven Syndrome oft typischen endogenen Depressionen zum Verwechseln ähnlich:

> »Charakteristische Tagesschwankungen, Schlafstörungen, Appetitmangel, gedrückte Stimmungslage mit Hoffnungslosigkeit, Angst vor der Zukunft, vor dem Versagen, vor der Leere, stille Traurigkeit, gelegentliches Weinen, ausgeprägter Interessemangel belasten die Patienten sehr. Jede Beschäftigung mache Mühe, alles dauere unendlich, der Haushalt sei kaum zu schaffen, der Tag sei lang, sie könnten sich zu nichts mehr aufraffen, früher gern gesehene Abwechslungen seien ihnen gleichgültig, alles sei innerlich leer, trostlos und tot. Sie könnten sich nicht mehr freuen.«

Die Patienten würden immer stiller. Sie zögen sich immer mehr zurück. Es handele sich also überwiegend um gehemmte Depressionen.

Unsere eigene Analyse ergab keinen Anhaltspunkt dafür, daß die pharmakogene Depression oder das depressionsähnliche Bild eines akinetischen Syndroms bei relativer Überdosierung von Neuroleptika beim Suizid eines unserer Patienten von Bedeutung gewesen wäre. Die depressiven Bilder, die bei einzelnen Schizophrenen bestanden hatten, ließen sich zwanglos in den Verlauf der Erkrankung mit schizoaffektivem Charakter einordnen, ohne daß sich ein Einfluß der Medikamente nachweisen ließ. Bei anderen mußte die Depressivität als Reaktion der Betroffenen auf ihre Krankheit oder auf die Auseinandersetzung mit anstehenden schwerwiegenden Lebensproblemen interpretiert werden. Ebenfalls von Bedeutung war jener Zustand »postremissiver Erschöpfung«, den HEINRICH (1967) schon früh beschrieben hat.

Unabhängig von ihrer Ursache sind depressive Verstimmungszustände im Verlauf schizophrener Erkrankungen sehr ernst zu nehmen. Sie müssen Anlaß sein, die Maßnahmen der Behandlung, nicht nur die medikamentöse Therapie, kritisch zu überprüfen.

Akathisie: Zu wenig beachtet wird in diesem Zusammenhang eine andere Neuroleptikawirkung: Die quälende Akathisie, die die Kranken an den Rand der Verzweiflung treibt und ihnen das Leben unerträglich erscheinen lassen kann. Über Suizide und Suizidversuche im Gefolge von Akathisien ist berichtet worden.

Die Maskierung von Suizidalität

Neuroleptika und Antidepressiva wirken, wie allgemein bekannt, in vieler Hinsicht symptomatisch. Erregung, Angst, Agitiertheit werden rasch und verhältnismäßig zuverlässig beeinflußt. Dadurch treten Suizidgedanken oft in den Hintergrund, ohne daß die Krankheit selbst verschwunden ist. Verbliebene bedrohliche Symptome werden maskiert. Die anhaltende Gefahr wird nicht mehr ausreichend wahrgenommen. Belastbarkeit und Stabilität werden lediglich vorgetäuscht. Diese Möglichkeit bedarf der Beachtung. Das gilt vor allem bei der Erstgewährung von Ausgang und Urlaub, beim Einsatz von aktivierenden und damit belastenden soziotherapeutischen Maßnahmen und bei der Entlassungsplanung. Der Möglichkeit einer Maskierung fortbestehender Krankheitssymptome ist besonders dann nachzugehen, wenn noch hohe Medikamentendosen erforderlich sind. Dann ist erhöhte Wachsamkeit schon deshalb am Platz, weil unregelmäßige Medikamenteneinnahme – etwa im Urlaub oder nach der Entlassung – in eine Krise führen können. Dieses Risiko ist besonders hoch, wenn Entlassung oder Beurlaubung unter hohen Medikamentendosen vorzeitig und ohne Einverständnis zwischen Arzt und Patient erfolgt.

In der Literatur finden sich nur wenige Hinweise auf dieses Phänomen.

COHEN und Mitarbeiter aus der Gruppe von FARBEROW und SHNEIDMAN beschreiben das in einer frühen Studie (1964): In einigen von ihnen untersuchten Fällen seien floride Krankheitssymptome, die eine enge Überwachung notwendig gemacht hätten, durch die Medikamente unterdrückt worden. Dies habe zur Folge gehabt, daß die Patienten zu einem Zeitpunkt Ausgang erhalten hätten, an dem sie eigentlich noch nicht so weit waren. Die Medikamente hätten die Patienten beruhigt; sie hätten den Therapeuten aber ihre anhaltend verminderte Belastbarkeit verborgen. Des weiteren habe das ungeplante plötzliche Absetzen von Medikamenten negative Folgen gehabt. Insgesamt schätzen die Untersucher den Einfluß von Neuroleptika als suizidauslösende Teilfaktoren aber eher gering ein. PÖLDINGER (1982) unterstreicht im übrigen – ohne den Ausdruck zu verwenden – mit Recht, daß es einen solchen Maskierungseffekt auch bei der Behandlung depressiver Störungen geben kann: Falsch und sogar gefährlich wäre es anzunehmen, daß alle möglichen sedierenden Stoffe dann Antidepressiva sind, wenn sie irgendeine Wirkung bei Depressionen entfalten – z. B. Angstlinderung oder Beruhigung. Endogene Depressionen mit Suizidgefährdung würden damit eine höchst riskante Fehlbehandlung erfahren.

Bei unseren Wunstorfer Untersuchungen erwies sich das Phänomen der Maskierung der Krankheit durch Psychopharmaka als außerordentlich gewichtig, durch Neuroleptika und Antidepressiva ebenso wie durch Tranquilizer: Immer wieder war es vorgekommen, daß Patienten ruhig, ausgeglichen und belastbar wirkten. Sie waren es jedoch keineswegs. Urlaub nach Hause, Ausgang, die Verlegung auf eine andere Station, Ansprüche des Therapeuten, die Auseinandersetzung mit anstehenden Lebensproblemen waren Faktoren, die zur Dekompensation führten. Die Patienten waren nur scheinbar belastbar. Die in Wirklichkeit fortbestehende Verletzlichkeit war durch die Medikamente lediglich maskiert worden.

Nach unseren Beobachtungen ist die Gefahr der Fehlbeurteilung aufgrund der Maskierung des Schweregrades der Erkrankung besonders groß, wenn Neuroleptika in hoher Dosierung verabfolgt werden.

Suizidgefährdung bei Tranquilizerentzug

In jüngster Zeit haben wir bei älteren Patienten mehrfach schwere suizidale Syndrome nach plötzlichem Absetzen von längerzeitig eingenommenen Benzodiazepinen beobachtet. Die Wiederaufnahme der Behandlung führte regelmäßig zum raschen Verschwinden solcher Bilder. An diese Möglichkeit ist zu denken, wenn ältere Patienten, die oft nicht wissen, was sie eingenommen haben, nach der Klinikaufnahme zunehmend unruhig und gequält wirken und Suizidgedanken entwickeln.

Selbstvergiftung durch Psychopharmaka

Bei *Suizidversuchen* durch Selbstvergiftung werden in fast zwei Drittel der Fälle Schlafmittel oder andere Psychopharmaka verwendet. Diese

Tatsache bringt uns in ein Dilemma. Auf der einen Seite bedürfen viele unserer Patienten der Dauerbehandlung durch Medikamente. Auf der anderen Seite geben wir ihnen mit diesen Medikamenten ein mögliches Suizidmittel in die Hand. Warum sind die einzelnen Medikamentengruppen unterschiedlich gefährlich? Neuroleptika und Tranquilizer haben eine verhältnismäßig hohe therapeutische Breite. Bei Antidepressiva ist sie deutlich geringer. Bei Lithium kann, ebenso wie bei Barbituraten, schon das Dreifache der therapeutischen Dosis zu schweren Vergiftungserscheinungen führen.

Gelegentlich wird behauptet, mit Neuroleptika könne man sich nicht suizidieren – so S. ARIETI (1985) in seinem »Schizophrenie-Buch für Betroffene und Angehörige«. Das ist falsch. Insbesondere Suizide mit niederpotenten Neuroleptika, besonders in Verbindung mit Alkohol und ungünstigen Temperaturverhältnissen, kommen vor. Dennoch muß unsere Aufmerksamkeit vor allem Psychopharmaka mit geringer therapeutischer Breite gelten. Barbiturate sollen deswegen und wegen ihrer vielfältigen anderen Nebenwirkungen überhaupt nicht mehr als Schlafmittel eingesetzt werden.

Die Empfehlung, Antidepressiva und Lithium möglichst in kleinen Verpackungsgrößen zu verordnen, ist eher gut gemeint als realitätsgerecht. Beide Medikamentengruppen werden langzeitig verabreicht. Die Kranken haben vielfältige Möglichkeiten, sie zu sammeln und zu horten. Diese Vorsichtsmaßregel ist allenfalls zu Beginn der Behandlung erfolgversprechend. Dann sollte sie aber auch beachtet werden, weil gerade in dieser Phase häufig Suizidgefährdung besteht, die sich der Beurteilbarkeit durch den Therapeuten zudem teilweise entzieht. Bei chronisch rezidivierender Suizidalität bewährt es sich sehr, die Medikamente in Absprache mit dem Patienten einem Freund oder einem Angehörigen anzuvertrauen. Dieser kann dann zugleich die Aufgabe übernehmen, zu einer regelmäßigen Einnahme beizutragen.

Die einfügte Graphik vermittelt eine Übersicht über die geschätzte Todesrate durch vorsätzliche oder versehentliche Überdosierung mit Antidepressiva. Das Lofepramin, für das keine Todesfälle bekannt sind, taucht darin naturgemäß nicht auf. Danach besteht ein deutlicher Unterschied in der Vergiftungsrate durch unterschiedliche Substanzen, der der Erklärung bedarf. Die neueren Antidepressiva gelten als weniger toxisch. Das wird immer wieder als Argument zu ihren Gunsten und gegen die klassischen Substanzen angeführt.

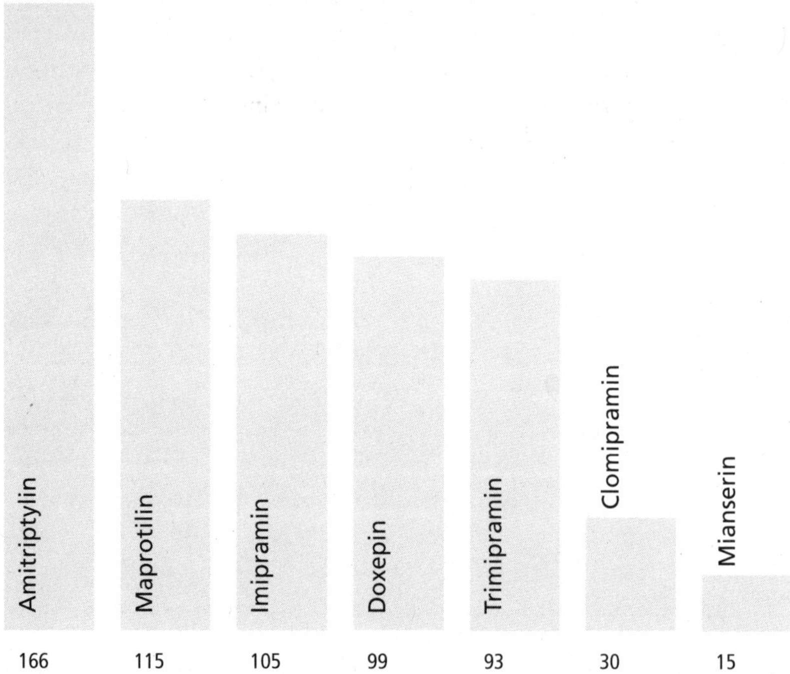

Tod durch Antidepressiva. Geschätzte Todesrate durch vorsätzliche oder versehentliche Überdosierung pro Million mit dem jeweiligen Medikament behandelter Patienten (Nds. Ärzteblatt 1988, vgl. CASSIDY u. HENRY 1987; PINDER 1988)

Es fragt sich, ob die mögliche Hypothese dafür ausreicht, durch die einen würden überwiegend leichtere, durch die anderen überwiegend schwerere Depressionen mit entsprechend höherer Suizidgefahr behandelt. Unabhängig davon relativiert sich die Größenordnung, wenn man bedenkt, daß selbst die höchste angegebene Vergiftungsrate mit 16,6 pro 100.000 niedriger liegt als die Suizidrate in der Allgemeinbevölkerung. Aber diese Relativierung darf auch nicht zu einer Bagatellisierung des Intoxikationsrisikos durch Psychopharmaka führen, zumal Medikamente als Suizidmittel bei Suizidversuchen eine ungleich größere Rolle spielen als bei vollendeten Suiziden.

Andererseits ist die Relevanz solcher Befunde in den letzten Jahren in Zweifel gezogen worden (z. B. EDWARDS 1995): es gehe nicht an, die Toxizität eines Medikamentes isoliert zu betrachten. Man müsse die klinische und die epidemiologische Perspektive in die Überlegungen einbeziehen. Wenn dies geschehe, ändere sich das Bild: wichtiger als die Wahl des Medikaments sei die gründliche klinische Einschätzung des Suizidrisikos, die individuelle Verordnung und die Wirksamkeit des Medikamentes. Eine umfassende epidemiologische Studie von JICK u. a. (1995) belegt, daß die Suizidrate bei depressiven Patienten gleich hoch ist, unabhängig davon, ob sie mit klassischen oder mit neueren weniger toxischen Antidepressiva behandelt werden: nur ein Bruchteil (14 Prozent) suizidierten sich mit Antidepressiva. Ein Fünftel suizidierten sich mit anderen Medikamenten; die meisten übrigen töteten sich mit Hilfe sogenannter harter Suizidmethoden. Es geht also nicht an, die Verwendung bestimmter Medikamentengruppen undifferenziert als Kunstfehler zu diffamieren. Entscheidend ist, wie überall in der Medizin, die individuelle Risiko-Nutzen-Abwägung.

Das Medikament als Krücke

Jenseits der Behandlung der Grunderkrankung hat das Medikament bei der Suizidprophylaxe die Funktion einer Krücke. Das bedeutet nicht, daß wir es geringschätzen müssen. Sein Einsatz ist genauso legitim wie die Krücke bei einem Beinbruch. Wir müssen uns aber Rechenschaft darüber ablegen, daß es eine Hilfsfunktion hat und die psychotherapeutische Intervention nur ergänzen kann. Gerade schwere suizidale Krisen, die die Verwendung von Psychopharmaka unabdingbar machen, verlangen ein Höchstmaß an psychischer Stützung und Führung und an menschlicher Zuwendung.

15 Soziotherapie, »Rehabilitationsdruck« und die Abstimmung des Therapieziels

Soziotherapie

Soziotherapie ist keine Behandlungsmethode, sondern ein Bündel von therapeutischen Ansätzen, die im sozialen Bereich und im Beziehungsgefüge der Patientinnen und Patienten eingreifen. Arbeits- und Beschäftigungstherapie gehören ebenso dazu wie das Training in lebenspraktischen Fähigkeiten zur Vorbereitung auf das Leben in der eigenen Wohnung. Aber auch die Gestaltung des therapeutischen Milieus sowie die Entwicklung einer gemeinsamen therapeutischen Haltung beim Behandlungsteam gehören dazu. Nach allgemeinem Verständnis ist es Aufgabe der Soziotherapie, den Patienten zu aktivieren. Soziotherapie ist aber auch das Gegenteil: die Vermittlung von Regressionsmöglichkeiten, die Gewährung von Schutz und Geborgenheit und die Garantie von Verläßlichkeit und Berechenbarkeit der therapeutischen Strategie gegenüber dem Patienten. Die fließenden Grenzen zwischen Soziotherapie und Psychotherapie sind offensichtlich.

Für die Suizidprophylaxe während der psychiatrischen Behandlung ist die Soziotherapie in doppelter Weise von Bedeutung. Durch Aktivierung, durch Auseinandersetzung mit dem Kranken über seine Wünsche und Pflichten im Rahmen der Station oder der ambulanten Nachsorge formuliert sie Ansprüche an den Patienten, die bei diesem zu Frustration und Enttäuschung führen können. Durch die Vermittlung eines beschützenden therapeutischen Milieus bietet sie dem Kranken Hilfe bei der Bewältigung solcher und anderer enttäuschender Erlebnisse an, die er außerhalb des therapeutischen Rahmens erfährt. Ich werde im Rahmen der Erörterung institutioneller Maßnahmen zur Selbstmordvermeidung im psychiatrischen Krankenhaus darauf zurückkommen.

Erwünschte und unerwünschte Wirkungen

Soziotherapie ist wie die Medikamentenbehandlung und die Psychotherapie nicht frei von unerwünschten Begleitwirkungen. Ein zu beschützendes oder zu reizarmes therapeutisches Milieu führt zur Regression und schlimmstenfalls zu Hospitalisierungsschäden. Reizüberflutung, Unruhe, Überaktivität und zu große, dem Patienten aufgedrängte Nähe können Krankheitssymptome provozieren und das Suizidrisiko erhöhen. Das therapeutische Milieu bedarf deswegen der bewußten Gestaltung. Das gilt vor allem für die Krankenhausstation, die Tagesklinik, die Wohngemeinschaft und das Wohnheim. Die Art und Weise der Gestaltung des Milieus muß sich auf die Patienten, ihre Krankheiten und ihre Behinderungen einstellen.

Eine psychiatrische Langzeitstation oder ein Dauerwohnheim verlangt Wohnatmosphäre und eine hohe Konstanz der personalen Betreuung. Wenn Mitarbeiter häufiger wechseln als Patienten, gibt es kaum einen Ansatz für die Gestaltung eines tragfähigen therapeutischen Rahmens. Eine psychiatrische Akutstation soll Geborgenheit und vorübergehende Regressionsmöglichkeit vermitteln. Sie soll gewährleisten, daß die Kranken während ihres Aufenthaltes menschliche Zuwendung möglichst häufig durch die gleichen Mitarbeiter erfahren. Sie soll eindeutige Erwartungen an den Kranken herantragen und gewährleisten, daß die Ratlosigkeit der Kranken nicht durch die Therapeuten an sie zurückgespielt wird. Insbesondere wenn schizophrene Kranke auf einer Station behandelt werden, haben Eindeutigkeit und klare Strukturen höchsten Vorrang. Es gilt: »Eure Rede sei ja, ja – nein, nein.«

Transparenz der Erwartungen, Zuverlässigkeit im Umgang der Therapeuten mit den Kranken, Vermeidung von Personalwechsel, Vermittlung eines Mindestmaßes an Geborgenheit und die ständig wiederholte Bestätigung, daß die Therapeuten sich kümmern, gehört im übrigen auch zum Milieu einer Rehabilitationsstation oder einer Tagesklinik. Es gibt Hinweise dafür, daß die erhöhte Suizidquote solcher Einrichtungen, die gelegentlich einem zu hohen Rehabilitationsdruck zugeschrieben wird, ihre Ursache auch in einer zu großen Diffusität und einer daraus herzuleitenden Orientierungslosigkeit der Patienten haben kann.

Einrichtungen der Arbeits- und Beschäftigungstherapie stehen in ihren Erwartungen und Anforderungen an die Patienten definitionsgemäß im Kontrast zu jenen der Stationen. Hier wird Konzentration und Leistung gefordert; dort wird Inaktivität und Regression zumindest geduldet. Der Wechsel zwischen diesen beiden Formen therapeutischen Milieus innerhalb der gleichen Institution wird von Kranken gelegentlich als Belastung empfunden. Der tägliche Weg zur Arbeitstherapie bedeutet auch eine Konfrontation mit der eigenen Leistungsunfähigkeit. Er sollte als Risikosituation wahrgenommen werden. Wir glauben, daß es kein Zufall ist, daß sich eine unerwartet hohe Zahl der Patienten unseres Krankenhauses, die sich suizidiert haben, auf dem Weg zur Arbeitstherapie oder auf dem Rückweg zur Station absentiert und suizidiert haben.

Rehabilitation als Risikofaktor

Therapie bezeichnet in der somatischen wie in der psychologischen Medizin die Wiederherstellung eines Zustandes, der vor Ausbruch der Erkrankung bestanden hat. Die Rehabilitation ist ein komplexeres Geschehen. Sie bezeichnet die Maßnahmen zur Überwindung krankheitsbedingter Behinderungen. Mit ihrer Hilfe soll unbeschadet des Fortbestehens von Behinderungen ein Funktionsniveau erreicht werden, das jenem vor Ausbruch der Erkrankung möglichst nahe kommt. Damit dieses Ziel erreicht wird, werden nicht nur die Krankheit und ihre Folgen in die Rehabilitationsbemühungen einbezogen, sondern auch bislang ungenutzte Fähigkeiten im psychosozialen und instrumentalen Bereich. Die gesunde Seite des Behinderten wird einbezogen, gefördert und entwickelt. Dabei bedürfen einige Besonderheiten seelischen Krankseins der Beachtung:

1. Psychische Krankheiten und Behinderungen, die der Rehabilitation bedürfen, sind durch eine chronisch rezidivierende Verlaufsform gekennzeichnet. Das gilt für Erkrankungen aus dem schizophrenen Formenkreis, für manisch-depressive Krankheiten, aber auch – und das wird von uns Klinkern häufig übersehen, weil diese Gruppe in der Praxis des niedergelassenen Nervenarztes bleibt – für die Vielzahl von neurotischen und psychasthenischen Syndromen, die zu Leistungsunfähigkeit und schließlich zu Invalidität führen.

2. Die Behinderungen, die im Gefolge einer psychischen Erkrankung zu erwarten sind, werden um so schwerer, je unzureichender die Anfangsbehandlung gewesen ist und – darauf kommt es mir hier an – je größer die sozialen Defizite sind, die der Patient mitbringt. Wer eine

gute Schulbildung und einen Beruf hat, wer Angehörige und Freunde hat, die sich um einen kümmern, bietet günstige Voraussetzungen für eine psychiatrische Rehabilitation. Aber bezeichnenderweise genügen für solche Kranke meist die Maßnahmen einer konventionellen psychiatrischen Behandlung. Der typische rehabilitationsbedürftige psychisch Kranke hat keinen Hauptschulabschluß, keinen Beruf, keine Freunde, keinen Kontakt zu Angehörigen und lebt in ungünstigen wirtschaftlichen Verhältnissen.

3. Die Persönlichkeitseigenschaften, die eine erfolgreiche Rehabilitation gewährleisten, sind von den psychischen Krankheiten mitbetroffen. Solche Eigenschaften sind gute Motivation, geistige und soziale Beweglichkeit, soziale Kontaktfähigkeit und Kontaktbereitschaft, Beharrlichkeit und Ausdauer sowie gutes Konzentrationsvermögen.

Der seelisch Behinderte aber ist in der Regel durch Antriebslosigkeit, erhöhte Verstimmbarkeit, vermehrte Angst und Zurückgezogenheit gekennzeichnet. Man könnte sogar sagen, dem typischen Rehabilitanden mit psychischen Behinderungen fehlen alle jene Eigenschaften, die für einen Rehabilitationserfolg notwendig sind: er hat keine Motivation, er ist unbeweglich und kontaktarm. Er kann sich nicht konzentrieren, und er hat keine Ausdauer. Wir erwarten vom Rehabilitanden, daß er aktiv mitarbeitet, daß er einen klaren Willen zeigt. Und wir sind mit der Tatsache konfrontiert, daß eben dieser Wille von der seelischen Krankheit mitbetroffen ist. Das stellt nicht nur besonders hohe Anforderungen an Rehabilitationsmaßnahmen; es stellt auch die Angehörigen und Rehabilitanden selbst auf eine harte Probe.

Die Besonderheiten psychischer Störungen und ihrer Folgen müssen bei der Entwicklung von Rehabilitationsprogrammen berücksichtigt werden. Sie begrenzen die Erwartungen, ihre Berücksichtigung eröffnet jedoch auch neue Chancen.

Ferner vermittelt die Berücksichtigung vorhandener sozialer Defizite krankheitsunabhängige Ansatzpunkte für Maßnahmen der persönlichen Befähigung. Das Nachholen eines Schulabschlusses gehört ebenso dazu, wie die Befähigung, einen eigenen Haushalt zu führen und mit Behörden – wie Sozial- und Arbeitsamt – umzugehen. In diesen Bereich gehört auch das Angebot von Kontakt- und Freizeitmöglichkeiten.

Die größten Probleme wirft der Umgang mit den Störungen des Antriebs, der Motivation und der Ausdauer auf, die meist noch von einer erhöhten Verstimmbarkeit begleitet sind. Diese Eigenschaften sind es letztlich, die die psychiatrische Rehabilitation immer noch als weitgehend unbestelltes Feld erscheinen lassen.

Wir wissen, daß eine erfolgreiche psychiatrische Rehabilitation nur möglich ist, wenn es uns gelingt, die Apathie des antriebsgeminderten, die Angst des kontaktgestörten psychisch Behinderten zu überwinden. Wir wissen auch, daß das möglich ist, und zwar

- durch die Aufarbeitung der sozialen Defizite,
- die Strukturierung des Tageslaufes,
- die Vermittlung wechselnder Gruppensituationen zum sozialen Training,
- gestufte Belastung in Beschäftigung und Arbeit,
- die Normalisierung von Wohnen und Freizeit,
- die Pflege von Bindungen zu Angehörigen und Freunden.

Rehabilitation ist belastend

Rehabilitation wirkt psychischen Behinderungen und der Invalidität durch psychische Krankheit entgegen. Rehabilitation ist ein lang anhaltender, anstrengender Prozeß, der mit mannigfachen psychischen und sozialen Belastungen verbunden ist; er birgt vielfache Risiken des Scheiterns, der Zurückweisung, der Enttäuschung. Wing, Bennett und Denham (1964) haben in einer frühen Arbeit über die Rehabilitation von langzeitig kranken Schizophrenen bereits berichtet, daß Rehabilitationsmaßnahmen produktive psychotische Symptome provozieren und zum Rückfall in die Krankheit führen können. Sie haben aber zugleich gezeigt, daß dies vor allem dann der Fall ist, wenn die Maßnahmen undifferenziert und die Patienten unzureichend darauf vorbereitet sind.

Diese Beobachtungen sind später zu einem wichtigen Bestandteil der Wingschen Überstimulations-/Unterstimulations-Hypothese geworden. Sie haben auch dem Vulnerabilitätskonzept der Schizophrenie den Weg gebahnt. Sie helfen uns zu verstehen, weshalb Rehabilitationsprogramme auch mit einem erhöhten Suizidrisiko verbunden sein können: Sie konfrontieren den psychisch kranken und behinderten Patienten – vor allem den schizophrenen Kranken, aber nicht nur diesen – mit all jenen Belastungen und Problemen, die er aufgrund seiner Krankheit nicht mehr selbständig bewältigen kann. Es ist kein Zufall, daß Berichte über eine hohe Suizidrate in Rehabilitationseinrichtungen vor allem aus jenen psychiatrischen Zentren stammen, in denen sehr früh mit großem Engagement die berufliche und soziale Wiedereingliederung von psychisch Kranken vorangetrieben worden ist.

Das bedeutet aber nicht, daß Rehabilitation für den psychisch Kranken generell gefährlich ist, genauso wenig wie die Behandlung auf offenen Stationen oder die frühzeitige Gewährung von Ausgang und Urlaub. Es unterstreicht vielmehr, daß alle diese Maßnahmen auf die Belastbarkeit des einzelnen Kranken abgestimmt werden müssen. Nicht nur Medikamente bedürfen der sorgsamen Dosierung! Das beginnt mit der Übereinstimmung des Therapie- bzw. Rehabilitationsziels. Es nimmt seinen Fortgang mit der Berücksichtigung kritischer Behandlungsprobleme, die während des gesamten Krankheitsverlaufs immer wieder auftreten können. Mit beiden Aspekten werden wir uns in den folgenden Abschnitten befassen.

»Rehabilitationsdruck« und die Abstimmung des Therapieziels

In der Zahnbehandlung, in der Chirurgie, in der Inneren Medizin ist es zu einer Selbstverständlichkeit geworden, daß der Arzt das Therapieziel mit dem Patienten bespricht und mit ihm abstimmt. Er erklärt ihm, was er für erreichbar hält und welche Risiken damit verbunden sind. In der Psychiatrie scheint das immer noch eher die Ausnahme zu sein. Es mag damit zusammenhängen, daß im akuten Krankheitsstadium manchmal nur wenig zu besprechen ist und das Ziel, die Beseitigung der ängstigenden Symptome, klar ist. Es mag aber auch mit der Diffusität der meisten psychiatrischen Behandlungsmethoden zusammenhängen.

Zudem hat sich im Bereich der Psychotherapie eine Ideologiebildung vollzogen, die zum einen durch eine »souveräne Vernachlässigung des Symptoms« (LOCH) gekennzeichnet ist, zum anderen durch die arrogant anmutende Forderung, der Patient müsse sich eben einlassen, nur dann könne er erfahren, was Psychotherapie sei und was sie bewirken könne. Auch eine Risikoaufklärung scheint – außer im Bereich der Medikamentenbehandlung – oft zu unterbleiben. Daß Psychotherapie gefährliche Begleitwirkungen haben kann, wird nur selten übermittelt. In der Soziotherapie ist das in mancher Hinsicht ähnlich.

Manchmal müssen wir Patienten gegen ihren Willen behandeln. Wir müssen Zwang ausüben. Oft müssen wir widerstrebende Patienten überreden, uneinsichtige mit sanftem Druck zu ihrem Glück verhelfen. Das hinterläßt Spuren. Darüber tritt leicht das Bewußtsein in den Hintergrund, daß wir unsere mittel- und langfristigen therapeutischen Strategien sehr wohl mit dem Kranken abstimmen müssen. Will er die Belastungen einer konfliktorientierten Psychotherapie auf sich nehmen? Ist er bereit, sich einer Rehabilitationsmaßnahme zu unterziehen, die ihn fordert, die ihn weitere sechs Monate in der Klinik festhalten wird, die keine Garantie fürs Gelingen bietet?

Der Problemkreis, den ich hier anschneide, wird in der Literatur im allgemeinen unter dem Stichwort »Rehabilitationsdruck« abgehandelt. Der Druck, den Therapie und Rehabilitation auf den Kranken, vor allem den schizophrenen Kranken, ausüben, erhöhe dessen Suizidrisiko. Ich meine, daß diese Sichtweise zu eng ist. Subjektiv oder objektiv unzumutbarer Druck wird auf den Kranken immer dann ausgeübt, wenn ein Therapieziel verfolgt wird, das nicht mit ihm abgestimmt ist. Ich räume ein, das ist nicht einfach. Es ist bekannt, daß Therapieziele von psychiatrischen Patienten und Therapeuten zu Beginn der Behandlung voneinander abweichen. Patienten wollen, daß ihre Symptome verschwinden. Therapeuten zielen auf die Verbesserung der Introspektionsfähigkeit, die Förderung der Fähigkeit der Kranken, ihr Handeln und Fühlen besser zu verstehen. Das ändert nichts an der Notwendigkeit, daß nach einer ersten Krisenintervention eine Absprache zwischen Arzt und Patient darüber erfolgen muß, wie es weitergehen soll.

Beispiel

Eine fünfunddreißigjährige Patientin mit einer Psychose aus dem schizophrenen Formenkreis – sie wurde oben bereits erwähnt – kommt zur Aufnahme, weil sie fürchtet, sie könne sich das Leben nehmen. Sie ist voller Angst. Als Angst- und Suizidgefährdung abgeklungen sind, möchte sie nach Hause. Der behandelnde Arzt hingegen, der Familiengespräche mit Ehemann und Schwiegermutter geführt hat, entdeckt ein weites Feld von sozialen und psychischen Konflikten in der Beziehung zur Schwiegermutter, im sexuellen und im beruflichen Bereich. Er meint, sie könne nicht entlassen werden, bevor diese Probleme aufgearbeitet worden seien. Die Patientin kooperiert widerstrebend. Sie traut sich nicht, die Entlassung gegen den Rat des Arztes zu verlangen. Sie betont aber immer wieder, es gehe ihr schlechter. Der Psychotherapeut ist gegenteiliger Auffassung. Er zwingt ihr ein Therapieziel auf, das sie ablehnt, und einen therapeutischen Prozeß, dem sie nicht gewachsen ist. Das Ringen der beiden um die Therapie ist in der Krankengeschichte säuberlich dokumentiert – bis die Patientin schließlich kapituliert und sich das Leben nimmt.

Unsere Sammlung von Biographien und Krankengeschichten von Patienten, die sich während der Behandlung das Leben genommen haben, enthält andere, ähnliche Beispiele. Ein erstes Therapieziel ist erreicht: die Symptome, aufgrund welcher die Aufnahme oder der Beginn der ambulanten Behandlung erfolgte, sind behoben. Der Patient gibt sich damit zufrieden. Der Behandelnde dagegen meint, das reiche nicht aus. Er könne den Kranken weiterbringen. So gilt es, die Arbeitsfähigkeit wiederherzustellen oder eine emotional gespannte Familiensituation zu klären. Das können richtige und wichtige Therapieziele sein. Aber wenn der Kranke sich dagegen sträubt, ist das ein Warnsignal. Es muß beachtet werden. Es müssen nicht Trägheit oder mangelnde Einsicht sein, die ihn bewegen. Er kann auch ein feines Gespür dafür haben, was für ihn hier und jetzt zuviel wird.

Individuelle »Dosierung«

Die rehabilitative Situation stellt den Kranken für längere Zeit unter andauernden Erwartungs- und Leistungsdruck. Anders als bei der Therapie sollen nicht Symptome von Krankheit zum Verschwinden gebracht werden. Der Kranke soll aktiv ein höheres Lebens- und Leistungsniveau erreichen. Rehabilitation ist wie Therapie und Ausbildung zugleich. Rehabilitation ist anstrengend. Schon früh ist – wie oben bereits angeführt – von WING u. a. (1964) beobachtet worden, daß sie zum Wiederauftreten von floriden Krankheitssymptomen führen kann. Unausbleibliche Frustrationen, Enttäuschungen und Versagenserlebnisse können Hoffnungslosigkeit und Verzweiflung zur Folge haben und somit das Suizidrisiko erhöhen. Deshalb ist es bei Rehabilitationsmaßnahmen besonders wichtig, das Ziel individuell mit dem Patienten abzustimmen. Im Verlauf muß ständig überprüft werden, ob es realitätsgerecht ist. Wenn das nicht der Fall ist, muß auch dieses mit dem Kranken besprochen werden. Versagens- und Enttäuschungssituationen müssen bearbeitet und in einer Stationsatmosphäre von Geborgenheit aufgefangen werden.

Ich bin mir der Schwierigkeiten bewußt, solche Forderungen einzulösen. Es sind ja nicht immer nur die Therapeuten, die unrealistische

Vorstellungen von dem haben, was erreichbar ist. Dennoch kann es nicht zwingend sein, daß Rehabilitation mit einer Erhöhung des Suizidrisikos verbunden ist.

Unsere besondere Aufmerksamkeit im Rahmen von Rehabilitationsmaßnahmen hat jüngeren Patienten mit schizophrenen Psychosen zu gelten. Sie sind besonders gefährdet, wenn der Krankheitsverlauf chronisch rezidivierend ist und wenn die Schere zwischen ihren Hoffnungen an das künftige Leben und den krankheitsbedingten Einschränkungen sich besonders weit auftut. Sie haben nicht nur die eigene Enttäuschung zu bewältigen, sondern auch die der Angehörigen, vor allem der Eltern. Ihre krankheitsbedingte Vulnerabilität erschwert es ihnen zudem, die sich unablässig wiederholenden Versagenserlebnisse zu verarbeiten. Rehabilitation bedeutet bei diesen Patienten zunächst einmal, vor allem anderen ein Plateau zu sichern, auf dem sie mit den krankheitsbedingten Einschränkungen ohne ständige Versagens- und Lebensangst überdauern können. Erst wenn ein individueller sozio-emotionaler Entfaltungsspielraum – auf welcher Ebene auch immer – gesichert ist, ist es legitim, den nächsten Schritt ins Auge zu fassen.

16 Der Suizid in der Klinik – institutionelle Rahmenbedingungen

Veränderungen des Umgangs mit suizidalem Verhalten im Krankenhaus

In früheren Jahren hat man versucht, »selbstmordsichere« psychiatrische Klinikstationen zu bauen. Fenster, Türklinken und Badezimmerarmaturen wurden so gestaltet, daß man sich daran nicht erhängen konnte. Die Intimsphäre wurde durch die Möglichkeit der Sichtüberwachung in großen Sälen weitgehend aufgehoben. Selbst Toiletten und Waschräume waren nicht nur für die Betreuerinnen und Betreuer, sondern auch für die Mitpatienten einsehbar. Die Einschätzung solcher institutioneller Versuche zur Vermeidung des Patientensuizids hat sich in den vergangenen Jahrzehnten geändert. Zum einen ist dem Recht des Patienten auf eine Intimsphäre ein größerer Stellenwert eingeräumt worden. Zum anderen hat sich gezeigt, daß solche mechanistischen Ansätze zur Suizidprophylaxe nur begrenzten Erfolg haben.

Wenn man allen Kranken den Gürtel, die Schnürsenkel, die Krawatten, den Nagelreiniger, das Kabel des Trockenrasierers oder die Rasierklingen entzieht, erreicht man eine Entwürdigung der Kranken. Man erhöht ihr Elend. Schlimmstenfalls das Suizidrisiko, indem man das Gefühl der Hoffnungslosigkeit durch das Milieu auf der Station steigert. Die Sicherheit verbessert man nur in sehr begrenztem Umfang. Wachsaalsuizide sind zwar verhältnismäßig selten. Aber sie kommen immer wieder vor. Kranke erdrosseln sich mit dem Stecktuch ihres Bettes, mit dem Flügelhemd, mit dem zusammengedrehten Pyjama, oder sie finden auf irgendeine Weise Zugang zu Glasscherben – wenn sie fest zum Suizid entschlossen sind.

Es spricht einiges dafür, daß die Dauerüberwachung aller Kranken der gezielten Zuwendung zu sichtbar gefährdeten Patienten unterlegen ist.

Architektonische Vorsorgemaßnahmen beschränken sich heute in der Regel darauf, Konstellationen zu vermeiden, die zum Suizid herausfordern: offene hohe Häuser, ungeschützte Balkons, der freie Zugang zu Hochhausdächern, festinstallierte stabile Haken und Duschgestänge in Schlaf- und Waschräumen.

Die bauliche Gestaltung der Kliniken trägt damit der Tatsache Rechnung, daß die meisten Patientensuizide sich heute ohnehin außerhalb der Station ereignen.

Veränderte rechtliche Bedingungen

Im übrigen geht es oft um Patienten, die nicht als suizidgefährdet eingeschätzt werden und damit ohnehin Zugang zu allen möglichen Suizidmitteln haben. Die Suizidprophylaxe mit institutionellen Mitteln konzentriert sich heute in erster Linie auf organisatorische Maßnahmen, wie die Ausschöpfung der Möglichkeiten einer differenzierten Beaufsichtigung auf offener und geschlossener Station. Der Würde des suizidgefährdeten Patienten wird Rechnung getragen. Zwangsmaßnahmen haben die Ausnahme zu bleiben.

Dazu paßt auch, daß ein immer größerer Teil der Patienten freiwillig im psychiatrischen Krankenhaus zur Aufnahme kommt und bleibt. Die Kriterien für freiheitsentziehende Maßnahmen werden durch Psychisch-Kranken-Gesetze (PsychKG) und Obergerichtsurteile immer enger gezogen. Eine Auseinandersetzung mit dem Kranken über seine mögliche oder manifeste Suizidgefährdung ist unabdingbar. Die Bemühungen um die Suizidprophylaxe haben dieser veränderten Rechtslage Rechnung zu tragen. Anstelle der Einschließung des Suizidgefährdeten, tritt heute nicht selten die Bitte an den Patienten, die Station nicht zu verlassen.

Restriktionen als Ausnahme

In der Tat ist ja die akute Suizidgefährdung während der Behandlung im psychiatrischen Krankenhaus eher die Ausnahme. Sie ist erkennbar. Sie ermöglicht individuell abgestimmte Maßnahmen von der medikamentösen Sedierung über die Sichtüberwachung zur vorübergehenden Fixierung, die allerdings auf verzweifelte Ausnahmefälle begrenzt bleiben muß.

Nur die sichtbare und konkrete Suizidgefährdung rechtfertigt restriktive Maßnahmen gegen den Willen des Patienten. Daß diese durch einen gerichtlichen Unterbringungsbeschluß abgesichert sein müssen, versteht sich von selbst. Der Krankenhausbetrieb muß so organisiert sein, daß suizidrisikofördernde Situationen vermieden werden, daß ein neu entstehendes Suizidrisiko möglichst erkennbar wird und daß das therapeutische Milieu bei unbeobachtet entstehender Suizidgefährdung durch Vermittlung von Geborgenheit, Zuverlässigkeit und Berechenbarkeit für die Patienten ein Netz aufbaut, in dem vorübergehende Krisen und Frustrationserlebnisse, Enttäuschungen und einschießende Gedanken von Hoffnungslosigkeit und Verzweiflung aufgefangen, mitgeteilt, erkannt und behandelt werden können.

Ich will versuchen, die *organisatorischen und institutionellen Möglichkeiten* der Suizidprophylaxe im psychiatrischen Krankenhaus anhand der Patientenkarriere nachzuvollziehen.

Die Aufnahmesituation

Die Aufnahme im psychiatrischen Krankenhaus ist für den Patienten ein dramatisches Ereignis. Wenn er freiwillig kommt, hofft er auf Hilfe, aber Angst vor dem Ungewissen, das ihm bevorsteht, hat er dennoch. Kommt er unfreiwillig, ist immer eine krisenhafte Zuspitzung vorausgegangen, die die Formel der Unterbringungsgesetze, einer »akuten Selbstgefährdung« oder einer »dringenden unmittelbaren Gefahr für die öffentliche Sicherheit und Ordnung« umschließt. Wenn die Krankheit selbst nicht mit Angst verbunden ist, sind die Umstände der Aufnahme es gewiß.

Aufgabe des aufnehmenden Arztes und der Mitarbeiterinnen der Aufnahmestation ist es, zur Entängstigung beizutragen; Entgegenkommen und Hilfsbereitschaft zu zeigen und den Kranken mit der Stationsumgebung vertraut zu machen, die heute in der Regel nicht mehr so schrecklich ist, wie er es sich in seiner Angst vorgestellt hat. Ihm ist deutlich zu machen, daß die Katastrophe, die er erlebt hat, reparierbar ist, und – das scheint für viele Kranke außerordentlich wichtig zu sein – daß er nicht auf Dauer, wahrscheinlich nur kurze Zeit in der Klinik verbleiben muß.

Die Abschätzung der Suizidgefährdung

Ein Teil des Aufnahmegespräches ist der Versuch, die mögliche Suizidgefährdung abzuschätzen. Sie muß und kann angesprochen werden. Gerade wenn eine Gefahr besteht, reagieren Patienten auf die Frage in der Regel nicht mit Abwehr, sondern mit Erleichterung. Zur Abklärung gehört die Frage nach früherem suizidalem Verhalten und nach Suiziden und Suizidversuchen in der Familie oder im Bekanntenkreis. Auch bei relativer Sicherheit, daß keine Suizidgefährdung vorliegt, gehört zur Vorbeugung, daß der Patient am Aufnahmetag die Station nicht allein oder ohne Absprache verläßt. Kliniken handhaben das sehr unterschiedlich. In manchen gilt eine solche Absprache bis zum Ablauf des zweiten oder dritten Tages. Das gibt den Mitgliedern des Stationsteams eine Möglichkeit, sich ein sicheres Urteil zu bilden.

In unserem Krankenhaus wird seit einigen Jahren bei allen Patienten der Aufnahmestation eine tägliche routinemäßige Abschätzung der Suizidgefährdung aufgrund von klinischen Kriterien vorgenommen und dokumentiert. Der Stationsarzt und der Schichtführer des Pflegeteams gehen kurz und konzentriert die Liste der Patienten durch. Auf diese Weise wird sichergestellt, daß kein Patient aus dem Blickfeld gerät.

Offene und geschlossene Station

Mit zunehmender Öffnung der psychiatrischen Krankenhäuser hat die alte Streitfrage nach der Art der Unterbringung an Brisanz verloren. Die Entscheidung, ob ein Patient auf eine offene oder geschlossene Station eingewiesen wird, erfolgt zwar auch unter dem Blickpunkt einer möglichen Suizidgefährdung. Der häufigere Grund ist, daß man sicherstellen will, daß ein Patient sich nicht unbeobachtet entfernt. Patientinnen und Patienten mit akuter Suizidalität, die überwachungsbedürftig sind, werden selbstverständlich auf der geschlossenen Station aufgenommen. Bei latenter Suizidgefährdung ist die Entscheidung für die Auswahl der Station eher die Frage der Absprachefähigkeit: Ist der Patient in der Lage, sich auf ein Bündnis mit den Therapeuten einzulassen und mit diesen getroffene Absprachen zu halten?

Nicht selten hat der aufnehmende Arzt keine Wahl. Viele Patienten sind bereit, sich auf einer offenen, nicht aber auf einer geschlossenen Station behandeln zu lassen. Das Risiko, daß damit eine Verweigerung der Aufnahme verbunden wäre, ist dann meist größer als das der Behandlung auf der offenen Station.

Offene Stationen vermitteln den Patienten häufig nicht nur größere Freiheit. Sie sind in ihrem äußeren Rahmen auch weniger verbindlich. Das kann zu Vereinsamung und Isolierung führen. Gerade auf offenen Stationen muß immer wieder überprüft werden, wieviel Schutz, Geborgenheit und Verbindlichkeit sie ihrem Patienten vermitteln. Die

Kranken müssen spüren, daß die Mitarbeiter sich kümmern. Das geschieht vor allem auf dem Wege der persönlichen Zuwendung und der Strukturierung des Stationsmilieus. Eine institutionelle Hilfe zur Suizidprophylaxe ist es, daß Kranke, die die Station verlassen, sich ebenso selbstverständlich beim verantwortlichen Therapeuten abmelden, wie etwa in der Familie. Auf komplexen Stationen mit zahlreichen Mitarbeitern und Kranken bewährt es sich, ein Ausgangsbuch zu führen, in das der Kranke einträgt, wie lange er abwesend sein wird und wo er sich aufhält.

Unabhängig davon, ob die Unterbringung auf einer offenen oder geschlossenen Station erfolgt, gilt: akut Suizidgefährdete gehören unmittelbar nach der Aufnahme nicht in ein Einzelzimmer.

Die Sicherung der Information

Große Institutionen sind dadurch charakterisiert, daß Informationen, auch wichtige Informationen, immer wieder auf der Strecke bleiben: zwischen den Stationen, zwischen den Stationen und arbeits- und beschäftigungstherapeutischen Einrichtungen, zwischen den Schichten, zwischen Arzt und Pflegepersonal. Unangenehme Informationen scheinen besonders von diesem Schwund betroffen zu sein. Das gilt offensichtlich auch für Informationen über eine mögliche Gefährdung von Patienten.

Beispiel

Ein zweiundvierzigjähriger Patient, der seit langem latent suizidal ist, wird von einer Langzeitstation wegen krisenhafter Zuspitzung seiner Suizidgefährdung auf eine geschlossene Aufnahmestation verlegt, weil dort eine bessere Überwachung gewährleistet ist. Die Verlegung wird zwischen den akademischen Leitern beider Stationen abgesprochen. Im Hintergrund steht die Überlegung, ob man nach Abklingen der Suizidalität nicht noch einen Rehabilitationsversuch mit dem Ziel unternehmen solle, den Patienten doch noch in ein Wohnheim zu verlegen. Bei der Durchführung der Verlegung wird der Patient vom Pfleger der Herkunftsstation angemeldet. Dieser teilt seiner Kollegin auf der aufnehmenden Station mit, die Verlegung erfolge, weil ein Rehabilitationsversuch gemacht werden solle. Die Suizidgefährdung verschweigt er. Der Patient suizidiert sich wenige Stunden später, nachdem die Krankenschwester keinen Anlaß für eine besondere Überwachung gesehen hatte.

Ein Versuch, zu klären, was hier abgelaufen ist, ergab folgendes: Die aufnehmende Station hatte sich gegen die Verlegung gesträubt: »Immer, wenn ihr Probleme habt, mit denen ihr nicht fertig werdet, müssen wir einspringen«, lautete das Argument. Der Patient selbst erlebte die Verlegung als Strafe. Die verlegende Station hatte Schuldgefühle, weil sie der Problematik nicht gewachsen war. Unter diesem Blickwinkel war die Psychologie der Verlegung für alle Beteiligten leichter erträglich, wenn man die Suizidgefährdung runterspielte und sich auf die Sprachregelung verständigte: »Wir verlegen ja nicht wegen eines Problems, sondern weil wir dem Patienten noch eine Chance geben wollen.« Die verlegende Station war ihres Problems ledig, ohne Schuldgefühle empfinden zu müssen. Die Mitarbeiter der aufnehmenden Station fühlten sich geschmeichelt, weil man ihnen die weitere Förderung des Patienten zutraute.

Ähnliche Mechanismen laufen gerade bei Verlegungen immer wieder ab. Krankenhausstationen rivalisieren miteinander. Sie versuchen, Probleme zwischeneinander zu verschieben. Sie glauben, Verlegungen reibungsloser durchführen zu können, wenn sie ein Stück Information zurückhalten. Oft sind es natürlich nicht solche psychologischen Hemmnisse, die zu Informationsdefiziten führen. Oft ist es schlichte Schlamperei.

Wege innerhalb des Krankenhauses

Die Station ist Mittelpunkt der Behandlung. Aber viele Aktivitäten und Maßnahmen finden außerhalb der Station statt: Arbeits- und Beschäftigungstherapie, Laboruntersuchungen, Gymnastik, der Besuch in der Cafeteria. Psychiatrische Krankenhäuser sind meist weitläufiger als Allgemeine Krankenhäuser. Auf dem Weg von der Station oder dorthin zurück sind die Patienten der Aufsicht der Therapeuten entzogen. Nicht selten sind die Aktivitäten außerhalb der Station zudem mit Schwellenängsten und Belastungen behaftet. Jeder vierte Suizid, der sich innerhalb der letzten zehn Jahre in unserem Krankenhaus zugetragen hat, geschah anläßlich des Weges zur Arbeits- und Beschäftigungstherapie oder auf dem Rückweg. Die Begleitung der Patienten dorthin muß gesichert sein. Es muß überdacht werden, ob er belastbar genug ist, allein dorthin zu gehen. Es muß sichergestellt sein, daß eine Rückmeldung erfolgt, wenn er dort nicht ankommt.

Ausgang und Urlaub

Ausgang und Beurlaubung sind in psychiatrischen Krankenhäusern therapeutische Schritte. Die Belastungsfähigkeit des Patienten wird erprobt. Die Gewährung von beidem muß überdacht werden wie jede andere therapeutische Maßnahme auch. Ein schrittweises Vorgehen empfiehlt sich: Ausgang zunächst in Begleitung von therapeutischem Personal, dann in einer Gruppe von Mitpatienten, schließlich allein. Urlaub kann zunächst als Tagesurlaub gewährt werden, wenn Angehörige den Patienten holen und wiederbringen; in einem zweiten Schritt über Nacht usw. Das Milieu, in das beurlaubt wird, bedarf der Beachtung. Spannungszustände innerhalb der Familie von psychisch Kranken sind eher die Regel als die Ausnahme. Jede Beurlaubung ist eine Belastung. *Wir haben Anhaltspunkte, daß die Suizidrate im Wochenendurlaub besonders hoch ist* (HOFFMANN-RICHTER u. a. 1997). Das gilt, obwohl wir voraussetzen, daß Beurlaubungen nur erfolgen, wenn die Patientinnen und Patienten als ausreichend belastbar beurteilt werden.

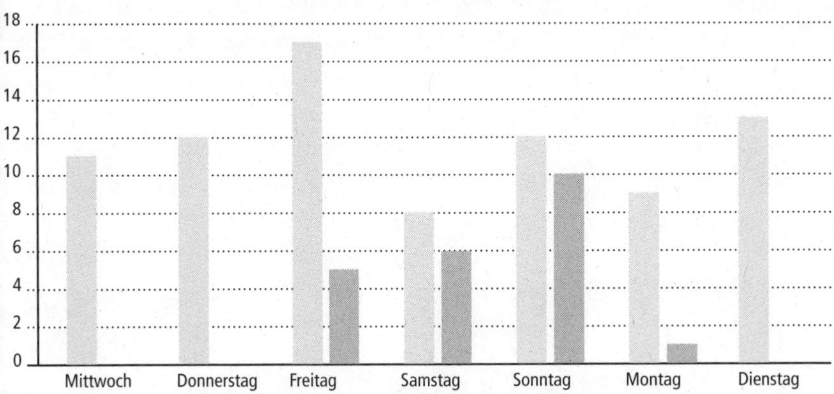

Suizide während der Beurlaubung: Suizide während des stationären Aufenthaltes ereignen sich dort, wo die Belasung am größten ist – während der therapeutischen Woche in der Klinik, am Wochenende im therapeutischen Urlaub oder während der Belastungserprobung zu Hause

Suizide total, Suizid während des Urlaubs

Besonders kritisch müssen Beurlaubungen aus besonderem Anlaß überlegt werden. Es gibt Ereignisse, denen sich Patient und Therapeut nur schwer entziehen können. Familienfeste gehören dazu. Diese können aber besonders belastend für den Patienten sein. Die Begegnung mit nahen und weitläufigen Angehörigen führt oft dazu, daß diese bohrend fragen, wann man denn wieder nach Hause komme, die mahnen, man möge sich doch zusammenreißen. Dekompensationen anläßlich solcher Begegnungen sind nicht selten. Wir haben zwei Suizide anläßlich von Familienfeiern zu verzeichnen gehabt.

Besondere Aufmerksamkeit anläßlich der Gewährung von Ausgang und Urlaub verdient die Frage der Medikation. Wenn Patienten noch hohe Dosen von Psychopharmaka benötigen, ist besondere Vorsicht am Platz. Dann besteht die Gefahr, daß Krankheitssymptome maskiert werden und daß eine stärkere Belastbarkeit als vorhanden vorgetäuscht wird. Bei Beurlaubungen ist zudem damit zu rechnen, daß die Medikamente nicht regelmäßig eingenommen werden.

Information und Einbeziehung der Angehörigen

Die Angehörigen müssen über ein Suizidrisiko informiert und in die Suizidverhütung miteinbezogen werden. Sonst kommt es zu einem Bruch der Betreuungskontinuität bei Besuchen oder Beurlaubungen. Über die allgemeine Möglichkeit einer Suizidgefährdung sollte mit Angehörigen von Kranken mit affektiven und schizophrenen Psychosen gesprochen werden. Bei aktueller oder latenter Suizidalität müssen sie ausdrücklich darauf hingewiesen und ermutigt werden, beunruhigende oder beängstigende Beobachtungen den Therapeuten mitzuteilen.

Nicht selten stellt sich nach einem Suizid heraus, daß Dritte über Informationen verfügten, die den Betreuern vorenthalten bleiben.

Beispiel

Eine vierundsiebzigjährige Patientin unserer Klinik beispielsweise äußerte gegenüber ihren Kindern während eines Besuches, sie halte es nicht mehr aus. Sie werde sich mit dem Gürtel ihres Bademantels erdrosseln. Diese Ankündigung erschien den Verwandten so bedrohlich, daß sie den Gürtel einpackten und mit nach Hause nahmen. Sie machten sich, wie sie hinterher berichteten, noch Gedanken über die Klingelschnur am Bett, die nach einem Schwächeanfall installiert worden war. Sie gingen aber doch nach Hause, ohne mit dem Arzt oder dem Pflegepersonal der

Station darüber zu sprechen. Wenige Stunden später erdrosselte sich die Patientin mit der Klingelschnur in ihrem Bett.

Zur Aufklärung der Angehörigen gehört auch der Hinweis darauf, besonders belastende Ereignisse im Verlauf von Beurlaubungen zu vermeiden. Erfahrungsgemäß gehören dazu Familienfeste und Begegnungen im größeren Kreis von Freunden und Nachbarn. Das sind Situationen, in denen es nicht möglich ist, individuell auf den genesenden Kranken einzugehen. Oft werden Kranke in solchen Situationen ziemlich plump darüber befragt, wie es ihnen gehe und warum sie noch nicht wieder arbeiteten. Auch Spannungen und Streitigkeiten innerhalb des Familienverbandes werden leicht aktualisiert.

Bei chronischen Spannungen in der Familie, die vor allem zwischen Erkrankten (Erwachsenen), Kindern und ihren Eltern bestehen, kann es sinnvoll sein, die Eltern an Selbsthilfegruppen für Angehörige zu verweisen. Bei schweren Spannungen muß nicht jedes Gespräch mit den Angehörigen im Beisein des Erkrankten geführt werden, wenn dieser zustimmt. Vor allem das mahnende Gespräch, bestimmte Belastungen zu vermeiden, ist für die Angehörigen schonender, wenn sie allein mit dem Therapeuten sprechen. Auch wenn sie selbst der Entlastung durch ein Gespräch bedürfen, wenn sie über ihre eigenen Probleme reden möchten, fällt es ihnen leichter, wenn der Kranke nicht dabei ist.

Verlegungen

Verlegungen innerhalb des psychiatrischen Krankenhauses können viele Gründe haben. Wir versuchen, einen Patienten von der Aufnahme bis zur Entlassung auf der gleichen Station zu behandeln, auch wenn er auf der geschlossenen Station zur Aufnahme gekommen ist. Auf diese Weise ist es leichter, eine Kontinuität der Behandlung durch das gleiche Team sicherzustellen. Es gibt aber organisatorische und therapeutische Gründe, die Verlegungen unabdingbar machen. Diese ist dann vorher mit dem Kranken zu besprechen. Er soll die aufnehmende Station möglichst vor dem Umzug kennenlernen. Die nachbehandelnden Therapeuten sind über Probleme und Risiken umfassend zu informieren. Gerade improvisierte Verlegungen aus Platzmangel können als Zurückweisung erlebt werden und zur Entwurzelung führen. Patientensuizide unmittelbar nach der Verlegung von einer Station auf die andere sind nicht selten.

Therapeutenwechsel

Ähnliche Überlegungen gelten für den Wechsel von Therapeuten. Dieser ist unvermeidbar. Aber er muß vorbereitet werden. Der Stationsarzt muß ankündigen, wenn er in Urlaub geht oder wenn er im Rahmen der Weiterbildung auf eine andere Station versetzt wird. Unter solchen Voraussetzungen ist es hilfreich, daß der Patient ja nicht vom Arzt alleine behandelt wird, sondern daß das ganze Team einer Station die Behandlung und die Beziehung zum Patienten trägt. Dies kann aber nur funktionieren, wenn ein Pflegedienstplan erstellt wird, der unnötiges Springen von Mitarbeitern zwischen den Stationen vermeidet.

Entlassung

Das gefährlichste an der psychiatrischen Klinikbehandlung ist die Entlassung. Das ist drastisch formuliert, aber es trifft zu. Innerhalb der ersten drei Monate nach der Entlassung ereignen sich etwa genauso viele Patientensuizide wie während des stationären Aufenthaltes. Für die Entlassung gilt in mancher Hinsicht dasselbe wie für die Gewährung von Ausgang und Urlaub. Nur bleibt dem entlassenen Patienten nicht der komplikationslose Rückweg in die schützende Klinik. Die Entlassung muß vorbereitet werden. Das ist eine Binsenwahrheit. Im Alltag erfolgt sie aus Bettennot oder aus Ungeduld, nicht selten überstürzt.

Zur Entlassungsvorbereitung gehört die Klärung, in welcher Weise die Nachbehandlung erfolgt und wer sie übernimmt. Bei uns hat es sich bewährt, daß der Patient bereits vor der Entlassung Kontakt mit dem nachbehandelnden Arzt oder dem Sozialpsychiatrischen Dienst aufnimmt und damit die Schwellenangst vor der neuen Situation vermindert.

Risiken des Wandels

Die Psychiatrie erlebt seit drei Jahrzehnten einen tiefgreifenden Wandel. Die Grundorientierung der kustodialen Psychiatrie ist durch eine therapeutische und rehabilitative Haltung abgelöst worden. In den fünfziger Jahren erlebten wir die Einführung der psychiatrischen Pharmakotherapie durch Neuroleptika und Antidepressiva. In den sechziger Jahren wurde allenthalben mit der therapeutischen Gemeinschaft experimentiert. Soziotherapeutische und rehabilitative Konzepte wurden ausprobiert. Die Beschäftigungstherapie wurde ausgeweitet. Die anstaltszentrierte Arbeitstherapie wich Konzepten der industriellen Arbeitstherapie, die inzwischen selbst wieder umstritten sind. Überall wurde neu gebaut. Männer und Frauen wurden auf den gleichen Stationen behandelt. Die Krankenhäuser wurden geöffnet. Die rechtlichen Bedingungen und die Einstellung der Bevölkerung änderten sich. Das Personal wurde beträchtlich vermehrt. Neue Berufsgruppen, wie Psychologen, Sozialarbeiter, Beschäftigungstherapeuten, kamen ins Krankenhaus. Eine altersmäßige Generationsablösung erfolgte vor allem im Bereich des Ärztlichen Dienstes.

Die Veränderungen sind im Grundsatz begrüßenswert. Niemand will das Rad zurückdrehen. Aber man muß sehen, daß dieser rasche Wandel nicht ohne Probleme, Konflikte und Irrtümer ablaufen konnte. In der Literatur zum Patientensuizid findet sich kaum einer dieser Entwicklungsschritte, der nicht in der einen oder anderen Studie angeschuldigt wurde, Ursache für den Anstieg der Suizide in psychiatrischen Krankenhäusern zu sein: die Pharmakotherapie, die intensive Soziotherapie in Form von Rehabilitation, die Psychotherapie bei bestimmten Kranken, die Personalvermehrung, die Öffnung von Stationen, die »humanere« Krankenbehandlung ganz allgemein.

Ich bin inzwischen überzeugt davon, daß alle diese Überlegungen falsch sind, daß sie aber einen richtigen Kern haben. Es sind nicht die einzelnen Aspekte des Wandels, sondern es ist der Wandel selbst, der für eine Übergangszeit das Risiko unserer Patienten im Hinblick auf eine Suizidgefährdung erhöht. Die Neueinführung von therapeutischen Konzepten ist mit Irrtümern verbunden. Sie hat zum Teil zu Überforderungen von Patienten geführt. Sie hat zur Abschaffung von alten schützenden Routinen und zur Verunsicherung der Mitarbeiter der Institutionen geführt.

Auf der anderen Seite haben diese neuen Konzepte es möglich gemacht, mehr Patienten rascher wieder nach Hause zu entlassen und vielen anderen ein Leben außerhalb des Krankenhauses in einer beschützenden Umgebung zu ermöglichen. Erst allmählich setzt eine Konsolidierung ein. Ich halte es für wahrscheinlich, daß die Suizidrate in psychiatrischen Krankenhäusern mit der Etablierung neuer Routinen und Selbstverständlichkeiten wieder sinken wird.

Es gibt allerdings Entwicklungen, die nicht in der Hand des Therapeuten liegen. Diese bestehen in der veränderten gesellschaftlichen

Einstellung zu der Berechtigung, die Selbstbestimmung des psychisch Kranken außer im Fall eindeutiger Gefahr zu beschneiden. Ich bin mir nicht sicher, ob dies langfristig Auswirkungen auf die Suizidquote hat. Es erhöht auf jeden Fall unsere Verantwortung als Therapeuten. Es fordert uns heraus, unser therapeutisches Repertoire zur Erkennung und Behandlung der Suizidgefährdung bei psychisch Kranken zu erweitern und zu verfeinern.

17 Spezielle Aspekte der Suizidprophylaxe während der ambulanten Behandlung

Suizide während der ambulanten Behandlung sind häufiger als im psychiatrischen Krankenhaus. Sie werden nicht so sichtbar, weil sie eine größere Zahl von Ärzten, Sozialpsychiatrischen Diensten und Beratungsstellen betreffen.

Der Suizid während der ambulanten Behandlung erschüttert den Behandelnden aber ebenso wie während des Krankenhausaufenthaltes, wenn eine enge und langdauernde therapeutische Beziehung bestanden hat. Es bedroht ihn in seiner beruflichen und persönlichen Identität. Er wirkt auf seine Art des Umgangs mit anderen Patienten zurück. Dagegen sind die Auswirkungen auf das institutionelle Gefüge in der Regel weniger schwerwiegend. Das liegt zum einen daran, daß ambulante Dienste weniger komplexe Institutionen sind als Krankenhäuser. Es liegt aber auch daran, daß die therapeutische Beziehung im ambulanten Raum sehr viel stärker durch die unmittelbare Beziehung zwischen einem Behandelnden und dem Patienten in einer therapeutischen Zweierbeziehung geprägt ist. Die Mitpatienten spielen eine geringere Rolle. Das gleiche gilt in der Regel für die anderen Mitarbeiter der Praxis oder des ambulanten Dienstes, die nicht in unmittelbarer therapeutischer Beziehung zum Patienten stehen.

Zudem wird der Suizid im ambulanten Rahmen von Therapeuten und Betreuern nicht als so einschneidend erlebt wie in der Klinik, wenn der Patient nur in lockerer Betreuung steht, wenn er in größeren Abständen zur Behandlung kommt oder wenn dem Suizid ein Behandlungsabbruch vorausgegangen ist.

Ereignet der Suizid sich Wochen oder Monate nach dem letzten Kontakt, ist man nicht mehr verantwortlich.

Andere Regeln

Die Regeln der ärztlichen Praxis verbieten es, dem Patienten allzu penetrant nachzulaufen und ihn anzuhalten, die Behandlung fortzusetzen. Ärztliches Selbstverständnis und Standesregeln verlangen, daß der Kranke den Arzt aufsucht. Die in der Psychiatrie traditionsreiche »nachgehende Fürsorge« sprengt den Rahmen der üblichen ärztlichen Praxis. Damit wird bereits ein Kernproblem der Suizidprophylaxe bei psychisch Kranken mit chronisch-rezidivierenden Leiden sichtbar: die zerbrechliche Behandlungs- und Betreuungskontinuität.

In vieler Hinsicht unterscheiden sich die Probleme der Suizidprophylaxe während der ambulanten Behandlung nicht von jenen während des Klinikaufenthaltes. Es gilt, die Suizidgefährdung zu erkennen und sich ihr im Gespräch zu stellen. Es gilt, Krisenintervention zu leisten und die Grunderkrankung zu behandeln. Es gilt, die Risiken von psychotherapeutischen, soziotherapeutischen und medikamentösen Interventionen zu beachten. Es gibt jedoch einen entscheidenden Unterschied zwischen Klinik- und ambulanter Behandlung. Der Klinikpatient befindet sich in ununterbrochener Betreuung. Der ambulante Patient sucht den Therapeuten ein- oder zweimal im Monat auf, manchmal seltener. Allenfalls während der systematischen Psychotherapie oder in Krisensituationen werden die ambulanten Kontakte häufiger.

Die Mitarbeiter der ambulanten psychiatrischen Dienste arbeiten ohne Netz. Sie müssen ihre Beurteilung der Situation innerhalb weniger Minuten treffen und daraus die Schlußfolgerungen für die kommenden Wochen ziehen. Es ist zwar richtig, die ambulanten Patienten sind in der Regel nicht so akut krank wie die Klinikpatienten. Sie sind oft dennoch schwer krank. Sowohl Patienten mit affektiven Psychosen wie mit chronisch-rezidivierenden schizophrenen Psychosen sind mit einem hohen Suizidrisiko behaftet. Sie sind über lange Zeiträume zumindest latent suizidal und geraten immer wieder in suizidale Krisen. Patienten mit diesen Merkmalen konzentrieren sich in der Klientel von Sozialpsychiatrischen Diensten und von Krankenhausambulanzen. Wir müssen erwarten, daß die ambulante Behandlung unter diesen Voraussetzungen weniger zielsicher Suizidprophylaxe leisten kann als stationäre. Dennoch gibt es Möglichkeiten, Risikosituationen zu identifizieren und Vorkehrungen zu treffen.

Einige Aspekte solcher Risikosituationen und möglicher Maßnahmen sollen im folgenden erörtert werden. Im übrigen sei auf das Psychotherapiekapitel verwiesen, in dem die ambulante Behandlung von Suizidgefährdeten eine zentrale Rolle spielt.

Die Entscheidung über Krankenhauseinweisung

Es gibt verschiedene Gründe, einen psychisch Kranken in die psychiatrische Klinik einzuweisen: die Schwere und Akutheit der Symptomatik; die Gefährdung Dritter und die Selbstgefährdung; schließlich die Unzulänglichkeit der Erkrankung bei einer länger andauernden ambulanten Behandlung. Hier soll uns nur die Problematik der Selbstgefährdung beschäftigen. Sie muß bei jeder schizophrenen Erkrankung und bei jeder schweren Depression bedacht und mit der gebotenen Sorgfalt geprüft und abgefragt werden.

Hat man sie erkannt, ist das Ausmaß der Gefährdung abzuwägen. Kriterien dafür sind die Intensität von Suizidgedanken und -phantasien, vorangegangene Suizidhandlungen und die Verknüpfung der Krankheitssymptomatik mit der suizidalen Gefährdung. Dazu gehört auch das Ausmaß von Hoffnungslosigkeit, Verzweiflung und Ausweglosigkeit, das der Kranke erlebt. Schließlich müssen die Überlegungen einbezogen werden, wieviel Unterstützung er von seinen Angehörigen und Freunden erfahren kann, ob ihre Art, mit ihm umzugehen, hilfreich ist oder ob sie nicht möglicherweise sogar zu einer Verschärfung seiner Krise beiträgt.

Entscheidendes Kriterium für die Beurteilung des Ausmaßes der Suizidgefährdung ist auf diesem Hintergrund die Beurteilung der Absprachefähigkeit des Kranken. Besteht eine deutliche Suizidalität in Verbindung mit einer schizophrenen oder depressiven Psychose oder einem organischen Psychosyndrom, muß der Kranke als außerordentlich gefährdet angesehen werden. Die Art seiner Erkrankung macht es dann unwahrscheinlich, daß er seine Lebenssituation realitätsgerecht sieht, daß er situationsgerecht handeln kann und daß er ein therapeutisches Bündnis eingehen kann. Seine Absprachefähigkeit ist dann durch krankheitsbedingte Veränderungen von Wahrnehmung und Gefühlen beeinträchtigt. Er kann plötzlich einschießenden Suizidimpulsen bei gleichzeitig verminderten Möglichkeiten der Kontrolle des eigenen Verhaltens unterworfen werden.

In dieser Situation ist die Krankenhauseinweisung der sichere Weg, obwohl wir erfahren mußten, daß immer wieder Kranke, die wir wegen Suizidgefährdung in die Klinik einwiesen, dort den Suizid vollzogen. Die Entscheidung der Einweisung fällt unter solchen Voraussetzungen leicht, wenn der Kranke sich dazu bereit findet. Der Arzt gerät in einen Entscheidungskonflikt, wenn der Kranke sich verweigert. Dann muß die Entscheidung über eine Unterbringung gegen den Willen des Patienten getroffen werden. Entscheidungskriterium ist die vorhandene oder fehlende Absprache- und Bündnisfähigkeit, die nur in Ausnahmefällen bei anderen Störungen als Psychosen oder intoxikationsbedingten Bewußtseinsstörungen so schwer beeinträchtigt ist, daß eine Einweisung gegen den Willen des Patienten statthaft ist.

Weil das so ist, muß die Differentialdiagnose Persönlichkeitsstörung / endogene Depression, Borderline-Syndrom / schizophrene Erkrankung mit besonderer Sorgfalt getroffen werden. Denn die Diagnose geht mit Sicherheit in den Prozeß der Entscheidungsfindung ein. Bei der Analyse von Suiziden während der ambulanten Behandlung haben uns die verantwortlichen Therapeuten wiederholt versichert: »Hätte ich die Krankheit damals als endogene Depression eingeschätzt (als schizophrene Psychose), hätte ich mich sicher zu einer Zwangseinweisung entschlossen.«

Die Sicherung der Nachsorge

In den ersten drei Monaten nach der Klinikentlassung ereignen sich ebenso viele Suizide wie während der gesamten stationären Behandlung. Die meisten davon geschehen innerhalb der ersten vier Wochen nach der Rückkehr aus dem Krankenhaus. Die Gründe dafür sind nachvollziehbar. In der Klinik ist der Patient von seinen Alltagspflichten entlastet. Seine persönlichen Beziehungen sind teilweise suspendiert. Er wird in einem Schonraum behandelt. Mit der Klinikentlassung ist er in der Regel nicht vollständig wiederhergestellt. Er ist weiterhin vermindert belastbar. Auf der anderen Seite ist er mit Erwartungen aus der familiären und der beruflichen Umgebung konfrontiert, daß er nun doch wieder funktionieren möge. Zugleich hat er die beschützende Klinikumgebung verloren, in der sein soziales Handeln auch beim Versagen niemals schwerwiegende Konsequenzen hat.

Mit der Entlassung ist eine einschneidende Veränderung der Art der psychiatrischen Behandlung verbunden. Er tritt nicht nur in ein völlig anders geartetes therapeutisches System über. In der Regel wechseln auch die Personen, die ihn betreuen. Der Arzt und die Krankenschwester sind nicht mehr jederzeit zugänglich. Der Therapeut in der Praxis oder in der Beratungsstelle ist nur in Krisensituationen außerhalb des vereinbarten Termins zu sprechen. Die Dichte der therapeutischen Betreuung wechselt mit der Entlassung aus der Klinik schlagartig.

Alles dies tritt günstigenfalls ein, wenn eine Nachbehandlung vorbereitet ist, wenn der Kranke weiß, wer sich um ihn kümmert, wenn er bei der Klinikentlassung einen ersten Termin verabredet hat. Das ist oft nicht der Fall. Gerade bei Ersterkrankungen wird dem Patienten bei der Entlassung mit auf den Weg gegeben, er möge sich einen Psychiater suchen oder eine Beratungsstelle aufsuchen. Es ist mit den üblichen Schwierigkeiten verbunden. Oft weiß der Kranke nicht, an wen er sich wenden soll, und wenn er es tut, wird er nicht selten zurückgewiesen. Wiederum günstigenfalls erhält er einen Termin, der aber nicht in unmittelbarer zeitlicher Nähe liegen muß.

Alle diese Schwierigkeiten sind bekannt. Bei einer sorgfältigen Entlassungsplanung sind sie auch lösbar. Sobald sich abzeichnet, daß der Patient in absehbarer Zeit nach Hause zurückkehren kann, ist die Frage der Nachsorge mit ihm zu besprechen. Zu wem möchte er gehen? Ist er dort schon bekannt? Wenn er niemanden hat, muß er entsprechend beraten werden. Wenn er den Nachbehandelnden noch nicht kennt, sollte er vor der Entlassung Gelegenheit haben, ihn aufzusuchen. Das ist über die Gebührenordnung nicht abzurechnen, aber dennoch machbar. Mitarbeiter der Sozialpsychiatrischen Dienste kommen überdies oft regelmäßig ins Krankenhaus, um sich Patienten aus ihren Bezirken zur Verfügung zu stellen. Auf jeden Fall muß der Patient bei der Entlassung wissen, wann er den ihn nachbetreuenden Therapeuten aufsuchen kann.

Diese Forderungen klingen selbstverständlich. Sie sind aber nur dann einzulösen, wenn die Therapeuten der Klinik ausreichend Zeit zur Entlassungsvorbereitung haben. Pannen bei der Weiterbetreuung sind besonders häufig, wenn Patienten vorzeitig aus dem Krankenhaus drängeln, wenn sie die Klinik gegen ärztlichen Rat verlassen. In solchen Fällen treten zusätzliche Komplikationen hinzu. Oft ist die Medikation noch unvertretbar hoch, oder die fortbestehenden Krankheitssymptome machen Absprachen mit dem Patienten zum Problem.

Dennoch lohnt es sich, unter dem Gesichtspunkt der Suizidprophylaxe den Weg der konsequenten Sicherung der Nachsorge zu beschreiten. In unserer Krankenhausambulanz gelang es, die Suizidrate innerhalb der ersten drei Monate nach der Entlassung durch solches Vorgehen auf einen Bruchteil der aus der Literatur bekannten Zahlen zu senken. Bei den drei Patienten, die sich dennoch kurze Zeit nach der Krankenhausentlassung (innerhalb von 14 Tagen) suizidierten, lagen entsprechende komplizierende Bedingungen vor:

Beispiele

Ein 39jähriger Forstbeamter mit einer akuten schizophrenen Psychose war zwei Tage nach Krankenhausaufnahme auf richterliche Anordnung entlassen und der Ambulanz zugewiesen worden. Die ambulante Behandlung mit einer notwendigen, extrem hohen neuroleptischen Medikation war nur übernommen worden, weil keine unmittelbare rechtliche Möglichkeit bestand, den Patienten wieder ins Krankenhaus einzuweisen.

Ein 22jähriger Abiturient, der die Tagesklinik gegen ärztlichen Rat verlassen hatte und bei dem nach amtsärztlichem Zeugnis keine Indikation für eine Unterbringung gegen seinen Willen bestand, stellte sich nicht wieder in der Ambulanz vor.

Eine 41jährige Hausfrau war zweimal vorzeitig aus der Klinik entlassen worden, weil auch hier – zu Recht oder zu Unrecht – keine Möglichkeit gesehen wurde, eine gesetzliche Unterbringung zu erreichen. Zwischen den Mitarbeitern der Ambulanz und der Station bestanden hierüber unterschiedliche Auffassungen.

Bei allen drei Fällen ist festzuhalten, daß von seiten der Ambulanz eine Gefährdung der Patienten gesehen wurde, daß hier aber rechtliche und psychiatrische Gesichtspunkte ineinandergriffen, deren Ergebnis der fatale Ausgang war.

Die Gewährleistung der Behandlungskontinuität

Bei der Betreuung von chronisch suizidgefährdeten psychisch Kranken ist die Sicherung der personalen Betreuungskontinuität von entscheidender Bedeutung. Bei häufigem Personalwechsel steigt die Zahl der Behandlungsabbrüche. Deswegen sind Arztpraxen in mancher Hinsicht besser für solche Aufgaben geeignet als Polikliniken und Beratungsstellen. Das gilt mit einer Einschränkung: wenn der dafür qualifizierte Arzt sich persönlich um den Kranken kümmert und nicht wechselnde Sprechstundenhilfen die Betreuung übernehmen.

In Sozialpsychiatrischen Diensten und Krankenhausambulanzen kann die Kontinuität der personalen Betreuung, die über Jahre andauern muß, auch bei wechselnden Assistenzärzten gewährleistet werden, wenn ein Oberarzt die Kontinuität des Behandlungsstils gewährleistet und eine Krankenschwester oder ein Krankenpfleger die Aufgabe der soziotherapeutischen unterstützenden psychotherapeutischen Betreuung übernimmt. Sie/er müssen bereit sein, sich die Alltagssorgen der Patienten anzuhören, sie zu ermutigen, ihnen bei der Lösung kleiner sozialer Probleme zu helfen, mit den Angehörigen zu sprechen, gelegentlich einen Hausbesuch zu machen. Dann werden sie ein Gespür für die Lebens- und Krankheitssituation der Dauerpatienten erwerben und die herannahende Krise rechtzeitig erkennen.

Der Arzt spielt bei solchen Formen der Betreuung gelegentlich eine sekundäre Rolle. Die Patienten müssen nicht selten geradezu überredet werden, ihn regelmäßig zu sehen. Aber möglicherweise ist diese Form gerade deswegen besonders wirksam. Die Kranken haben gegenüber dem Arzt eine Scheu, sich zu öffnen, möglicherweise, weil ihnen ihre Probleme dafür nicht wichtig genug erscheinen, möglicherweise aber auch, weil er nicht genügend Zeit aufwenden kann.

Intermittierende Krisen machen auch bei kontinuierlicher Betreuung gelegentliche Krankenhausaufnahmen erforderlich. Oft handelt es sich dabei nicht einmal um Krankheitsrezidive, sondern um Zuspitzungen innerhalb der Familie, die eine vorübergehende Entlastung beider betroffener Seiten notwendig machen. Allerdings bleibt festzuhalten, daß auch bei sorgfältiger und dauerhafter ambulanter Betreuung Suizide nicht ausbleiben. Sie können sich dann auch nach langer Behandlungsdauer ereignen. In unserer Ambulanz waren es in zehn Jahren fünf Patienten mit Psychosen aus dem schizophrenen Formenkreis, die sich nach mehr als 30 Monaten der Behandlung in der Ambulanz das Leben nahmen.

Die Einbeziehung der Angehörigen

Die Einbeziehung der Angehörigen ist während der ambulanten Behandlung von noch größerer Bedeutung als während der Klinikbehandlung. Regelmäßige Gespräche mit ihnen, zusammen mit dem Patienten, gehören zur ambulanten Nachsorge. Der Abbau von unabdingbaren Spannungen zwischen dem Kranken und den Menschen, mit denen er zusammenlebt, ist wichtiger Bestandteil der ambulanten Betreuung von Psychosekranken und der Suizidprophylaxe nach der Klinikentlassung. Bei chronischen Spannungszuständen sollten die Angehörigen an Selbsthilfegruppen verwiesen werden, in denen sie sich über ihre eigenen Probleme im Umgang mit dem Kranken austauschen können. Zugleich trägt ein Vertrauensverhältnis zu ihnen dazu bei, daß sie sich in Krisenzeiten an den behandelnden Arzt wenden. Das gilt nicht nur bei Krankheitsrezidiven, sondern vor allem auch bei sich anbahnenden suizidalen Krisen. Angehörige fühlen sich oft nicht ernstgenommen und vom Therapeuten abgelehnt. Diese Problematik sollte der Therapeut gelegentlich selbst ansprechen. Auf jeden Fall sollte er sie ermutigen, unverzüglich anzurufen, wenn sie sich ängstigen.

Kranke, die sich nicht helfen lassen können

In der Ambulanz wie in der Klinik begegnen wir immer wieder Patienten, die sich nicht helfen lassen können. Sie suchen die Behandlung auf, wenn sie akute ängstigende oder paranoide Symptome haben, oder wenn sie depressiv verstimmt sind. Sie brechen die Behandlung ab, sobald eine leidliche Besserung eingetreten ist. Gerade solche Patienten leiden oft unter massiven Schwankungen ihres Befindens. Sie geraten immer wieder in suizidale Krisen. Sie lehnen eine Medikamentenbehandlung ab. Sie versuchen, vorzeitig die Arbeit wiederaufzunehmen und scheitern. Sie geraten in Beziehungskrisen, weil die Partner schließlich ebenfalls ihr Verhalten und die enormen Schwankungen ihres Befindens nicht mehr aushalten können.

Der Versuch, solche Kranke unter Rückgriff auf das Unterbringungsrecht zu einer kontinuierlichen Behandlung zu zwingen, scheitert in der Regel. Sobald der Zustand vorbei ist, der eine Unterbringung gegen den Willen rechtfertigt, entziehen sie sich erneut.

Solche Patienten sind vor allem in der Nachbehandlungsphase einem hohen Suizidrisiko ausgesetzt. Sie lösen bei Therapeuten und Betroffenen Rat- und Hilflosigkeit aus. In der Tat bleibt nicht viel mehr zu tun, als Geduld zu üben, ihnen nicht mit Ärger, sondern mit freundlicher Zuwendung entgegenzukommen und immer wieder darauf hinzuwirken, sich doch einer kontinuierlichen Behandlung zu unterziehen. Gelegentlich lernen die Betroffenen schließlich doch aus ihren Erfahrungen mit der Erkrankung. Oft werden sie zu einer ständigen Geduldsprobe für Angehörige und Therapeuten. Ablehnung und Zurückweisung, und damit eine Erhöhung der Suizidgefahr, kann die Konsequenz sein. Auf negative Gegenübertragungskonstellationen ist bei der Behandlung solcher Patienten besonders zu achten.

Gibt es einen Werther-Effekt während der ambulanten Behandlung?

Die Frage nach dem Werther-Effekt in der ambulanten Behandlung erscheint auf den ersten Blick widersinnig. Die Patienten haben Einzelkontakte mit dem Therapeuten. Sie nehmen allenfalls gelegentlich an Gruppen teil; oder sie nehmen das Angebot eines Kaffeenachmittags wahr. Die Kontakte zwischen den Kranken scheinen eher gering zu sein. Doch dieser Eindruck täuscht. Gerade in Sozialpsychiatrischen Diensten, in Nachsorgeambulanzen und in psychiatrischen Beratungsstellen bleibt die Patientenklientel oft über Jahre stabil. In dieser Zeit entwickeln sich sehr wohl persönliche Bindungen und Kontakte. In unserer Ambulanz haben sie sich in Freundschaften, Partnerschaften und Eheschließungen niedergeschlagen. Deshalb müssen wir auch in der Ambulanz damit rechnen, daß ein Patientensuizid andere Kranke verstört und latente Suizidgedanken und Phantasien bei ihnen aktualisiert. Ein eindrucksvolles Beispiel dafür erlebten wir in unserer Tübinger Tagesklinik, wo die ambulanten Nachsorgepatienten viel heftiger auf einen Suizid reagierten als die Tagespatienten. Sie beschuldigten uns, wir würden ihre Mitpatienten verrecken lassen. Einer von ihnen dekompensierte völlig unter der Einwirkung der Nachricht des Suizids des ihm nur oberflächlich bekannten früheren Mitpatienten. Er drohte, er werde sich auch umbringen, aber vorher noch einen von uns mitnehmen. Er mußte stationär aufgenommen werden. Es dauerte Wochen, bis er sich wieder gefangen hatte.

Schlußbemerkungen

Die ambulante Arbeit mit suizidgefährdeten psychiatrischen Patienten ist für die Therapeuten mit hohen Belastungen verbunden. Die ambulante Tätigkeit bleibt weitgehend eine Arbeit ohne Netz. Nicht jede Unsicherheit beim Therapeuten kann ein Anlaß zur Einweisung des Kranken sein. Nicht jede begründete Einweisungsindikation kann auch durchgeführt werden, wenn der Kranke sich sträubt. Das Unterbringungsrecht greift nicht immer, wenn dies aus der Sicht des Therapeuten wünschenswert wäre. Der Gesetzgeber und die Gerichte haben einen breiten Ermessensspielraum zwischen dem Anspruch des Kranken auf Freiheit und Selbstbestimmung und der Abwehr einer dringlichen unmittelbaren Gefährdung gegen seinen Willen gelassen. Dieser wird von den Gerichten unter Inkaufnahme eines erhöhten Risikos zunehmend zugunsten von Freiheit und Selbstbestimmung interpretiert. Dem Therapeuten bleibt dann die Angst. Damit diese nicht in versteckte Aggressionen auf den Kranken umschlägt, ist es notwendig, daß er sich in regelmäßigen Teambesprechungen, in Balint-Seminaren oder in Einzelsupervision Entlastung verschaffen kann.

18 Suizid als Nachahmungshandeln

Der Werther-Effekt

Als GOETHES »Leiden des jungen Werther« in den siebziger Jahren des achtzehnten Jahrhunderts rasch Verbreitung fand, beobachtete man überall im deutschsprachigen Raum eine Häufung von Suiziden mit der gleichen Methode bei jungen Männern in einer ähnlichen Lebenssituation. Es ist niemals nachgewiesen worden, ob es tatsächlich eine solche Vermehrung gegeben hat oder ob die traurige Geschichte von der Liebe und dem Tod des jungen Werther lediglich eine Verknüpfung ohnehin stattfindender Selbsttötungen mit dem Werk des Dichters nahelegte. Dieser Werther-Effekt, wie er seither genannt wird, hat die psychiatrische und die Suizidforschung schon früh beschäftigt. Eine Untersuchung von SCHMIDTKE und HÄFNER (1986) über eine Erhöhung der Rate der Eisenbahnsuizide junger Leute nach der zweimaligen Ausstrahlung der Fernsehserie über den Tod eines Schülers bekräftigt die Existenz eines solchen Effekts. Zwei neuere Übersichtsarbeiten von STACK (1991) und GOULD (1990) bestätigen ihn ebenfalls.

Suizidserien in der Klinik

Vieles spricht dafür, daß wir auch innerhalb des psychiatrischen Krankenhauses mit einem solchen Werther-Effekt rechnen müssen. Das Krankenhaus ist eine relativ abgeschlossene kleine Welt für sich. Es verfügt nach der Überwindung der kustodialen Psychiatrie über ein dichtes Kommunikationsnetz, das auch die Patienten einbezieht. Nachrichten über Suizide und Suizidversuche und andere besondere Vorkommnisse verbreiten sich über gemeinsame soziale Aktivitäten in Arbeits- und Beschäftigungstherapie, in der Cafeteria und an anderen Begegnungsstätten. Daß sie Imitationsphantasien und Imitationshandlungen auslösen ist schon deswegen wahrscheinlich, weil in einer psychiatrischen Klinik psychisch kranke Menschen in einer Gemeinschaft leben, die überdurchschnittlich suizidgefährdet sind. Sie kommen wegen akuter Gefährdung zur Aufnahme, sind im Verlauf ihrer Krankheit immer wieder latent suizidal oder denken wenigstens an den Suizid als Möglichkeit, ihr Leiden zu beenden. Jeder dritte Patient unserer Klinik hat einen Suizidversuch hinter sich. Unter diesen Umständen muß der Suizid eines anderen Patienten als Ereignis in Betracht gezogen werden, das für andere zum Vorbild wird und Motivationsketten zur Nachahmung auslösen kann.

Im Zusammenhang mit einer Suizidserie in unserem Krankenhaus habe ich konkrete Hinweise dafür gefunden, daß eine solche Verknüpfung tatsächlich vorliegt. Diese bestanden u. a. in der Gleichzeitigkeit der Anwesenheit, in persönlichen Beziehungen zwischen den Betroffenen, in der Wahl der gleichen Suizidmethode, im engen zeitlichen Zusammenhang von Tagen und Wochen, in persönlichen Äußerungen der Betroffenen vor dem Suizid. Auf die ausführliche Darstellung im »Patientensuizid« (FINZEN 1988) sei verwiesen.

Ein besonders eindrucksvoller Beleg sind die Ereignisse eines Frühsommertages im Jahre 1985 in unserem Krankenhaus, als es nach einjährigem Intervall ohne Suizide zu einer Eskalation von selbstzerstörerischer Gewalt kam:

Beispiel

Gegen 11.00 Uhr stürzte sich eine einundzwanzigjährige Patientin mit einer Psychose aus dem schizophrenen Formenkreis aus dem regelwidrig geöffneten Fenster einer im zweiten Stock gelegenen geschlossenen Station. Sie wollte sich nicht das Leben nehmen. Sie wollte nach Hause und verkannte in der Psychose die Gefährlichkeit der Situation. Sie zog sich mittelschwere Verletzungen zu. Aber der Sturz aus dem Fenster beschwor eine dramatische Situation mitten im Krankenhaus herauf. Notarztwagen, Rettungshubschrauber und ein Menschenauflauf spiegelten die Lust an der Sensation. Viele Therapeuten fühlten sich in der Berechtigung ihrer Ängste bestätigt. Die näheren Umstände wurden erst viel später geklärt.

Fast gleichzeitig versuchte in der Beschäftigungstherapie eine Patientin einer gerade wiedergeöffneten Station, sich auf untaugliche Weise durch Einatmen von Methangas das Leben zu nehmen. Sie wurde von Anfang an beobachtet und auf ihre Station zurückgeschickt. Die Station wurde dieser Patientin wegen vorübergehend wieder geschlossen. Drei Stunden später verließ eine andere Patientin mit Erlaubnis des Stationspersonals die Klinik, um Besorgungen in der Stadt zu erledigen. Statt dessen fuhr sie nach Hannover, wo sie sich mit Hilfe eines Föns in der Badewanne suizidierte. Zwei Tage später warf sich ein sechsundzwanzigjähriger junger Mann während seiner Beurlaubung in der Stadt vor den Zug. Er war Patient einer Station, die unmittelbar unter jener gelegen war, aus deren offenem Fenster zwei Tage vorher die andere junge Patientin gesprungen war.

Zufall oder Verknüpfung? Es gibt bei beiden Patienten keinen Beweis. Sicher ist jedoch, daß im Zusammenhang mit den beiden Suizidversuchen im Krankenhaus eine blitzartige Panikstimmung, eine Atmosphäre von suizidaler Gewalt eskaliert war, die sich im Anschluß an den ersten Suizid bei den Mitarbeitern noch zugespitzt hatte. Sicher ist auch, daß sich die vorangegangenen Ereignisse – die beiden Suizidversuche – auf den entsprechenden Stationen sofort herumgesprochen hatten. Das gilt in besonderem Maße für den Sturz aus dem Fenster, der sich vor aller Augen ereignet hatte.

Offene Kommunikation als Risikofaktor

Aufgrund unseres derzeitigen Wissensstandes muß die Gefahr eines Imitationshandelns bei der Suizidprophylaxe im psychiatrischen Krankenhaus Berücksichtigung finden. Es kann sogar sein, daß solche Nachfolgesuizide beim Anstieg der Suizidrate während der psychiatrischen Krankenhausbehandlung innerhalb der letzten Jahrzehnte eine Rolle spielen.

Nicht die Öffnung des psychiatrischen Krankenhauses, nicht der Verzicht auf Restriktionen sind die Risikofaktoren – zumindest nicht nur sie allein –, sondern die mit der Öffnung verbundene *Intensivierung der Kommunikation* zwischen Patienten und Mitarbeitern. Anders als in der traditionellen geschlossenen Anstalt – mit einer Verdünnung der Kommunikationswege unter den Patienten – wird der Suizid zum krankenhausöffentlichen Ereignis und kann erst dadurch Imitationsverhalten auslösen.

Der Suizid eines Mitpatienten, den man kennt, den man möglicherweise geschätzt hat, wird auf die Weise zum Vorbild für eigene Problemlösungsmöglichkeiten. Ich erinnere mich an einen Patienten der Tübinger Tagesklinik, der mir nach dem Suizid eines jungen Mannes, der uns sehr naheging, in einem Gespräch außerhalb der Klinik sagte: »Ich bewundere den G.; am liebsten möchte ich es machen wie er, aber ich habe nicht den Mut dazu.« Er brauchte drei Monate, bis es soweit war. Auch die Verlegung auf die geschlossene Station hatte ihn nicht schützen können. Er wählte die gleiche Methode wie sein Freund und Mitpatient – den Eisenbahnsuizid.

Der Werther-Effekt könnte auch als Teilfaktor dienen, die hohe Suizidrate auf Rehabilitationsstationen, Tageskliniken und in therapeutischen Gemeinschaften zu erklären. Dies sind therapeutische Systeme, die intensiv behandeln, hohe Anforderungen an ihre Patienten stellen, ein Höchstmaß an Kommunikation auf der Grundlage des therapeutischen Konzeptes pflegen und eine verhältnismäßig hohe Verweildauer einplanen. Die Faktoren intensive Behandlung und hohe Anforderung können an sich schon zu Gefährdungsfaktoren werden. Hohes Maß an Kommunikation und lang andauernde Gleichzeitigkeit des Aufenthaltes auf der Station begünstigen nicht nur die Entwicklung einer positiv anwendbaren therapeutischen Ideologie bei Patienten und Personal. Sie können auch bewirken, daß der Suizid eines Mitpatienten als Vorbildverhalten jeweils solange anhält, bis der nächste Suizid als Verstärker dieser Möglichkeit der Problemlösung auftritt.

Was kann man bei einer Suizidserie tun?

Gelegentlich wird von Suizidserien in psychiatrischen Krankenhäusern berichtet. Manchmal ist nicht eindeutig, ob es sich um eine zufällige Häufung handelt oder ob es in der Institution, im Behandlungskonzept oder in den handelnden Personen Ursachen dafür gibt. Danach ist zu fahnden. Wenn die Häufung allerdings das ganze Krankenhaus und nicht einzelne Stationen oder Abteilungen betrifft, sind konkrete Gründe meist nicht zu finden. Dies traf auch bei einer Suizidserie zu, die unser Krankenhaus vor einigen Jahren betroffen hatte. Damals suizidierten sich innerhalb von zwölf Monaten doppelt so viele Patienten wie in normalen Jahren.

Nach anfänglicher Hilf- und Ratlosigkeit entschlossen wir uns nach und nach zu einem Katalog von Maßnahmen, die als Beispiel dafür dienen können, wie man mit einer Häufung von Suiziden umgeht. Wir sind dabei nicht besonders planvoll vorgegangen. Aber wir ließen uns von einigen Grundüberlegungen leiten: Wir wollten die Mitarbeiter sensibilisieren, ohne sie zusätzlich zu ängstigen. Wir wollten die handwerklichen Aspekte der Psychiatrie verbessern – die Diagnostik und Suizidalität ebenso wie die Diagnostik und die Therapie, die mit erhöhten Suizidrisiken verbunden sind. Wir wollten den Sicherheitsspielraum beim Verdacht auf Suizidgefährdung vergrößern, auch wenn damit verstärkte Restriktionen verbunden wären. Wir wollten uns auf die Suche nach Fehlern in unserem Verhalten und unsere Haltung als Therapeuten begeben; und wir wollten das »suizidale Klima«, das sich im Krankenhaus unter Mitarbeitern und Patienten ausgebreitet hatte, überwinden. Im Buch über den Patientensuizid habe ich ausführlich darüber berichtet.

Ich bin mir heute noch nicht klar darüber, ob unsere Maßnahmen geeignet waren, diese Ziele zu erreichen. Ich bin mir auch nicht sicher, ob sie es waren, die schließlich zum Ende der Serie führten und uns ein ganzes Jahr ohne Patientensuizid bescherten, oder ob andere Gründe dafür maßgeblich sind, die jenseits des konkreten Handelns nicht sichtbar werden. Aus Schweden wird berichtet, daß die bloße Einsetzung einer Untersuchungskommission zum Ende einer Suizidserie in den Krankenhäusern einer schwedischen Region führte (SJÄLVMORD 1985).

Mögliche Maßnahmen

Die Suizidserie, die unser Krankenhaus betroffen hatte, hatte die Besonderheit, daß sich fast alle diese Suizide in der Öffentlichkeit auf dem Bahnhof der Stadt ereigneten. Einzelne der getroffenen Maßnahmen, wie Begrenzung des Ausgangs auf bestimmte Bereiche der Stadt und der Dienst von Mitarbeitern am Bahnhof hatten darin ihren Grund. Ich führe den Katalog an Maßnahmen als Beispiel dafür an, was man tun kann, nicht als Empfehlung, was man tun sollte. Der Katalog der Maßnahmen wurde damals innerhalb etwa eines Jahres Schritt für Schritt etwa in der folgenden Reihenfolge in Kraft gesetzt:

1. Für jeden neu aufgenommenen Patienten der gefährdeten Bereiche wurde ein Basisrisiko ermittelt (Psychose, vorangegangene Suizidversuche, Wiederaufnahme innerhalb von kurzer Zeit, fehlende Lebensperspektive, anstehende lebensverändernde Ereignisse), das die klinische Abschätzung der Suizidgefährdung ergänzen sollte. Auf den gefährdeten Stationen wurde allmorgendlich durch den Stationsarzt und den Schichtführern des Pflegedienstes eine Suizidrisiko-Abschätzung für jeden Patienten vorgenommen und dokumentiert.

2. Die beiden offenen Aufnahmestationen wurden geschlossen, zunächst mit einer unbestimmten Perspektive nur für kurze Zeit, zuletzt ausdrücklich für die Dauer eines Jahres.

3. Urlaub und Ausgang wurden restriktiv gehandhabt. Der Ausgang nach dem Abendessen wurde generell gesperrt. Der Ausgang wurde geographisch auf Krankenhauspark und Fußgängerzone der Stadt begrenzt. Wenn Patienten diese Zone verlassen wollten, war für den Einzelfall eine Beurlaubung notwendig. Die Patienten sicherten uns bei der Erstgewährung von Ausgang schriftlich zu, daß sie diese Begrenzung einhalten würden.
Auf den Stationen wurden Ausgangsbücher angelegt, in denen Patienten eintragen mußten, wann sie die Station verließen, wohin sie zu gehen beabsichtigten und wann sie voraussichtlich zurückkommen würden.

4. Das Informationssystem zwischen Stationen, Arbeits- und Beschäftigungstherapie wurde überdacht und reorganisiert. Zu bestimmten Tageszeiten war ein Mitarbeiter am Bahnhof postiert. Zugleich wurde ein Alarmsystem für Fälle ausgedacht, wo gefährdete Patienten die Arbeits- und Beschäftigungstherapie ohne Absprache verlassen hatten.

5. Fort- und Weiterbildung in der Diagnostik und im Umgang mit suizidalem Verhalten wurden intensiviert, insbesondere die Scheu vor dem Ansprechen von Suizidgefährdung wurde bei Ärzten, Psychologen und Krankenpflegepersonal abgebaut. Ein systematisches Training in Psychopathologie für Assistenzärzte wurde eingeführt.

6. Die fachärztliche Kontrolle wurde engmaschiger gestaltet. Handwerkliche Aspekte, wie Diagnostik, Psychopathologie, Medikation, Ausgangsregelungen, wurden dabei gegenüber psychodynamischen Aspekten verstärkt beachtet. Auch das führte zum Vorwurf der Rückschrittlichkeit.

7. Negativen Gegenübertragungsphänomenen wurde verstärkte Aufmerksamkeit zuteil. Resignation und Hoffnungslosigkeit von seiten der Therapeuten (»vielleicht ist Suizid das beste für ihn«) wurden als Risikofaktoren erkannt und bearbeitet.

8. Es wurde allgemein akzeptiert, daß die übliche Haltung gegenüber dem Patientensuizid (»wir haben alles getan, wir haben nichts versäumt, wir haben nichts falsch gemacht«) als Mythos entlarvt wurde. Es galt als akzeptiert, daß Therapeutenfehler sehr wohl zum Suizid führen können und daß wir unter Beachtung der oben angeführten Gesichtspunkte versuchen müßten, solche Fehler möglichst zu vermeiden.

Die Häufung von Suiziden im psychiatrischen Krankenhaus kann zufällig sein. Sie kann Ergebnis eines Verfalls der therapeutischen Kultur in einer Klinik sein, wie KOBLER und STOTLAND das in ihrem Buch über das »Ende der Hoffnung« (1974) eindrucksvoll beschreiben. Sie kann im Rahmen von Imitationshandeln, aber auch endemisch auftreten. Wir tun gut daran, uns nicht allzu lange auf die Hoffnung zu versteifen, wir hätten es mit Zufällen zu tun. Bei vermehrten Suiziden innerhalb der Klinik müssen wir sehr bald mit der Gefahr des Nachahmungshandelns rechnen. Unabhängig davon tun wir gut daran, bei jeder Häufung von Suiziden kritisch unsere therapeutischen Strategien und Konzepte zu überprüfen: Sind bestimmte Bereiche, Stationen, Teams, Mitarbeiter besonders betroffen? Welche Erklärungen gibt es dafür? Welche anderen gemeinsamen Merkmale weisen Suizide der Patienten auf? Gibt es bestimmte Orte in der Klinik, in denen das »suizidale Klima« angeheizt wird? Dafür kommen in erster Linie die Begegnungszentren von Patienten zahlreicher Stationen in Betracht. Die arbeitstherapeutischen Werkstätten, die Beschäftigungstherapie, die Cafeteria, das Freizeitzentrum. Nur eine genaue Situationsanalyse kann gezielte Maßnahmen zur Folge haben.

Jenseits des konkreten Handelns muß dabei die suizidprophylaktische Psychohygiene von Mitarbeitern und Patienten im Mittelpunkt stehen.

»Besondere Vorkommnisse«

Daneben verdient ein anderer Aspekt unsere Aufmerksamkeit: Suizide in der Klinik sind »besondere Vorkommnisse«, Ereignisse mit Katastrophencharakter, die die gewohnte Ordnung der Institution bedrohen und in Frage stellen. Bei solchen Ereignissen ist es oft nicht so wichtig, was man tut. Wichtig ist es, daß man handelt und daß man dies nach innen und nach außen deutlich macht. Ich habe das bei einer früheren Gelegenheit (1980) ausführlich erläutert.

Über den Sinn des Dienstes von Mitarbeitern der Klinik am Bahnhof mag man streiten. Wir haben zunächst selbst überlegt, ob wir uns damit nicht lächerlich machen. Aber gerade diese Maßnahme signalisierte gegenüber der Öffentlichkeit – nachdem sich das rasch herumsprach –, daß wir uns kümmern, daß wir uns sorgen. Bis dahin hatte es von seiten des Bahnpersonals und der örtlichen Polizei geheißen: »Die lassen ihre Patienten verrecken!« Danach entspannte sich die Lage schlagartig.

Es scheint so zu sein, daß es bei dramatischen, besonderen Vorkommnissen nicht so wichtig ist, daß das, was man tut, tatsächlich das richtige ist – was immer das sein mag –, sondern daß es von der betroffenen Öffentlichkeit als richtig anerkannt wird. Diese atmosphärische Seite, die uns Freiraum zum Handeln verschafft, ermöglicht es uns erst, gezielt nach Wegen zu suchen, das anstehende Problem zu lösen.

Nach dem Suizid

19 Nach dem Suizid. Was ist zu tun?

Jeder Patientensuizid ist ein katastrophales Ereignis. Er löst Angst, gelegentlich Panik aus. Er aktiviert Schuldgefühle, nicht selten Angst vor disziplinarischen oder strafrechtlichen Folgen. Er verstört Mitpatienten und Mitarbeiter der betroffenen Stationen. Er aktualisiert Suizidphantasien. Er kann zu einer massiven Störung des therapeutischen Klimas im gesamten Krankenhaus führen. Jeder Patientensuizid muß deshalb eine Krisenintervention im therapeutischen System nach sich ziehen.

In einer Situation, in der Kopflosigkeit angesagt ist, gilt es, einen kühlen Kopf zu bewahren, um den möglichen Schaden für Dritte zu begrenzen. Unmittelbar nach dem Suizid sind zunächst ganz konkrete Dinge zu regeln.

Nach Lebenszeichen suchen

Bei der Entdeckung des Suizids gilt es zunächst, sich davon zu überzeugen, ob der Tod schon eingetreten ist oder ob eine Reanimation noch möglich ist. Wenn dies der Fall ist, muß sofort versucht werden, die Suizidhandlung abzubrechen, die auf der psychiatrischen Station auch heute noch meist im Erhängen oder im Erdrosseln besteht.

Den Suizidort sichern

Hat sich der Suizid auf der Krankenhausstation oder im Krankenhausgelände ereignet, muß der Suizidort gesichert werden. Patienten, die sich in der Nähe aufhalten, sollen in den Tagesraum bzw. auf ihre Station geschickt werden. Der Raum, in dem der Suizid sich ereignet hat, muß verschlossen werden. Die verantwortlichen Mitarbeiter des Krankenhauses sind spätestens zu diesem Zeitpunkt zu benachrichtigen.

Die Kriminalpolizei benachrichtigen

Ein Suizid ist ein unnatürlicher Tod, der zwingend ein Ermittlungsverfahren der Staatsanwaltschaft nach sich zieht. Die sofortige Information der Kriminalpolizei ist unabdingbar, damit Fremdverschulden ausgeschlossen werden kann. Eine Verzögerung der Benachrichtigung der Polizei zieht die Ermittlungen in die Länge und kann unnötige Unannehmlichkeiten zur Folge haben.

Die Polizei ist bei ihren Ermittlungen zu unterstützen. Besteht Anlaß zu der Befürchtung, daß einen Mitarbeiter oder eine Mitarbeiterin ein Verschulden trifft, so sollte dieser von seinen Dienstvorgesetzten unbeschadet dieser Verpflichtung auf sein Aussageverweigerungsrecht hingewiesen werden. Das gilt vor allem, wenn er oder sie verstört ist oder unter Schockeinwirkung steht.

Die Polizei muß auch informiert werden, wenn ein Suizidversuch nicht auf der Stelle zum Tod führt, eine Rettung aber unwahrscheinlich ist. Auch hier verkürzt die unmittelbare Klärung der Situation die Ermittlungen zum Vorteil aller Beteiligten.

Die Situation auf der Station klären

Parallel zur Information der Polizei muß geklärt werden, in welcher Weise die Patienten und Patientinnen der Station oder der Abteilung, auf der der Suizid sich ereignet hat, mitbetroffen sind. Zu dieser Klärung gehört es auch, in Erfahrung zu bringen, zu welchen Patienten von anderen Abteilungen der Kranke nähere Beziehungen gehabt hat. Klärende und stützende Gespräche mit Patienten und Patientinnen, die beim Suizid anwesend waren oder dazugekommen sind, müssen unverzüglich durchgeführt werden. Andere Mitpatienten, zu denen der Patient nähere Kontakte gehabt hat, müssen benachrichtigt werden, bevor die Information auf anderem Wege zu ihnen gekommen ist. Unter den Bedingungen unserer heutigen Psychiatrie entwickeln sich bei längerem Krankenhausaufenthalt nicht selten freundschaftliche oder Liebesbeziehungen zwischen Patienten. Ein Suizid kann diese mitbetroffenen Patienten ebenso schwer oder schwerer erschüttern als die Angehörigen. Gegebenenfalls sind Maßnahmen zur Suizidprophylaxe zu treffen.

Die Angehörigen schonend informieren

Die Information der Angehörigen soll unverzüglich und schonend erfolgen. Nach Möglichkeit soll sie durch einen Mitarbeiter oder eine Mitarbeiterin durchgeführt werden, der den Patienten gekannt und Kontakte zu den Angehörigen gehabt hat. Im Zeichen der Ereignisse und der Hektik nach dem Suizid darf es nicht geschehen, daß die telefonische Information an minderjährige Kinder erfolgt, die zufällig den Hörer abnehmen. Gegebenenfalls muß um unverzüglichen Rückruf durch ein erwachsenes Familienmitglied gebeten werden. Die telefonische Information soll kurz und präzise sein. Sie muß das Angebot eines ausführlichen Gespräches enthalten, ggf. noch am gleichen Tag. Bei besonders brutalen Suizidmethoden kann es schon zu diesem Zeitpunkt sinnvoll sein, einen gefaßten Angehörigen darüber zu beraten, ob er sich mit der Leiche konfrontieren will. Schuldvorwürfe von seiten der Angehörigen sollten beim Erstgespräch hingenommen und – auch wenn sie ungerecht sind – erst bei einem späteren ausführlichen Gespräch geklärt werden. In diesem Gespräch sollen die Angehörigen auch Gelegenheit haben, über ihre eigenen Gefühle zum Suizid, über Gefühle von Mitverantwortlichkeit und Schuldgefühle zu sprechen.

Die Mitpatienten informieren

In der hohen Zeit der therapeutischen Gemeinschaft war es üblich, die Mitpatienten auf der Station in einer ad hoc einberufenen Gruppensitzung mit der Nachricht vom Suizid zu konfrontieren, bevor sie von anderer Seite davon erfahren. Dieses heroische Vorgehen wird heute mehr und mehr in Zweifel gezogen und zugunsten der oben skizzierten gezielten Benachrichtigung einzelner besonders betroffener anderer Kranker verlassen. Die sofortige Information der Stationsrunde durch Therapeuten, die selbst noch verstört sind, kann sich eher negativ auswirken. Es spricht nichts dagegen, die Nachricht über die besonders betroffenen Mitpatienten zunächst in die Station einsickern zu lassen und erst später das Angebot zu machen, in der Stationsgruppe darüber zu sprechen.

Auf Stationen mit längerer Verweildauer, auf Rehabilitationsstationen und in Tageskliniken etwa, ist das Gespräch in der Gruppe unabdingbar, zumal solche Einheiten in aller Regel nach Gruppenkonzepten geführt werden. Auf Akutstationen mit kurzer Verweildauer und geringem Gruppenzusammenhalt muß die Bereitschaft dazu bestehen. Aber das Gespräch sollte nicht von den Therapeuten *erzwungen* werden. Erhöhte Aufmerksamkeit gegenüber der Aktualisierung von Suizidphantasien bei anderen ist in jedem Fall geboten. Zum Gespräch mit den Patienten und Patientinnen kann auch die Bitte um Diskretion gegenüber Nichtbeteiligten gehören.

Das Gespräch mit den Mitpatienten hat neben der suizidprophylaktischen auch eine psychohygienische Funktion. Die Mitpatienten fragen sich oft ebenso wie die Therapeuten und Therapeutinnen, ob sie etwas hätten tun können, um den Suizid zu verhindern. Gar nicht selten sind sie die Adressaten von Suizidankündigungen gewesen, die sie erst im nachhinein als solche begreifen. Oder sie sind vom Toten aufgefordert worden, Mitteilungen über Suizidalität für sich zu behalten, damit die Therapeuten nicht mit der Sperre von Ausgang oder Urlaub oder bei der Aufschiebung der geplanten Entlassung darauf reagieren. Schuldgefühle sind die Folge. Diese müssen angesprochen und bearbeitet werden.

Anteilnahme und Trauer

Ein Suizid im Krankenhaus ist ein Ereignis, das neben Betroffenheit auch Trauer auslöst. Je länger der Patient in der Klinik behandelt worden ist, um so intensivere Beziehungen haben sich zwischen ihm und seinen Mitpatienten, aber auch von einigen Therapeuten zu ihm entwickelt. Das gilt vor allem für Behandlungseinheiten, die nach dem Prinzip der therapeutischen Gemeinschaft durchgeführt werden, vor allem Rehabilitationsstationen, Tageskliniken, Psychotherapiestationen. Das gilt in geringerem Maße für Akutstationen mit hoher Patientenfluktuation und gelegentlich auch für klassische Langzeitstationen, auf denen ein hohes Maß an Individualisierung und sozialer Isolierung bestehen kann.

Zur Trauer kann die Teilnahme an den Trauerfeierlichkeiten gehören. Wenn Mitpatienten und -patientinnen den Wunsch haben, am Trauergottesdienst oder an der Beerdigung teilzunehmen, so ist das ernst zu nehmen und nach Möglichkeit zu unterstützen. Gegebenenfalls ist das Angebot der Begleitung von Mitarbeitern des therapeutischen Teams notwendig. Aus der Teilnahme an der Beisetzung darf aber keinesfalls eine »Gruppenaktivität« gemacht werden, die die Patienten verdeckt zur Teilnahme nötigt.

Auch für die von dem Suizid unmittelbar betroffenen Mitarbeiter kann die Teilnahme an der Beisetzung zum Teil des eigenen Bewältigungsprozesses werden. Insbesondere wenn eine langdauernde therapeutische Beziehung bestanden hat, sollte dies bedacht und besprochen werden.

Abschluß des Krankenblattes

Sobald die unmittelbar erforderlichen Interventionen gegenüber Patienten, Mitarbeitern und Angehörigen erfolgt sind, ist das Krankenblatt abzuschließen. Der Verlauf bis zum Tag des Suizids ist, falls erforderlich, nachzutragen. Dazu gehört die Beschreibung des psychopathologischen Befundes, des Eindrucks, den der Betroffene auf den verantwortlichen Arzt und die Mitarbeiter der Station gemacht hat. Nach Suizidankündigungen gegenüber Dritten, auch gegenüber Patienten, sollte mit Vorsicht geforscht werden.

Aufzeichnungen über Reaktionen und Gefühle nach dem Suizid, insbesondere über Schuldgefühle und ihre psychodynamischen Hintergründe, gehören nicht ins Krankenblatt. Auch etwaige Protokolle über Nachbesprechungen im Team oder in der Krankenhauskonferenz, die Spekulationen und Hypothesen mannigfacher Art enthalten können, sollen an einem anderen Ort verwahrt werden.

Schließlich ist eine Epikrise zu verfassen, die den Behandlungsverlauf mit allen erfolgten Maßnahmen zusammenfaßt. Aus der Epikrise muß ersichtlich sein, daß die Behandlung durch Suizid beendet wurde.

Die Epikrise ist ein Dokument, durch das die ordnungsgemäße und kunstgerechte Behandlung dokumentiert wird. Im Anschluß an ein Ereignis, das Vorwürfe und Nachfragen nach sich ziehen kann, ist sie entsprechend mit besonderer Sorgfalt zu erstellen. Durch sie werden einweisende Ärztinnen und Ärzte und der Hausarzt informiert. Sie wird kritisch geprüft, wenn im Rahmen eines Ermittlungsverfahrens die Krankenakten beigezogen werden. Das Krankenblatt ist vom Stationsarzt und vom verantwortlichen Oberarzt auf Vollständigkeit zu überprüfen. Wenn sich im Rahmen eines Ermittlungsverfahrens Unklarheiten ergeben, sind notwendige Nachträge mehr als Schönheitsfehler.

Meldung des Suizids an Krankenhausleiter und Krankenhausträger

Unabhängig vom Abschluß des Krankenblattes muß eine unverzügliche Meldung über das Suizidereignis an den Krankenhausleiter, und durch diesen an den Krankenhausträger, erfolgen. Die Erstinformation erfolgt in aller Regel telefonisch.

Krankenhausträger legen besonders dann Wert auf die sofortige Information, wenn sich der Suizid unter spektakulären Umständen ereignet hat, wenn Pressemeldungen zu erwarten sind oder wenn die Möglichkeit des Verschuldens von Mitarbeitern oder Mitarbeiterinnen besteht.

In den meisten Krankenhäusern ist es üblich, daß dem Krankenhausleiter je ein Bericht der verantwortlichen Mitarbeiter des pflegerischen und des ärztlichen Dienstes vorgelegt wird. Der Bericht von seiten des verantwortlichen Krankenpflegers soll eine kurze Beschreibung der Umstände enthalten. Der Bericht des Arztes muß alle Informationen über den Patienten und seine Krankheit enthalten, die es dem Dienstvorgesetzten ermöglichen zu beurteilen, ob eine sorgfältige und kunstgerechte Behandlung durchgeführt worden ist. Der Bericht soll kurz sein, keine selbstkritischen Äußerungen von Schuldgefühlen und keine komplexen psychodynamischen Überlegungen enthalten.

Dagegen muß er eine Reihe von konkreten Informationen vermitteln: Alter, Geschlecht, Diagnose; ob der Patient sich freiwillig im Krankenhaus aufgehalten hat oder nicht; ob er sich auf einer offenen oder geschlossenen Station befunden hat; wie der Krankheitsverlauf war; in welcher Weise er behandelt worden ist – dazu gehört auch eine Angabe der letzten Medikation, ob frühere Suizidversuche bekannt sind; ob der Patient während des letzten Aufenthaltes, insbesondere in den Tagen vor dem Tod als suizidgefährdet galt; welche Maßnahmen ergriffen worden sind, um einer möglichen Gefährdung entgegenzuwirken. Warum bei einer bekannten Gefährdung trotzdem Ausgang oder Urlaub gewährt worden ist. Abschließend muß der Bericht eine Stellungnahme enthalten, daß Mitarbeiter und Mitarbeiterinnen des pflegerischen Dienstes – wenn dies zutrifft – kein Verschulden trifft.

Der Bericht der Ärztlichen Leitung an den Krankenhausträger muß den Zusatz enthalten, daß diese – wenn dies zutrifft – nach eingehender Prüfung des Geschehens zu dem Schluß gelangt ist, daß Mitarbeiter des Krankenhauses kein Verschulden trifft. Wenn Zweifel bestehen, muß berichtet werden, welche Maßnahmen getroffen worden sind, um eine Wiederholung zu vermeiden. Oft tut der Krankenhausleiter gut daran, nicht den Bericht des Stationsarztes einfach weiterzuleiten, sondern diesen in einer eigenen Stellungnahme zu präzisieren.

Nachbesprechung im Team

Jeder Suizid muß auf der betroffenen Station nachbesprochen werden. Diese Nachbesprechung soll in Abwesenheit von Disziplinarvorgesetzten erfolgen, damit ein offenes Gespräch, ohne Furcht vor dienstrechtlichen Folgen möglich ist. In einem Stationsteam, das gut zusammenarbeitet, können Schuldgefühle und Vorwürfe bis zu einem gewissen Grad offen ausgesprochen werden. Es ist eher selten, daß der Patientensuizid die Folge von schweren Fehlleistungen ist. Diese sind dann für alle Beteiligten offensichtlich. Viel häufiger ist es, daß man hinterher das Gefühl hat, man hätte dieses oder jenes anders machen können. Es ist für die Psychohygiene der einzelnen Mitarbeiter und des Teams wichtig, daß solche Gefühle und Meinungen angesprochen werden können. In der Regel sind solche Nachbesprechungen für alle Beteiligten mit Entlastung und Erleichterung verbunden.

Nachbesprechung in der Krankenhauskonferenz

Suizide im Krankenhaus dürfen nicht unter den Tisch gekehrt werden. Bei uns hat es sich bewährt, jeden Suizid in der allgemeinen Krankenhauskonferenz nachzubesprechen, an der neben Ärzten, Psychologen und Sozialarbeitern auch die leitenden Krankenpfleger und der Verwaltungsleiter teilnehmen. Das psychiatrische Krankenhaus ist ein komplexes soziales System, in dem sich leicht Gerüchte verbreiten. Diesen ist am besten durch Informationen entgegenzuwirken, die mittelbar auch den Berufsgruppen zugänglich sein müssen, die nicht unmittelbar an der Therapie beteiligt sind. Entsprechend der Größe des Kreises sollten aber nur die wesentlichsten Informationen erfolgen und Schlußfolgerungen für die künftige Arbeit erörtert werden.

Jeder Suizid im Krankenhaus muß Anlaß sein, die Vorkehrungen zur Suizidprophylaxe zu überprüfen und die Mitarbeiter zur Wachsamkeit zu mahnen. Die Möglichkeit von Nachfolgesuiziden muß angesprochen werden. Dabei besteht möglicherweise ein Dilemma zwischen der

Notwendigkeit der Information der Mitarbeiter und der Gefahr, durch die Information zur Entwicklung eines suizidalen Klimas im Krankenhaus beizutragen.

Gesprächsangebot an die hauptbetroffenen Therapeutinnen und Therapeuten

Über der Sorge um die Mitpatienten, das Stationsteam und die Funktionsfähigkeit des Krankenhauses als therapeutisches System dürfen wir die hauptbetroffenen Mitarbeiterinnen und Mitarbeiter nicht vernachlässigen. Auch wo mit gruppentherapeutischen Konzepten gearbeitet wird, gibt es immer Therapeuten, bei denen die Hauptverantwortung liegt, die unmittelbar und direkt in einer therapeutischen Beziehung zu dem Patienten gestanden haben, der sich suizidiert hatte. Angesichts dessen, was wir im 13. Kapitel über die psychischen Belastungen bei der Behandlung von Suizidgefährdeten ausgeführt haben, muß klar sein, daß sie in der Phase unmittelbar nach dem Suizid der Unterstützung bedürfen. Sie müssen Gelegenheit haben, sich bei einer Person ihres Vertrauens auszusprechen, auch ihre Zweifel und gegebenenfalls Selbstvorwürfe zu äußern.

Gerade der unmittelbar verantwortliche Therapeut gerät nicht selten in eine Falle. Auf der einen Seite muß er gegenüber der Institution deutlich machen, daß er korrekt gehandelt hat. Auf der anderen Seite ist er voller belastender Gefühle und Zweifel, die er mitteilen muß. Schon aus diesem Grund ist es ratsam, eine Rollenteilung vorzunehmen: Das Mitglied der Krankenhausleitung, das die Aufgabe der Klärung der Suizidumstände übernommen hat, kann, von Ausnahmen abgesehen, nicht gleichzeitig die Unterstützungsfunktion übernehmen.

Die Betreuung der unmittelbar betroffenen Mitarbeiterinnen und Mitarbeiter nach einem Suizid hat in mancher Hinsicht Ähnlichkeit mit einer psychotherapeutischen Krisenintervention. Zunächst geht es um Beruhigung, letzten Endes um Unterstützung und Trost. In einem zweiten Schritt geht es um Klärung. Die Umstände des Suizids, die Beziehung zwischen Therapeut und Patient, Therapeutin und Patientin, die psychodynamische Konstellation vor dem Suizid müssen besprochen und reflektiert werden. In einer dritten Phase können dann weitergehende Interventionen zur emotionalen Bewältigung des Suizids notwendig sein. Ergebnis eines solchen Klärungsprozesses kann auch die Erkenntnis sein, daß man in seiner jetzigen Lebenssituation, angesichts des derzeitigen Ausbildungsstandes oder mit Rücksicht auf die eigene Persönlichkeit vorübergehend keine suizidgefährdeten Patienten behandeln sollte.

Wenn strafrechtliche Konsequenzen drohen

Bei jedem Suizid ist die Staatsanwaltschaft, wie bei jedem anderen unnatürlichen Todesfall, verpflichtet, ein Ermittlungsverfahren einzuleiten. Meist handelt es sich dabei um eine Routineangelegenheit, die dem Ausschluß von Fremdverschulden dient. Die Ermittlungen werden von der Kriminalpolizei durchgeführt, die ihr Hauptaugenmerk auf den Ausschluß des Tötungsdeliktes oder eines Unfalls richtet. Beim Suizid wird zunächst einmal unterstellt, daß der Betroffene in eigener Verantwortung gehandelt hat. Das gilt in weitem Umfang auch dann, wenn der Betroffene sich freiwillig auf der offenen Station eines psychiatrischen Krankenhauses aufgehalten hat. Es gilt nur noch in geringem Maße, wenn der Patient gegen seinen Willen in eine geschlossene Abteilung eingewiesen worden ist.

Aber auch dann zielen die Ermittlungen eher selten auf mögliche inhaltliche Behandlungsfehler. Sie konzentrieren sich auf offensichtliche Fahrlässigkeit und auf Regelverstöße. Sie gehen nicht der Frage der Angemessenheit einer psychotherapeutischen Intervention nach. Sie versuchen vielmehr zu klären, wieso ein Patient sich außerhalb der Station aufgehalten hat, obwohl er keinen Ausgang hatte; auf welche Weise er zu den Medikamenten oder dem Elektrokabel gekommen ist, obwohl er sich im Wachsaal aufhielt; warum Fenster oder eine Balkontür auf einer geschlossenen Station regelwidrig geöffnet waren.

Wenn schwerwiegende Fehler begangen worden sind, wenn die Ermittlungen über die übliche Routine hinausgehen, spätestens wenn ein Mitarbeiter nicht mehr als Zeuge, sondern als Beschuldigter einvernommen werden soll, ist es Zeit, anwaltlichen Rat einzuholen. Die juristische und die therapeutische Sichtweise sind so unterschiedlich, daß man sich ohne rechtliche Hilfe nur schwer angemessen verteidigen kann. Die emotionale Betroffenheit durch den vorangegangenen Suizid macht das nicht leichter. Die meisten Ermittlungsverfahren werden am Ende ohne Gerichtsverhandlung eingestellt. Sie können dennoch zu einer langwierigen und schweren Belastung werden.

Wenn Anklage erhoben und verurteilt wird, richtet das Verfahren sich häufiger gegen Pflegepersonen als gegen Ärztinnen oder Ärzte.

Gegenstand der Anklage sind meist *formale* Verstöße gegen die Aufsichtspflicht, die in der Hektik des psychiatrischen Alltags immer wieder vorkommen – glücklicherweise meist ohne gravierende Folge. Weil dies so ist, gehört zur Fürsorgepflicht des Arbeitgebers für Rechtsschutz zu sorgen und fachliche Beratung sicherzustellen. Das gilt auch im Hinblick auf die Bestellung von Gutachtern. Gerichte orientieren sich bei ihren Urteilen vorrangig an den derzeit geltenden Regeln der kunstgerechten Behandlung; und deren Rahmen wird von psychiatrischen Sachverständigen abgesteckt – leider nicht immer ohne Eifer und Zorn und keineswegs immer sachkundig.

Die Behandlung des suizidgefährdeten Patienten zwingt uns zu mannigfachen Ermessensentscheidungen. Diese sind je nach Standpunkt für unterschiedliche Beurteilungen offen. Was für den einen unterlassene Hilfeleistung ist, ist für den anderen schon Freiheitsberaubung. Mit diesem Dilemma, mit den Grenzen zur Verantwortung und den Grenzen unserer Entscheidungsfreiheit, wie jenen der Entscheidungsfreiheit der Patienten müssen wir uns immer wieder erneut konfrontieren.

20 Die Behandelnden: Schuldgefühl und Verantwortlichkeit

Die Behandelnden nach dem Suizid

Einen Patienten oder eine Patientin durch Suizid zu verlieren, ist für alle psychiatrisch Tätigen ein einschneidendes Ereignis in ihrem Berufsleben. Insbesondere am Anfang der beruflichen Tätigkeit kann die Konfrontation mit dem Suizid zur akuten Krise auswachsen. Die wenigen Erhebungen hierzu ergaben, daß etwa jeder zweite Psychiater oder jede zweite Psychiaterin in ihrem Berufsleben einen Patienten durch Suizid verliert; von den Psychologinnen und Psychologen etwa jeder Fünfte. Für Schwestern, Pfleger und andere Berufsgruppen liegen keine Zahlen vor (BONGAR 1991, FREEMAN, REINECKE 1995). Die Häufigkeit dieser Erfahrung ist zweifellos davon abhängig, in welcher Institution die Behandelnden tätig sind und auf welchen Abteilungen. Aber auch dort, wo sich viele suizidgefährdete Patienten versammeln, bleibt das Ereignis (glücklicherweise) ein seltenes. D. h. andererseits, daß im Umgang mit dem vollendeten Suizid die professionelle Kompetenz versagt. Sie tut dies auf doppelte Weise – zum einen, weil sich fast unmittelbar die Frage erhebt, ob der Suizid auf Behandlungsfehler zurückzuführen ist; zum zweiten weil im Gegensatz zu anderen belastenden Situationen aufgrund der Seltenheit keine Strategien der Bewältigung entwickelt werden können. Hinzu kommt die persönliche Betroffenheit durch den Suizid eines Menschen, zu dem im Laufe der therapeutischen Tätigkeit nicht nur eine professionelle, sondern auch eine mehr oder weniger ausgeprägte persönliche Beziehung entstanden ist. Zur Bewältigung der akuten Krise, die der Suizid bei den hinterbliebenen Behandelnden auslöst, ist es hilfreich, professionelle und persönliche Aspekte gesondert zu betrachten.

Professionelle Aspekte

Die unmittelbare Reaktion auf den Suizid mit Schuldgefühlen, Selbstzweifeln, Verunsicherung in der beruflichen Tätigkeit, Wut, Enttäuschung, Trauer enthält berufliche wie persönliche Aspekte. Professionell zur Disposition stehen die persönliche professionelle Kompetenz, der Organisationsrahmen und die Behandlungskultur der Institution sowie die therapeutische Beziehung. In den Kapiteln über das Therapeutenverhalten und die Gegenübertragungskrise war bereits davon die Rede, daß die psychiatrische Haltung gegenüber suizidalen Patienten und Patientinnen von der Annahme ausgeht, daß der Suizid verhinderbar und die Suizidalität heilbar sei. Für die Therapie ist das eine notwendige Voraussetzung. Die Annahme, daß der Suizid durch die richtige therapeutische Intervention verhinderbar sei, ist zwar nicht ganz falsch. Sie ist aber auch nicht ganz richtig. In der Macht keines Psychiaters und auch keines Behandlungsteams steht es, zu erreichen, daß der Patient in seinem Leben wieder Tritt faßt. Die therapeutischen Möglichkeiten sind begrenzt. Ohne die Hoffnung auf Erfolg könnte Therapie nicht stattfinden. Die Tatsache aber, daß sich ein Suizid ereignet hat, bedeutet nicht zwangsläufig, daß die Behandelnden versagt haben. Die Gedanken im nachhinein kreisen häufig um den Anlaß des Suizids – zumindest wie er sich nachträglich darstellt – ein nach kritischem Abwägen doch gewährter Ausgang, eine veränderte Medikation, das letzte, konflikthaft verlaufene Gespräch ... Die Ursache für den Suizid ist dies nicht. Wir müssen davon ausgehen, daß es in aller Regel nicht eine Ursache für den Suizid gibt, sondern daß verschiedenste Faktoren das Leben der Betreffenden massivst beschweren; daß es vielerlei Anlässe zum Suizid gibt, bis schließlich einer zum Suizidereignis wird. Wenn wir von diesen Umständen ausgehen, wird deutlich, wie eingeschränkt therapeutische Hilfe ist, in diese Konstellationen einzugreifen. Bei der Frage, was allenfalls falsch gelaufen ist, ob Behandlungsfehler gemacht wurden, ob der Psychiater / die Psychiaterin oder das Team versagt haben, kann es nicht um den letzten Streit wegen Zigarettenkippen oder der Dosierung eines Medikaments gehen, vielmehr stellt sich die Frage, ob wesentliche Prinzipien verletzt wurden oder Voraussetzungen der Behandlung von Suizidalen nicht gegeben waren. Zweifel an der persönlichen professionellen Kompetenz können deshalb allenfalls auf dem Hintergrund des Organisationsrahmens und der Behandlungskultur der Klinik oder Institution geäußert werden.

»Psychological Autopsy«

LIGHT (1971) beschreibt in eindrücklicher Weise, wie in einer Klinik, die er als Soziologe über mehrere Wochen teilnehmend beobachten durfte, Suizide »gemanagt« wurden. Er erlebte die »Psychological Autopsy« als große Wiederherstellungsaktion professioneller Kompetenz. Dramatisches Beispiel wird der Suizid eines Arztes, der seinen Suizid auf den Tag genau angekündigt hatte und deshalb von seinem Therapeuten in die Klinik eingewiesen worden war. Der behandelnde Psychiater entschied, daß er trotzdem an seinen Arbeitsplatz gehen dürfe, weil ihn seine Arbeit befriedige und stabilisiere. Der Therapeut behauptete, er habe eine gute Beziehung zu ihm, der Patient werde sich nicht suizidieren. Der mögliche Suizid wurde in der Therapie nicht mehr thematisiert, der Patient suizidierte sich wie angekündigt. Offenkundig handelte es sich um einen Behandlungsfehler: Der behandelnde Psychiater hatte sich auf seine psychotherapeutischen Funktionen und die Beziehung zu seinem Patienten konzentriert und seine ärztlichen Aufgaben, die Sicherung und notfalls zwangsweise Zurückhaltung des Patienten vernachlässigt. Er hatte die Gefahr dramatisch unterschätzt.

Auf den ersten Blick wird in diesem Beispiel der individuelle Behandlungsfehler des Psychiaters sichtbar. Er hatte die Bedeutung der therapeutischen Beziehung eklatant überschätzt und die Ankündigung des Patienten, der zugleich Kollege war, er werde sich zu einem bestimmten Datum suizidieren, ausgeblendet. Zugleich aber spricht dieses Beispiel Fragen von Organisationsrahmen und Behandlungskultur an, nämlich wie in der Klinik insgesamt die therapeutische Beziehung gewertet wird, welchen Stellenwert andere Grundregeln des Umgangs mit suizidalen Patienten haben und welche »Warnsysteme« dazu dienen, die falsche Einschätzung eines einzelnen aufzufangen. In jeder psychiatrischen Klinik entwickeln sich organisatorische Abläufe und Regeln der Behandlung. Sie wurden in Kapitel 15 zur Soziotherapie, Rehabilitationsdruck und der Abstimmung des Therapieziels sowie in Kapitel 16 zu institutionellen Rahmenbedingungen bereits angesprochen. Die einzelnen Mitglieder sind letztlich für diese organisatorischen Abläufe und Regeln der Institution nicht allein verantwortlich, müssen sie jedoch mittragen. Bei der Reflexion der Ereignisse nach dem Suizid kann es nötig werden, sich über diese Regeln erneut klar zu werden, möglicherweise eine von ihnen in Frage zu stellen: An welcher Stelle sind für den Patienten, für die Patientin durch diese Abläufe zusätzliche Schwierigkeiten aufgetreten, beispielsweise bei der Aufnahme, bei der Entscheidung, auf welche Station die Patientin gebracht wird; im Erstkontakt mit den Behandelnden, bei einer Verlegung oder bei der Behandlung um das Therapieziel ... Wichtig ist hier bei allen Reflexionen, Zweifel am eigenen Vorgehen auszusprechen, mögliche Problempunkte kritisch zu beleuchten – um mögliche Behandlungsfehler zu eruieren und insbesondere sie in Zukunft zu vermeiden. Ähnliches gilt für Fragen zur Behandlungskultur: Welche medikamentöse Behandlung ist üblich? Wie weit werden die Patienten bei Medikamentenwahl und -dosierung mit einbezogen? Welche Angebote bestehen hinsichtlich Ausgängen von geschlossenen Stationen; Ausgang ins Gelände oder in die Stadt; Beurlaubungen und Entlassungen. Wie werden Diagnostik und Behandlungspläne festgelegt, organisiert, durchgeführt und notfalls korrigiert? Das folgende Beispiel soll die Reflexionen erläutern.

Ein Beispiel

Eine 39jährige Frau mit einer chronischen paranoid-halluzinatorischen Schizophrenie trennt sich von ihrem Freund, da er keine wirklich tiefe Beziehung zu ihr suche. Weil der Freund in der gemeinsamen Wohnung bleibt, wird sie wohnungslos. Sie wird auf die Kriseninterventionsstation aufgenommen, möchte aber nicht in die psychiatrische Klinik verlegt werden, sondern tritt in ein Heim ein. Dort fühlt sie sich unter starkem Anpassungsdruck, vor allem aber unter den vielen alten Frauen deplaziert. Sie packt ihre Taschen und geht nun doch in die Klinik. Sie lebe von Beziehungen, erklärt sie, sie brauche Geborgenheit und Halt. Erst sei ihre langjährige Sozialarbeiterin an einem Karzinom verstorben, dann, wenige Monate zuvor, ihr langjähriger Psychotherapeut, ebenfalls an einem Karzinom. Auch ihr Onkel, mit dem sie viel verband, sei verstorben. Sie habe nun keinen Halt mehr. Sie sei nur noch gelitten. Die Klinik solle ihr nun helfen, sich wieder aufzubauen. Sie sei sehr enttäuscht und resigniert. Suizidabsichten habe sie keine, aber sie sehe für ihr Leben keinen Sinn mehr. Irgendwie habe sie sich aufgegeben. Sie sei wie ein psychotisches Kind, das nie erwachsen geworden sei.

Mit 16 Jahren war sie mit Drogen in Kontakt gekommen, wurde in einer therapeutischen Wohngemeinschaft untergebracht. Zwischen ihrem 20. und 33. Lebensjahr hatte sie insgesamt 10 Jahre in einer psychiatrischen Klinik verbracht. Ab etwa 5 Jahren vor dem letzten Eintritt waren die Aufnahmen in eine andere Klinik erfolgt. Soweit bekannt, hatte sie in den

Jahren zuvor zwei Suizidversuche unternommen. Der berichtete Eintritt in die Klinik war der sechste. Die Krise der Patientin setzte sich auch in der Klinik fort. Psychotisch ist sie nicht. Es wird ihr bewußt, daß sie viele Jahre ihres Lebens in der Psychose verbrachte, Personen und Situationen verkannte. Sie trauert um die drei Verstorbenen. Dazu ist sie fest entschlossen, sich von ihrem Freund zu trennen. Sie möchte in eine eigene Wohnung ziehen. Es folgen verschiedene Versuche, der Patientin einen Platz in einer betreuten Wohngemeinschaft oder einem Übergangswohnheim anzubieten, die sie alle ablehnt. Schließlich äußert sie selbst den Wunsch, auf eine Langzeitstation zu wechseln. Sie wird dort angemeldet und kann einige Wochen später übertreten. Auf der neuen Abteilung aber lebt sie sich nur schwer ein. Sie klagt vermehrt, alles verloren zu haben. Sie sei alleine, habe keinen Menschen mehr. Sie spüre auch ihren Körper nicht mehr. Tagsüber irrt sie im Klinikgelände herum. Die Abteilung versucht, mit ihr eine Tagesstruktur aufzubauen. Immer wieder wird die Suizidalität thematisiert, die Patientin verneint, akut Suizidgedanken zu haben. Dennoch bleibt der Eindruck, daß solche Gedanken sehr nahe sind. Die Patientin bleibt am Rande des Abteilungsgeschehens. Schließlich waren die meisten Patienten in den Ferien. Die Kränksten bleiben zurück, unsere Patientin auch. Es scheint eine leichte Besserung einzutreten. Sie wirkt wacher, munterer, schlägt vor, wieder in die Ergotherapie zu gehen. Sie überlegt, sich außerhalb der Klinik zu betätigen. Während der Ferien wohnt sie allein in ihrem Zimmer. In einer Oberarztvisite wird sie darauf aufmerksam gemacht, daß sie nicht einfach die Zigarettenkippen vor der Abteilung wegwerfen könne. Die Patientin scheint dies als große Kränkung zu erleben. Sie wirkt an diesem Morgen sehr unruhig. Die Assistenzärztin, die sonst immer im Haus für sie erreichbar war, ist am Nachmittag in der Weiterbildung. Beim Mittagessen wird sie noch gesehen. Am frühen Nachmittag findet sie die Putzfrau in ihrem Zimmer: Sie hatte sich aus einer Schnur einen Strick gebunden und an den Heizungsrohren über ihrem Bett erhängt.

Betroffenheit im Team

Der Tod der Patientin löste im Behandlungsteam große Betroffenheit aus. Die Patientin war unter Behandlung aus der Psychose herausgekommen und mit einer Realität konfrontiert, der sie sich nicht gewachsen sah. Sie fühlte sich vom Team und der Ärztin mit zu wenig

Zuwendung, zu wenig Gesprächen, zu wenig Zeit bedacht. Sie schien Zurückweisungen immer wieder zu inszenieren, indem sie dringend um ein Gespräch bat, wenn offensichtlich ein anderer Patient zur verabredeten Zeit erschien. Es bestand ein intensiver Kontakt; die Suizidalität war immer wieder Thema. Trotz oder wegen des intensiven Kontaktes blieben nach dem Suizid Fragen, ob doch noch mehr möglich gewesen wäre. Und es blieben Schuldgefühle. Vor allem in denen, die sie hatten hängen sehen, aber auch in den anderen klang nach, daß sich die Patientin an der Heizungsleitung über ihrem Bett in der Klinik erhängt hatte. Hatte sie in irgend einer Weise eine aggressive Botschaft an die Abteilung hinterlassen wollen? Und wiederum: Wäre außerhalb der Klinik überhaupt jemand dagewesen, den ihr Tod noch interessiert hätte? Das Behandlungsteam der Station setzte sich zusammen, um die Abläufe noch einmal zu überdenken. Der Eintrittswunsch der Patientin war als Aufnahmegrund akzeptiert worden, was leider nicht immer der Fall ist. Schwierig erschien retrospektiv der Wechsel von der offenen Rehabilitations- auf die Langzeitstation. Es war nicht auszumachen, ob das zunehmende Herumirren der Patientin etwas mit dem Wegzug und dem schwierigen Eingewöhnen auf der neuen Station zu tun hatte, oder ob sie bereits nicht mehr wußte, ob sie sich noch einmal auf einen neuen Lebensabschnitt einlassen wollte. Es schien aber so, als hätte die Verlegung sie nicht darin unterstützt, ihr Leben wieder in die Hand zu nehmen.

Obwohl die therapeutische Beziehung zur persönlichen professionellen Kompetenz des oder der Behandelnden gehört, sei sie hier noch einmal gesondert betrachtet. Auf den Rollenkonflikt zwischen ärztlichem und psychotherapeutischem Handeln wurde bereits in Kapitel 13 hingewiesen. Ähnliche Rollenkonflikte gibt es auch für andere Berufsgruppen: Psychologen haben in der Regel eine therapeutische, in vielen Kliniken eine diagnostische Funktion. Schwestern und Pfleger haben die Aufgaben, einerseits für Ordnung und Sicherheit zu sorgen, andererseits übernehmen sie vor allem beschützende, mütterliche Aufgaben. Sie bieten den bergenden Raum und Zeit. Sie sind anwesend, wenn sich Patienten zurückziehen und schaffen damit die Möglichkeit für psychotherapeutische Gespräche; die Zugänglichkeit und das Einverständnis von Patienten, sich auf eine Behandlung einzulassen. Betrachtet man die Station als BIONS »Container« (1971), sind es vor allem die Schwestern, die diese Aufgabe übernehmen. Bei der Patientin im geschilderten Beispiel könnten die verschiedenen Anläufe, einen geeigneten Wohn- und Lebensraum zu finden, die Konfrontation mit ihren Defiziten verschärft haben.

Die therapeutische Beziehung gehört aber nicht nur zur persönlichen professionellen Kompetenz; sie trägt auch Züge einer persönlichen Beziehung zwischen zwei Menschen. Auch hier können Konflikte auftreten. Je länger die Behandlung gedauert hat, je intensiver sich eine therapeutische Beziehung entwickeln konnte, desto mehr persönliche Aspekte treten hinzu. Diese gehören einerseits zur unerläßlichen tragfähigen Beziehung in der therapeutischen Arbeit. Andererseits können hier persönliche Erwartungen auftreten, die in beruflichen Kontakten nicht erfüllt werden können und auch nicht sollen. In unserem Beispiel hatte die Patientin der behandelnden Ärztin wiederholt vorgeworfen, daß sie sie nicht als ihre Freundin annahm. Einiges spricht dafür, daß die Intensität der Schuldgefühle nicht mit den Behandlungsfehlern, sondern mit der Intensität der bestandenen therapeutischen Beziehung korreliert. Fragen und Zweifel stellen sich schon deshalb ein, weil sich im Laufe fast jeder längeren Behandlung persönliche Aspekte in die therapeutische Arbeit einschleichen und als störend auswirken können. Daraus erwachsene Konflikte müssen bearbeitet werden und können doch selten ganz gelöst werden. Wahrscheinlich müssen wir davon ausgehen, daß in jeder therapeutischen Beziehung Unaufgelöstes bestehen bleibt. An sie knüpfen sich Schuldgefühle, aber auch vielerlei andere Emotionen, die wir unter den persönlichen Aspekten betrachten wollen.

Persönliche Aspekte

Zu den unmittelbaren emotionalen Reaktionen gehören neben der Enttäuschung, wenn nicht gar dem Gefühl, daß die Patientin die Therapeutin »getäuscht« hat, Wut, Trauer, eigene Lebenszweifel und ein meistens besonders schwer einzugestehendes Gefühl der Erleichterung. Je länger die therapeutische Beziehung bestanden hat, desto mehr persönliche Aspekte spielen in die Reaktion nach dem Suizid hinein. Die Behandelnden sind dann wie Angehörige Hinterbliebene nach dem Suizid. Schuldgefühle entstehen aus unaufgelösten Konflikten; aus der nicht lösbaren Verflechtung zwischen therapeutischer und persönlicher Beziehung. Sie entstehen auch aus der Tatsache, die Katastrophe überlebt zu haben, an der der andere scheiterte. In verschiedenen Texten wird hier von den Hinterbliebenen als Überlebenden und den auftretenden Krisen als einem Überlebenden-Syndrom gesprochen. Auch für die Behandelnden kann das Gefühl des Verlassen-Seins sehr stark werden. Auch für sie ist es schwer, zu ihrer Trauer zu finden. Wie bei den Angehörigen kann ihre Trauer sehr verschieden und individuell verlaufen. Eigene Hoffnungslosigkeit oder Suizidalität entsteht besonders schnell, wenn die Behandelnden selbst in einer Krise stecken; wenn sich schon von dort Fragen an Lebenssinn und die weitere Lebensgestaltung stellen. All dies verschärft sich, wenn die Verstorbene den Behandelnden sozial nahe stand und sie sich deshalb mit ihr gut identifizieren konnten. Neben der Reflexion möglicher Behandlungsfehler dürfte es in der Auseinandersetzung mit dem Suizid besonders schwer sein, als Behandelnde über die persönlichen Aspekte der Beziehung nachzudenken, da in Lehrbüchern wie in therapeutischen Ausbildungen betont wird, daß therapeutische Beziehungen von persönlichen zu trennen seien. Das Eingeständnis persönlicher Verbundenheit wird dann nicht als wesentlicher Teil der therapeutischen Beziehung reflektiert, sondern als therapeutisches Versagen erachtet. Diese Betrachtung stört nicht nur den therapeutischen Prozeß, sondern auch die Auseinandersetzung mit dem Suizid. Und sie verhindert die Trauer. Auf weitere persönliche Aspekte werden wir im Kapitel zum Umgang mit den Angehörigen nach dem Suizid zu sprechen kommen.

Praktische Hinweise.

Der Suizidanlaß ist nicht die Ursache. Auf professioneller Ebene muß folgendes geklärt werden:

- Wurden wesentliche Prinzipien der Organisationskultur (Sicherheitskultur) verletzt? (Vgl. dazu Kapitel 16)
- Entsprach die Aufnahme auf die offene / geschlossene Station der Akuität der Suizidgefährdung?
- Entsprachen die Ausgangsregelungen, Beurlaubungen der Suizidgefährdung?
- Wurden bei der Rehabilitationsplanung die Äußerungen des Patienten / der Patientin berücksichtigt; der Verlauf der Erkrankung? (vgl. Kapitel 15)
- Wurden wesentliche Prinzipien der Behandlungskultur verletzt?
- Bestehen im nachhinein Zweifel an der Diagnose?
- Entsprach die Behandlung der Diagnose?

- Wer war die nächste therapeutische Bezugsperson?
- Wer entschied über Ausgänge, Beurlaubungen?
- Ist die Rücksprache mit dem Oberarzt erfolgt?
- Bestand die Möglichkeit zur Supervision?
- Erwuchsen aus der Behandlung Konflikte und wie wurde mit ihnen umgegangen?
- Bestanden unterschiedliche Vorstellungen über die Perspektive (Medikation, Rehabilitation, Wohnen und Arbeiten) zwischen Patient und Behandelnden?
- Wie gestaltete sich die therapeutische Beziehung?
- Wie hatte sich die persönliche Beziehung zwischen Behandelnden und Patientin entwickelt?

21 Zwischen Schuld und Trauer: Die Angehörigen nach dem Suizid

Für die Angehörigen ist der Suizid eines kranken Familienmitglieds immer ein schockierendes Ereignis. Ob der Kranke oder die Kranke wiederholte Suizidversuche unternommen hat, ob sich lähmende Suizidalität hingezogen hatte oder ob der Suizid völlig überraschend kam, der vollendete Suizid löst Erschrecken, Bestürzung, massive Schuldgefühle und eine Fülle verwirrender unmittelbarer Reaktionen aus. Erste Adressaten sind nicht selten die Behandelnden. Wenn im Zusammenhang mit der Mitteilung des Suizids der Psychiater oder die Psychiaterin mit Vorwürfen überschüttet werden und rechtliche Schritte angedroht werden, sind solche Äußerungen zuallererst im Rahmen dieser Reaktion zu betrachten. Die Angehörigen bedürfen des Gesprächsangebotes. Ob sie dies unmittelbar nach dem Suizid wünschen und/oder mit einigen Wochen Abstand, ist Teil der individuellen Auseinandersetzung mit dem Ereignis. Wenn irgend möglich, sollten die in diesem Gespräch vorgetragenen Vorwürfe und Gedanken zuerst einmal entgegengenommen werden.

Die erste Reaktion

In der Zeit unmittelbar nach dem Suizid stehen massive und wechselvolle Gefühle in der Regel im Vordergrund. Diese können sich zwischen Entsetzen, Enttäuschung, Wut, Trauer und Erleichterung bewegen. Das erste klärende Gespräch, die erste Krisenintervention können dazu verhelfen, das Durcheinander der Gefühle und Gedanken zu äußern und zu benennen. Zur »Ordnung« im Gefühlshaushalt hilft die Unterscheidung, welche Reaktionen mit der abgebrochenen Beziehung mit dem Suizidanten zu tun haben und welche zum persönlichen Erleben als Hinterbliebene gehören. Angehörige haben wiederholt berichtet, daß sie sich nach dem Suizid nicht nur von dem Kranken verlassen fühlen, sondern auch von ihrer Umgebung allein gelassen werden, d.h.

von Nachbarn, Freunden und Bekannten – und von den Behandelnden. Die Fachliteratur berichtet in erster Linie über Krisenreaktionen nach dem Suizid. Diese können von psychosomatischen Beschwerden über Schlafstörungen, Angstzuständen bis hin zu ausgeprägten depressiven Episoden und eigener akuter Suizidalität reichen (z. B. BIELINSKI 1994, GOLDSTEIN, BUONGIORNO 1984).

Angehörige selbst berichten über die Hilflosigkeit, sich im Leben wieder zurechtzufinden, über Probleme mit der Trauer: die Unfähigkeit zu trauern, die verzögerte oder über Jahre fortgesetzte Trauer, über die Störung aller anderen lebenswichtigen Beziehungen zu Ehepartnern, Kindern, Geschwistern, Eltern und die dadurch entstehenden Selbstzweifel. Insbesondere solange die Schuldgefühle und die Suche nach der Ursache des Suizids vorherrschen, dominiert die eigene Verunsicherung. Der Rückzug der anderen und fehlende Gesprächsangebote, in denen die Reflexion über das eigene Erleben möglich wäre, verstärken diese Selbstzweifel noch (z.B. IDE 1988, 1992, BIELINSKI 1994). Nach den Berichten einiger Angehöriger sollte das erste Ziel nicht sein, ihnen eine Psychotherapie zu empfehlen, sondern eine Gesprächsmöglichkeit zu finden, in der auch Schuldgefühle, mögliches Versagen und Zweifel geäußert werden können. Hierfür bietet sich in der Regel der letzte Behandelnde des Verstorbenen an oder der langjährige Psychiater oder Hausarzt. Außerdem geht es darum, den bisherigen Lebensrhythmus wenn immer möglich nicht zu unterbrechen, sich nicht vor den anderen zurückzuziehen und bis zu einer möglichen Neuorientierung das bisherige Leben fortzusetzen, auch wenn dies nur mit Mühe oder »mechanisch« gelingt. Wiederholt berichteten Angehörige, daß sie sich in Selbsthilfegruppen eher verstanden fühlten (vgl. auch STICH 1996), als in einer psychotherapeutischen Praxis, wo es sehr schnell um die Behandlung bestimmter Störungen ging. Die folgenden Aspekte haben sich zum Weiterleben nach dem Suizid, der Bearbeitung von Schuldgefühlen und dem Wieder-Tritt-Fassen im eigenen Leben bewährt.

Der Anlaß des Suizids ist nicht die Ursache

Zu den depressiven Symptomen, die sich nach dem Suizid eines Angehörigen regelhaft einstellen, gehört das wiederkehrende Kreisen von Gedanken. Häufig geht es um die Frage, ob eine andere Reaktion, eine andere Antwort, eine andere Verhaltensweise in der letzten Begegnung mit dem kranken Angehörigen den Suizid verhindert hätte. Hieran können sich Gedanken des schuldhaften Versagens festmachen. Hier wird, zumindest zu Anfang, auch nach Ursachen für den Suizid gesucht. Wie auch immer das Leben des Angehörigen vorher verlaufen ist, welche Faktoren zur Suizidalität beigetragen haben, immer ist ein solcher letzer Anlaß auszumachen, der zum vollendeten Suizid geführt hat. Er ist bestimmt nicht die Ursache und wäre mit größter Wahrscheinlichkeit durch einen anderen Anlaß ersetzbar gewesen. Auch wenn sich die Szenen solcher Begegnungen immer wieder in Träumen, in Erinnerungen oder vor den Augen der Angehörigen einstellen, ist es wichtig, sie weglegen zu lernen und sie nicht zwanghaft zu ändern versuchen: Wenn ich damals etwas anderes gesagt hätte ...

Natürlich begnügen sich die Gedanken und Fragen nicht mit dem Kreisen um den Anlaß. Die Suche nach der Ursache, nach eigenem Versagen, nach Fehlern und Schuld geht weiter. Dazu schrieb Helga Ide 1992:

> »Diese immer wiederkehrende quälende Frage nach den Ursachen und Motiven dieser Selbsttötung. Diese falsche Vorstellung: Wenn ich weiß, warum er/sie nicht mehr leben wollte, wird alles erträglicher. Ich habe Mütter kennengelernt, die einen eindeutigen Abschiedsbrief von ihren Kindern bekommen hatten mit der genauen Darlegung der Gründe. Ich habe sie glühend beneidet, bei genauem Hinsehen aber erkennen müssen, daß es auch nicht half. Sie grübelten über die Gründe für diese Gründe nach. Ich hatte schon recht bald den Vorsatz gefaßt, daß mich die Gründe für Kais Tod nicht interessieren sollten. Es war sein Tod – genauso wie sein Leben. Aber immer wieder geriet ich ins Wanken, stöberte doch herum, dachte nach, fragte. Einige der Ursachen waren erkennbar, bei anderen war ich auf Mutmaßungen und Spekulationen angewiesen. Ich quälte mich in einem Kreis herum der nie ein Ende nahm ... Wann immer ich intensiv seine Gefühls- und Gedankenwelt nachzuvollziehen versuchte, geriet ich in einen Sog von Verzweiflung und fühlte mich versucht, den gleichen Schritt zu tun wie Kai. Aber ich wollte leben. Deshalb habe ich all diesen Grübeleien rigoros ein Ende gemacht: Mir eine Begründung für seinen Tod zurechtgezimmert, mit der ich leben konnte. Mit war egal, ob sie falsch oder richtig war. Kai wäre es auch gleichgültig. Daran habe ich von da an festgehalten. Und seltsamerweise wurde damit die bohrende Frage nebensächlicher.«

Es gibt kein perfektes Leben

Es gibt weder perfekte Familien noch ein perfektes Leben. Auf der Suche nach eigener Schuld werden die meisten Angehörigen fündig: Keine Biographie verläuft ohne Krisen. Auch nahestehende Angehörige können nicht immer bis ins letzte nachvollziehen, was sich bei den einzelnen Familienmitgliedern ereignet, was sie umtreibt, woran sie hängenbleiben, was sie quält. Sie sind dabei mit eigenen Fragen beschäftigt. Nicht selten sind mehrere Familienmitglieder zugleich in einer schwierigen Situation. Eltern können Kindern; Geschwister können sich ebensowenig wie Ehepartner immer gerecht werden. Familienmitglieder bleiben sich manches schuldig. Sie sind deshalb nicht Schuld am Suizid der Verstorbenen. Hätten Lebenssinn und Lebensinhalt alleine an einem Angehörigen gehangen, wäre die Biographie sicher nicht stabil verlaufen. Alleine für den Tod eines anderen verantwortlich zu sein hieße, über diesen alle Macht zu besitzen. WINNICOTT spricht anläßlich der Entwicklung von Kindern von der »genügend guten« Mutter. Dieses Bild ließe sich für alle Angehörigen ausdehnen: Es geht nicht um schuldhaftes Versagen in der einen oder anderen Hinsicht, in der einen oder anderen Situation, sondern um ausreichende Präsenz; genügend stabile Beziehungen, Verständnis, Zuneigung. Ist es aber das, was Familien den einzelnen Mitgliedern sein können, kann kein Mitglied »schuld« am Tod des anderen sein.

Rekonstruktion der Biographie – ein Beispiel

Von kreisenden Fragen der Schuld abzulenken und diese zugleich konstruktiv umzusetzen, hilft die Rekonstruktion der Biographie des anderen und insbesondere der eigenen Beziehung zu ihm. Dies sei an einem Beispiel erläutert:

> Eine junge Frau berichtet in einer Gruppe von Angehörigen, die alle Familienmitglieder durch Suizid verloren haben, von ihrer Mutter. Die Mutter habe an einer wiederkehrenden, schweren Depression gelitten. Mehrfach sei sie psychiatrisch hospitalisiert worden. Die Mutter habe den Vater gedrängt, sich scheiden zu lassen. Obwohl dieser das nicht wollte, sei er schließlich ausgezogen. Und einige Jahre später sei auch die Scheidung vollzogen worden. Zwei weitere Geschwister seien wenige Jahre und zehn Jahre jünger als sie. Sie sei in der gegebenen Situation der

Mutter sehr nahe gerückt, wohl so etwas wie Partnerersatz geworden. Sie habe sich mit der Rolle zurechtgefunden. Die Mutter habe es fertiggebracht, dafür zu sorgen, daß die Kinder den Kontakt zum Vater abgebrochen hätten, obwohl sich der Vater immer um Kontakt bemüht habe. Mehrere Suizidversuche habe die Mutter unternommen, meistens mit Benzodiazepinen. Da sie Ärztin gewesen sei, hätte sie doch wissen müssen, daß man davon nicht stirbt. Nach einer neuerlichen Hospitalisation habe sich die Mutter zehn Tage später im Haus erhängt. Sie sei damit fertig geworden, indem sie ein ganz anderes Leben begonnen habe. Sie habe in Windeseile erwachsen werden müssen. Zusammen mit den Geschwistern habe sie das Haus geerbt. Die beiden jüngeren Geschwister seien wieder zum Vater gezogen. Jetzt sei es so, als habe die Trennung und Scheidung der Eltern eigentlich nie stattgefunden. Sie selbst sei, schneller als sie das habe haben wollen, mit ihrem Freund zusammengezogen.

Auf den ersten Blick erscheint die junge Frau vorrangig Wut auf ihre Mutter zu empfinden. Die anderen Gruppenteilnehmerinnen wollen ihr denn auch nahe legen, den Suizid ihrer Mutter zu akzeptieren. Vielleicht sei sie ja kränker gewesen, als ihr klar gewesen sei. Jetzt erst berichtet sie, wie nahe sie der Mutter gestanden hatte: Wiederholt hatte sie darauf gedrängt, daß die Mutter in die Klinik eingewiesen wurde, weil sie gesehen hatte, wie schlecht es ihr ging. Wenn die Mutter durchs Haus gegeistert sei, habe sie sich häufig in ihrem Zimmer aufgehalten. Dort habe sie sie gefunden, wenn sie nach Hause gekommen sei. Häufig habe sie sie nachts, in den frühen Morgenstunden, in der Küche gefunden. Dort habe sie schlaflos gesessen.

Die Mutter habe es ihr nicht gerade leicht gemacht. Nicht nur, daß sie sich davongemacht und ihnen wiederholt gepredigt habe, man müsse durchhalten. Sie habe sich im Haus aufgehängt, und zwar mit der Hundeleine. Der Hund sei ihr das Liebste gewesen. Der jüngere Bruder habe die Mutter gefunden und sie gerufen. Danach habe sie das Haus nicht mehr haben wollen. Sie habe es verkauft. So habe ihr die Mutter auch noch die Möglichkeit genommen, sich weiter im Haus »zu Hause« zu fühlen.

Zu Anfang hatte die junge Frau geklungen, als könne sie sich sehr geordnet und überaus erwachsen vom Suizid der Mutter distanzieren. Sie hatte selbst davon gesprochen, daß in Gedanken an die Mutter vor allem Wut aufkomme. Die verschiedenen Rückfragen der anderen Gruppenteilnehmer machten erst deutlich, wie innig sie mit der Mutter verbunden gewesen war, wie sehr die Mutter bei ihr Hilfe und Unterstützung gesucht hatte, und wie sehr sie gespürt hatte, wann es ihr besonders schlecht ging. In der Tat war sie in vielerlei Hinsicht Partnerersatz für die kranke Mutter. In der Tat hatte die Mutter ihr mehr abverlangt, als sie ihr hatte geben können. Die trotz Distanzierung unter den Eheleuten angebotene Stütze durch den Ehemann hatte die kranke Mutter vehement abgelehnt. In dieser Situation hatte die junge Frau – nicht nur im Hinblick auf ihre Mutter – eine unmögliche Aufgabe. Die Rekonstruktion ihrer Beziehung zur Mutter machte dies deutlich.

Das eigene Überleben

Nach der Beschreibung vieler hinterbliebener Angehöriger geht es in der Tat zunächst darum, zu ertragen, noch am Leben zu sein; jeden Tag aufs neue wieder aufzunehmen und nicht einfach liegen oder sitzen zu bleiben oder gar sich zu suizidieren. Dies kann anfänglich verdeckt werden durch alle Aufregung um die Beerdigung, Wohnungsräumung, organisatorische Aufgaben. Dann aber geht es um so schärfer um die Frage, wie das eigene Leben nach dem Suizid des nahen Angehörigen aussieht. Die junge Frau im obigen Beispiel hatte berichtet, daß sie in Windescile erwachsen geworden sei. Sie konnte es nicht mehr ertragen, im selben Haus zu leben, in dem sich die Mutter suizidiert hatte. Sie zog aus, verkaufte ihr Erbe, half mit, daß die jüngeren Geschwister zum Vater zurückzogen und suchte sich mit dem Freund ein neues Zuhause – ein neues Leben.

Die Mutter eines endzwanzigjährigen Sohnes berichtete, daß sich die große Familie nach dem Suizid um so enger zusammengeschlossen habe. Aber auch die politische Gruppe, in der sie tätig war, habe ihr sehr geholfen. Sie habe nach dem Tod des Sohnes ihr Amt niederlegen wollen. Die anderen aber hätten gesagt: Nein, das machst du jetzt gerade nicht. Dieses Weiterarbeiten, das Fortsetzen ihres bis dahin bestehenden tätigen Lebens, weiter gefordert zu sein, habe sie über die schwerste Zeit hinweggebracht. Im eigenen Leben wieder Tritt zu fassen, kann so unterschiedlich aussehen, wie Menschen verschieden sind. Vielleicht ist es wichtig, daß das Leben auf die eine oder ganz andere Weise erst einmal weiterläuft, bevor die Frage möglich ist, wie das eigene Leben nach dem Suizid aussieht.

Abschied nehmen

Je eher das Gefühl entsteht, auf irgendeine Weise Boden unter den Füßen zu haben, indem das Leben einfach weitergeht, können die wiederkehrenden Gedanken, die Gefühle von Wut, Angst, Enttäuschung und Erleichterung verarbeitet werden. Die Wut auf die Verstorbenen ist schwer einzugestehen. Bei den meisten Hinterbliebenen tritt sie nur kurzfristig auf, ist begleitet von heftigen Schuldgefühlen und wird schnell wieder abgelöst von Trauer und Bedrückung. Für die Krisenintervention ist es wichtig zu begreifen, daß Wut zugleich Ausdruck der persönlichen Verbundenheit wie eine erste Form des Distanzierungsversuchs sein kann. Schwer erträglich ist den meisten Angehörigen ein Gefühl von Erleichterung nach dem Suizid. Dies stellt sich fast regelhaft ein, wenn die Verstorbenen lange krank waren, die Familie immer wieder bis über die Grenzen belasteten; wenn die Kranken mit den eigenen Krisen und langen Krankheitsphasen nicht zurecht kamen oder wiederholt akut oder auch chronisch suizidal waren. Selbst wenn über solche Gefühle der Erleichterung gesprochen werden kann, liegt es näher, zu erklären, daß der Tod für die Verstorbenen eine Entlastung bedeutet. Es ist schwer einzuräumen, daß die Erleichterung auch für das eigene Leben gilt, selbst wenn daneben die Verlassenheit, Abschied und Trauer intensiv empfunden werden.

Dem Zeitgeist entspricht es, sich selbst einen schnellen Tod zu wünschen. Angehörige haben damit selbst bei Unfällen oder plötzlichem Tod durch Krankheit zu kämpfen. Noch schwerer wird es nach dem Suizid. Der nicht stattgefundene Abschied muß – alleine – nachgeholt werden. Durch Entsetzen, Enttäuschung, Verwirrung, Angst, Schuldgefühle, Erleichterung zur Trauer zu finden, ist für alle Beteiligten schwer. Gerade hier sollten Behandelnde zur Verfügung stehen.

Trauern

Ob und wie Hinterbliebene trauern, ist dabei nicht immer von außen erkennbar. Verschiedene Angehörige berichten, daß es schwer ist, jedem seine eigene Trauer zu lassen. Dies gilt insbesondere im Familienkreis – zwischen Eheleuten, Eltern und Kindern, als Hinterbliebene, unter Geschwistern ...: Wenn ein Familienmitglied das Bedürfnis hat, sich für längere Zeit zurückzuziehen, immer wieder über dieselben Themen, dieselben Fragen, dieselben Zweifel und Schuldgefühle zu sprechen; der andere aber sich dadurch zu retten versucht, daß er vergißt, möglichst schnell den alten Lebensrhythmus wiederzufinden und aufkommende Gedanken beiseite zu legen, kann dies zu zusätzlichen Familienkonflikten führen. Verschiedenste Angehörige berichten, daß dies bei Ehepaaren, die ein Kind durch Suizid verloren haben, zu schweren Ehekrisen führen kann: Beide fühlen sich schuldig, suchen dafür aber verschiedenste Formen der Bewältigung. Beide finden die Situation unerträglich und brauchen Hilfe, können gerade diese dem anderen aber nicht geben. Beide erwarten ein Entgegenkommen des anderen und sind dazu selbst nicht in der Lage. Dies ist nicht Ausdruck individueller Unfähigkeit, sondern der ungeheuer bedrückenden Situation. Gerade bei solchen Schilderungen sind Therapeutinnen und Therapeuten immer wieder versucht, die eine oder andere Verhaltensweise zu pathologisieren oder zu normieren. Wo dies geschieht, ziehen sich Angehörige, die dringendster Hilfe bedürften, ganz schnell wieder zurück. Auch dies beschrieb Ide in eindrücklicher Weise:

»Zunächst hatte ich bei Freunden Trost gesucht. Die meisten waren mir sowieso irgendwie abhanden gekommen; wer will heute schon mit leidenden Menschen zu tun haben? Und die gut gemeinten Ratschläge der wenigen, die bei mir ausharrten, quälten mich nur: Du hast doch noch zwei Kinder, denk an die! Du mußt dich ablenken, komm mit ins Kino! Stürz dich in deine Arbeit, dann kommst du auf andere Gedanken! Das ist doch schon so lange her, jetzt mußt du an dich denken! Zieh um, dann wirst du nicht immer erinnert! ... Ich wollte es mit einer Therapie versuchen ... Wochen später schleppte ich mich zu einem Therapeuten. Aber ich fühlte mich nicht wohl mit ihm: Nach drei Sitzungen hatte er sich weder meinen noch Kais Namen merken können. Darüber hinaus verabschiedete er mich mit der Empfehlung, eine Frau sei für mich und meine Probleme wohl geeigneter. Entmutigt und verletzt zog ich mich zurück. Erst nach Monaten machte ich aus Verzweiflung den nächsten Versuch mit einer Psychoanalytikerin. Sie gefiel mir gut, ich fühlte mich verstanden. Aber dann machte sie Bemerkungen wie Kai habe sich mir gegenüber rücksichtslos benommen; ich hätte doch schließlich noch zwei Kinder und meine Arbeit; Sie sei sich nicht sicher, ob ich wirklich zu Recht erwarten könne, daß sie mir auf Kosten der Krankenkasse wieder Lebensfreude injiziere und ich gab auf. War wieder allein.«

Der Suizid des Angehörigen als Teil des eigenen Lebens

Selbst wenn die Trauer, selbst wenn der verstorbene Angehörige nicht ständig Thema ist, ist er unablässig präsent. Die tote Mutter, der tote Sohn begleiten das Leben. Es bedeutet Erleichterung, mit Nahestehenden darüber sprechen zu können, und sich nicht schämen zu müssen, daß die Gedanken noch immer da sind; daß die richtige Lebensfreude sich noch immer nicht einstellen will. Viele Angehörige sagen auf Anhieb, daß sie über den Suizid hinweggekommen seien. Ihr Leben habe sich wieder eingespielt. Sie hätten das dramatische Ereignis bewältigt. Fangen sie an, ihre Geschichte zu erzählen, oder etwas von dem zu berichten, was sie weiterhin beschäftigt, steht daneben scheinbar unverbunden die Äußerung, daß die Verstorbenen nach wie vor sehr präsent seien, der Suizid sie beschäftige, und jedes Erzählen den Verstorbenen wieder zurückrufe. »Ich bin darüber hinweggekommen und doch nicht«, sagte die Ehefrau eines Mannes, der sich suizidiert hatte. Kinder, Ehepartner, Geschwister oder Eltern werden in verschiedenster Form in das eigene Leben integriert – als gegenwärtige Erinnerung, als verstorbener geliebter Mensch, mit dem fortgesetzt ein innerer Dialog stattfindet; als »guter Geist« des eigenen Lebens; als vergangene wichtige Bezugsperson, nach der nun ein neues Leben begonnen hat. Der Suizid eines nahestehenden Angehörigen ist ein Ereignis, das von der Gegenwart nicht mehr abstrahierbar ist. Das Leben nach dem Suizid ist ein anderes, als vor dem Tod des Angehörigen. Leben kann intensiver werden; das Gefühl der Gegenwart kann anrührend stark werden; die eigene Lebensfreude kann um so intensiver sein, aber auch jäh durchbrochen von Gedanken an Tod und Suizid. Es kann nicht Ziel sein, darauf hinzuarbeiten, daß die Hinterbliebenen sich von diesem Ereignis lösen. Das ist nicht möglich. Vielmehr lohnt sich der Versuch, den Suizid des Angehörigen als Teil des eigenen Lebens das sein zu lassen, was er ist.

Hilfsangebote

All diese Schilderungen und noch vieles mehr sind nicht Ausdruck pathologischer Verarbeitung oder krankhaften Verhaltens nach dem Suizid. Sie sind individuelle Reaktionen auf ein unsagbar schmerzliches Ereignis. Die erste Überlegung der angesprochenen Behandelnden sollte deshalb nicht dahin gehen, welche Psychotherapie, welcher Therapeut oder welche Therapeutin zur Behandlung geeignet wäre, sondern welche Unterstützung die Hinterbliebenen für ihr augenblickliches Leben brauchen. In aller Regel geht es um die Verfügbarkeit der Professionellen für eine Krisenintervention, für das eine oder andere Gespräch, als Beistand, Beratung oder zum Zuhören. Psychiatrisch-psychotherapeutische Hilfe darüber hinaus ist angezeigt, wenn es um gravierende psychische oder körperliche Symptome der Hinterbliebenen selbst geht. Die meisten Angehörigen berichten, daß sie sich am ehesten in Selbsthilfegruppen oder von guten Freunden oder nahestehenden Angehörigen verstanden fühlten. Die Unterstützung von professioneller Seite sollte deshalb dazu verhelfen, so weit wie möglich im eigenen persönlichen Umfeld den nötigen Beistand zu finden.

Trotz der Tatsache, daß die Hinterbliebenen unterschiedliche zeitliche Bedürfnisse haben, empfiehlt sich ein klares Terminangebot: Ein erstes Datum ca. 2-4 Wochen nach dem Suizid; ein zweites nach drei Monaten und ein drittes ein Jahr später. Bleibt das Gesprächsangebot unverbindlich, wird die Schwelle, es anzunehmen, zu hoch.

Praktische Hinweise

- Feste Terminangebote sollten in den ersten 2-4 Wochen nach dem Suizid, etwa drei Monate und ein Jahr nach dem Suizid angeboten werden.
- Achten Sie im Gespräch darauf, keine direkten oder indirekten Schuldzuweisungen zu äußern.
- Die Gespräche sollten den Angehörigen ermöglichen, ihre Gefühle äußern und benennen zu können. Dies sorgt für eine erste »Ordnung« – das Durcheinander von Wut, Erleichterung, Enttäuschung, Verletztheit, Trauer ... als verschiedene Emotionen wahrzunehmen.
- Fragen Sie nach akuten Symptomen der Angehörigen und klären Sie, ob eine symptomatische Behandlung erforderlich ist.
- Wesentliche Etappen sind das Abschied nehmen, die Trauer und die Gedanken an das eigene Überleben und das Leben mit dem Suizid des Angehörigen. Dies ist möglich über die biographische Rekonstruktion des Verstorbenen;
- Die Rekonstruktion der Beziehung zu dem Verstorbenen
- Die Gedanken um die aktuelle eigene Situation.

22 Begleiteter Suizid

Wer den Suizid vermeiden will, muß sich in den letzten Jahren zunehmend mit Menschen und Organisationen befassen, die es sich zur Aufgabe gemacht haben, Menschen zum Suizid zu verhelfen und sie bei ihrem Weg in den Tod zu begleiten. Der begleitete Suizid (PAS für Physician Assisted Suicide) ist neben der aktiven und der passiven Sterbehilfe zu einem der meistdiskutierten gesellschaftlichen Themen geworden. Im Rahmen einer Medline-Recherche für die Jahre 1985 bis 1995 fanden wir Hinweise auf annähernd 600 Publikationen dazu. Darin manifestiert sich neben einem Unbehagen an der modernen Medizin offensichtlich auch eine veränderte Haltung zum Leben. Wir wollen die Problematik des begleiteten Suizides am Beispiel der Entwicklung in der Schweiz darstellen, die sich mit einiger Wahrscheinlichkeit in den kommenden Jahren in der Bundesrepublik in ähnlicher Weise nachvollziehen wird.

Die Affäre Hämmerli

Im Zuge einer allgemeinen Kritik an hergebrachten Werten im Verlaufe der siebziger Jahre ist in zunehmendem Maße der Schulmedizin der Vorwurf gemacht worden, durch lebensverlängernde Maßnahmen das Leiden moribunder Patienten unnötig zu verlängern. Ein erster Höhepunkt der öffentlichen Debatte war die sogenannte »Affäre Hämmerli« Mitte der siebziger Jahre, als der medizinische Direktor der Triemli-Spitals, Prof. Dr. U. Hämmerli, in Zürich seiner Vorgesetzten mitgeteilt hatte, er würde gewissen moribunden Patienten anstatt Zuckerlösung nur noch Flüssigkeitsersatz zukommen lassen. Diese hat ein Verfahren gegen ihn eingeleitet. Ein Pendant dazu dürfte der Fall Hackethal in Deutschland gewesen sein, als der umstrittene Chirurg seine Gabe einer todbringenden Substanz an eine Patientin mittels Video dokumentieren ließ.

Zweifellos bestand ein berechtigtes Mißtrauen der Öffentlichkeit gegenüber einer sie verwaltenden Institution, dem Spitalbetrieb, mit ihren oft patriarchal denkenden Ärzten, deren mangelnden Fähigkeit, sich den Patienten zu vermitteln, immer wieder kritisiert worden ist. Das Konzept der »passiven Sterbehilfe« wurde aufgegriffen; im allgemeinen konnte man damals mit einer zustimmenden Haltung seine allgemeine Aufgeschlossenheit manifestieren. Die obengenannte Magistratin ist übrigens nicht mehr gewählt worden.

Nebst der Opposition eines Teiles der Ärzteschaft, welche – sei es aus ethischen oder aus anderen Erwägungen heraus – den Standpunkt vertrat, es müsse alles getan werden, das Leben zu erhalten, gab es nur wenige Stimmen, die warnend darauf hinwiesen, es könne die Zeit kommen, wo man eher aus ökonomischen denn aus menschlichen Erwägungen heraus nicht mehr alles an möglichen lebenserhaltenden Maßnahmen anwenden werde. Kaum diskutiert worden ist in der Öffentlichkeit die Tatsache, daß Hausärzte, die dem Wunsch eines moribunden Patienten entsprächen, sie nicht ins Spital einzuweisen, da sie zu Hause sterben wollten, schon immer eine Art passiver Sterbehilfe durchgeführt haben.

Die Entwicklung von EXIT

Nicht zuletzt die Affäre HÄMMERLI dürfte bei dem Zustandekommen der Gründung der Organisation »EXIT« – Vereinigung für humanes Sterben – eine Rolle gespielt haben. EXIT ist eine unter vielen, mittlerweile in rund dreißig Ländern der Welt anzutreffenden »Right to Die Societies«. Ihrer eigenen Darstellung zufolge geht es um die Rechte des eventuell nicht mehr handlungsfähigen Patienten, eine sinnlose, unwürdige und schmerzhafte Lebensverlängerung abzulehnen: Mittels einer Patientenverfügung, die von der FMH, der Standesorganisation der Schweizer Ärzte, als verbindlich anerkannt wird, kann man damit seinen diesbezüglichen Willen kundtun. EXIT verlangt eine einmalige Beitrittsgebühr von Fr. 45.- und einen Jahresbeitrag von Fr. 25.-. Laut ihren eigenen Angaben zählt die Organisation in der Schweiz zur Zeit 60.000 Mitglieder, zwei Drittel von ihnen sind über fünfzig Jahre alt. Einen Schritt weiter geht EXIT durch das Propagieren von »problemlosen« Suizidmethoden mittels eines Handbuches. Dabei wurden früher u. a. Methoden, wie das über den Kopf Stülpen eines Plastiksackes oder die Einnahme von Barbituraten empfohlen.

Eine Schwesterorganisation von EXIT, die »Hemlock Society« in den USA hatte 1990 ein ähnliches Handbuch veröffentlicht, in welchem die Einnahme von Cyanid oder die obengenannte Aspyhxiemethode empfohlen wurde. In sehr kurzer Zeit sind offenbar ca. 50.000 Exemplare dieser Schrift verkauft worden (Final Exit 1991). Eine Studie aus dem Jahre 1991 untersuchte die Auswirkungen dieser Publikation auf Anzahl und Methode der bekanntgewordenen Suizide in den USA. Die entsprechenden Zahlen aus dem Jahre 1990 bis 1991 wurden verglichen: Während die absolute Anzahl der Suizide nicht anstieg, so war eine Zunahme von 30,8 Prozent der in absoluten Zahlen allerdings seltenen Asphyxie und eine immer noch signifikante Zunahme der Selbstvergiftungen festzustellen (MARZUK u. a. 1994). EXIT selbst empfiehlt mittlerweile die Asphyxiemethode, welche offenbar auch in prominenten Fällen Nachahmer gefunden hat (Niklaus MEIENBERG) nicht mehr.

Bisher ist in der Literatur nur ein Fall bekannt, wo ein psychisch kranker Mann die Schrift der Hemlock Society als Suizidanleitung benutzt hat: Bei der Leiche eines offensichtlich psychotischen Menschen, der sich mit Hilfe von Cyanid suizidiert hatte, wurde am Fundort die Schrift »Final Exit« der »Hemlock Society« aufgefunden (CINA u. a. 1994).

Das Ausmaß von Suiziden gemäß den EXIT-Empfehlungen in der Schweiz ist erstmals 1990 durch Zufall bekanntgeworden: In einer Untersuchung sämtlicher in der Schweiz anhand der Todesbescheinigungen als Suizide durch Intoxikation bekanntgewordenen Todesfällen – 179 an der Zahl, zwölf Prozent aller Suizidfälle – fanden sich 29, welche eine Kombination von Barbituraten und eines Anticholinergikums entsprechender Empfehlung von EXIT zu sich genommen hatten (MICHEL u. a. 1994). Laut Angaben von EXIT sind die empfohlenen Barbiturate nicht mehr im Handel.

Das mittlerweile mehrfach überarbeitete EXIT-Manual wird erst nach dreimonatiger Mitgliederschaft ausgehändigt. EXIT empfiehlt dringend, den Suizid durch einen von EXIT zur Verfügung gestellten Sterbebegleiter durchführen zu lassen, der die tödliche Medikation überreicht. Nach Zeitungsberichten begleitet EXIT derzeit jährlich zwischen 120 und 200 Menschen in den Suizid.

Juristisch sind bisher EXIT mit ihrer Vorgehensweise keine Schwierigkeiten entstanden: Zwar bedroht der Artikel 114 des Schweizerischen Strafgesetzbuches die Tötung auf Verlangen mit Gefängnis und

Artikel 115 die Verleitung zu oder die Beihilfe zum Selbstmord aus selbstsüchtigen Gründen mit Gefängnis oder Zuchthaus. Dies ist nach Ansicht der Juristen im vorliegenden Falle offenbar nicht der Fall.

Aktive Sterbehilfe

Im September 1994 ist im Schweizerischen Parlament, dem Nationalrat, sogar eine »Motion Ruffy« eingereicht worden, nachdem die Artikel 114 und 115 Strafgesetzbuch modifiziert werden sollten im Sinne der aktiven Sterbehilfe unter bestimmten medizinischen Indikationen, welche zu einem wesentlichen Teil von Ärzten bestimmt würden. Die Motion ist entgegengenommen worden, mittlerweile ist eine parlamentarische Kommission mit den entsprechenden Vorschlägen beauftragt. Der Motion ist allerdings nicht nur von konservativer Seite her Opposition entstanden.

Ein gewichtiges Argument war u. a. das Beispiel Hollands, wo sich seit zwanzig Jahren eine Kultur des »Tötens auf Verlangen durch Ärzte« eingebürgert hat: Gemäß einer Untersuchung aus dem Jahre 1990 ist bei 1,8 Prozent aller Todesfälle aktive Sterbehilfe geleistet worden, in zwei Fünftel davon ohne ausdrücklichen Wunsch der Patienten (van der WAL u. a. 1996)! Dabei gilt Holland als relativ unverdächtig, da es über hervorragende soziale Einrichtungen verfügen soll (SCHWANK u. a. 1996). HENDIN z. B. berichtet, daß die Suizidrate der Altersgruppe über fünfzig Jahre gegenüber 1992 um 33 Prozent gefallen sei; allerdings sei in dieser Altersgruppe die Sterbehilfe, welche nicht in der Suizidstatistik figuriert, bei weitem am häufigsten (HENDIN 1995).

Klaus ERNST weist in seiner Kritik an der Propagierung der Sterbehilfe darauf hin, daß bei vielen schwerkranken und / oder alten Patienten, die zu sterben wünschten, eine behandelbare Depression vorliege, die Betroffenen seien aber in ihrem Entscheid gar nicht frei, da eine »Kultur der Sterbehilfe« diese Patienten unter Druck setzen könnte.

Begleiteter Suizid in Basel

In Basel ist unseres Wissens der erste assistierte Suizid mittels EXIT Ende 1989 den Behörden bekanntgeworden. Im Frühjahr 1990 ist es sowohl in Basel als auch im benachbarten Kanton Baselland zu je einem weiteren von EXIT assistierten Suizid gekommen.

Spektakulär dürfte vor allen Dingen der folgende, gut dokumentierte Fall sein, als der Hausarzt eines an Aids erkrankten Mannes die Untersuchungsbehörde in Basel, die Staatsanwaltschaft, angefragt hat, ob er mit Sanktionen zu rechnen habe, falls er dem im Basler Lighthouse, einer Institution zu Pflege terminal kranker Aidspatienten, diesem eine Infusion mit einer Überdosis von Insulin zur Verfügung stellen würde, die der praktisch erblindete Patient sich selbst durch einen venösen Zugang verabreichen würde. Dem Arzt ist mitgeteilt worden, daß aus juristischer Sicht gegen dieses Vorgehen keine Bedenken bestehen würden; allerdings ist der Gerichtsmedizinische Dienst zur Feststellung des Todes beigezogen worden. Gemäß den Wünschen des Suizidanten ist allerdings auf eine Obduktion verzichtet worden.

In der Agglomeration Basel gibt es ca. 90 Suizide pro 400.000 Einwohner. Außergewöhnliche Todesfälle, wie solche durch EXIT assistierte, sind lückenlos dokumentiert. 1992 und 1993 gab es je drei EXIT-Suizide, 1994 war es einer, 1995 und 1996 je 13. Ob dieser markante Anstieg der letzten beiden Jahre mit einem in der Presse referierten Doppelsuizid eines prominenten Basler Bürgerpaars zusammenhängt, muß noch untersucht werden.

Begleiteter Suizid bei psychisch Kranken

In zwei Fällen, die im folgenden referiert werden sollen, ist es zu einem durch EXIT begleiteten Suizid bei Patienten gekommen, die kurze Zeit zuvor in einer psychiatrischen Klinik hospitalisiert gewesen waren.

Herr X:
Beim 60jährigen, geschiedenen Akademiker war ein positiver HIV-Status bekannt. Die Einweisung in die psychiatrische Klinik erfolgte wegen deutlicher psychischer Auffälligkeiten gegen den Willen des Patienten. Bei der Aufnahme war er desorientiert, unruhig, denkzerfahren. Die Initialbehandlung mit Haloperidol und Diazepam führte zu einer raschen Besserung des psychischen Zustandes. Bei der erst danach möglichen psychiatrischen Exploration berichtete der Patient, um seine HIV-Infektion seit vielen Jahren zu wissen. In den letzten Tagen vor der Klinikeinweisung habe er ein qualitativ verändertes Bewußtsein bemerkt: Er habe ein »verschärftes Gedächtnis« gehabt. Der Ausnahmezustand sei in zeitlichem Zusammenhang mit der Einnahme von Triazolam aufgetreten.

Die internistische Behandlung seiner AIDS-Erkrankung lehnte der Patient ebenso ab, wie die Nachbehandlung durch einen Psychiater. Er untersagte die Weitergabe eines allfälligen Austrittsberichtes an Dritte. Zu einer vereinbarten ambulanten Nachuntersuchung in der Klinik kam Herr X. in Begleitung seiner geschiedenen Frau und seines Sohnes. Er bat um eine Kopie der Epikrise für sich, da er Kontakt mit der Organisation EXIT aufgenommen habe. Er wolle in naher Zukunft aus dem Leben scheiden und benötige hierfür ärztliche Unterlagen. Dreizehn Tage nach Entlassung aus unserer Klinik nahm er sich in Anwesenheit eines Vertreters der EXIT das Leben.

Vier Monate nach dem Suizid erfolgte ein Gespräch mit der früheren Ehefrau, zu der Herr X. nach seiner Scheidung eine freundschaftliche Beziehung aufrechterhalten hatte. Herr X. habe den positiven HIV-Befund über lange Zeit verdrängt gehabt. Erst als die Krankheit etwa ein Jahr vor seinem Tod zum Ausbruch gekommen sei, habe er sich damit auseinandergesetzt. Angesichts seines zunehmenden körperlichen Verfalls habe er davon gesprochen, daß er sich umbringen wolle. Sie habe ihm damals geraten, mit EXIT Kontakt aufzunehmen, was er aber abgelehnt habe: Er wollte dieses Geschäft selbst hinter sich bringen. Als er aber zur Kenntnis habe nehmen müssen, daß ein Suizid mit Tranquilizern nicht möglich sei, sei er immer reizbarer geworden. Während seines Klinikaufenthaltes habe er sich bewußt angepaßt verhalten, damit er möglichst rasch austreten und sich suizidieren könne. Aufgrund seines raschen körperlichen Verfalls habe er, kaum daß er entlassen gewesen sei, alles unternommen, um mit »EXIT« in Kontakt zu kommen. Er habe sogar den aus der Presse bekannten Vorsteher der Organisation persönlich bemüht.

Frau Y:

Die 87jährige Frau Y. wurde vom Amtsarzt in unsere Klinik eingewiesen, nachdem der Sozialdienst der Polizei von einer entfernt lebenden Verwandten informiert worden war, Frau Y. wolle mit Hilfe von EXIT aus dem Leben scheiden. Die körperlich und geistig auffallend rüstige alte Dame war bei Eintritt bewußtseinsklar und orientiert. Auffallend war eine starke Stimmungsschwankung. Einerseits klagte sie über Hoffnungslosigkeit, Sinnentleerung und Lebensüberdruß, war dabei aber schwingungsfähig und konnte sogar über Bemerkungen des Untersuchers lachen. Sie berichtete über ein brennendes Schmerzgefühl im Mund- und Rachenbereich, das sie auf mit Chlor versetztes Wasser zurückführte, das sie vor Jahren getrunken habe. Ihren Wunsch zu sterben begründete sie mit dem Schicksal ihrer Schwester, die nach mehreren Schlaganfällen pflegebedürftig sei, künstlich ernährt werde und nicht mehr sprechen könne. Einem solchen Schicksal wolle sie zuvorkommen. Ihr Ehemann sei vor 16 Jahren an einem Herzinfarkt plötzlich verstorben. Seitdem sei sie, trotz des engen Kontaktes zu einem Neffen ihres Mannes, zusehends vereinsamt. Ihren Wunsch, freiwillig aus dem Leben zu scheiden, habe sie mit ihren Verwandten offen besprochen.

Körperlich litt Frau Y. an einer invalidisierenden Polyarthrose mit St.n. Knieprothese rechts, einem Diabetes mellitus Typ II, Keilwirbelbildung in Folge Osteoporose, und St.n. zwei Augenoperationen. Eine Behandlung mit Antidepressiva und niedrig dosierten Neuroleptika wurde eingeleitet. Die hohen Blutzuckerwerte ließen sich erst durch die Gabe von Insulin beherrschen. Allmählich distanzierte sich Frau Y. von ihren Suizidgedanken. Angesichts der vielfältigen körperlichen Gebrechen wurde Frau Y. vorgeschlagen, ihre bisherige Wohnung in einer Alterssiedlung aufzugeben und in ein Altenheim zu ziehen. Zwei Tage nach Klinikentlassung hat Frau Y. sich mit EXIT in Verbindung gesetzt, 49 Tage später ist es zur assistierten Selbsttötung gekommen.

Vier Monate nach dem Tod berichtete der Neffe, seine Tante habe schon längere Zeit offen über ihren Wunsch, aus dem Leben zu scheiden, gesprochen. Grund dafür seien die zunehmenden körperlichen Beschwerden gewesen. Sie hätten es ihr beispielsweise fast verunmöglicht, selbständig im nächsten Lebensmittelgeschäft einkaufen zu können. Sie sei auf EXIT durch entsprechende Reklame, die ihr per Post zugesandt worden sei, aufmerksam geworden. Er selbst habe sich gegen den Sterbewunsch, vor allem aus religiösen Gründen gewandt: ein jeder müsse sein Kreuz tragen. Eine depressive Symptomatik sei ihm nie aufgefallen. Ebenso wurde eine depressive Symptomatik vom Hausarzt der Patientin verneint. Auch dem einweisenden Amtsarzt sind keine psychopathologischen Symptome aufgefallen: Grund zur Klinikeinweisung sei einzig der klar ausgesprochene Wunsch gewesen, aus dem Leben zu scheiden.

Der beim Tod von Frau Y. anwesende Sterbebegleiter erklärte nachträglich, von der psychiatrischen Hospitalisation der Patientin nichts gewußt zu haben.

Haltung der Psychiatrie

In einem Interview vom April 1996 (Südwestfunk 2) hatte derselbe Sterbebegleiter erklärt, daß er seine Meinung über die Beihilfe zum Suizid für psychisch Kranke geändert habe. Zwar habe er sie anfänglich strikt abgelehnt, sei inzwischen aber der Meinung, daß auch solche Menschen ein Recht hätten, über ihren Tod zu entscheiden. Von allen Mitgliedern werde überdies verlangt, daß eine ärztliche Bescheinigung sie als »volljährig und urteilsfähig« ausweise.

In beiden Fällen ist es also zum Sterben entschlossenen Patienten gelungen, ihren Wunsch gegenüber den behandelnden Psychiatern und Psychiaterinnen während des Klinikaufenthaltes zurückzuhalten. In beiden Fällen war letztlich für den Wunsch zu sterben eine schwere körperliche Erkrankung ausschlaggebend. Da es den Patienten gelungen ist, die sie behandelnden Ärzte über ihre Sterbeabsichten im unklaren zu lassen, stellt sich die Frage, ob nach Abklingen der psychiatrischen Symptome die Erträglichkeit des weiteren Lebens mit diesen Patienten offen besprochen worden ist. Es muß offenbleiben, ob sich die Patienten, falls ein derartiges Gespräch stattgefunden hätte, möglicherweise gegen einen Selbsttötung ausgesprochen hätten.

Es kann nicht darum gehen, Suizidwünsche bei körperlich kranken Menschen zur psychiatrischen Erkrankung zu erklären oder der Psychiatrie die Aufgabe zuzuweisen, den Suizid in solchen Situation um jeden Preis zu verhindern. Vielfältige Einzelberichte wie seltene Erhebungen weisen jedoch darauf hin, daß von den körperlich Kranken im Endstadium, die Suizidwünsche äußerten, die überwiegende Mehrzahl eine schwere depressive Störung aufwies, während dies bei den übrigen Patienten nur im Ausnahmefall festgestellt wurde (Brown u.a. 1986).

Es ist nicht unwahrscheinlich, daß die Psychiatrie sich in Zukunft vermehrt mit Fragen der Handlungs- und Urteilsfähigkeit bzw. des Vorliegens einer maßgeblichen psychischen Störung auseinandersetzen muß. Die bisherigen Veröffentlichungen zeigen, daß die Publikationen von Psychiatern und Psychiaterinnen einen eher geringen Anteil an der Gesamtliteratur haben (z. B. Ernst 1995, Helmchen 1993, Lauter et al. 1992, Oehmichen 1995). Für die Zukunft wird es wichtig sein, hier Argumente zu sammeln und eine Haltung aus psychiatrischer Perspektive zu entwickeln. Die Entwicklung könnte dahin führen, daß Psychiater und Psychiaterinnen die Aufgabe zugewiesen bekommen, in solchem Zusammenhang zur Handlungs- und Urteilsfähigkeit Stellung zu nehmen. Es könnte auch sein, daß die Psychiatrie weiterhin am Rande bleibt und Sterbewünsche allein unter dem Aspekt des körperlichen Verfalls betrachtet werden. Dann bestünde die Aufgabe der Psychiatrie darin, sich fortgesetzt kritisch in diese Entwicklung einzumischen.

Schluß

23 Checkliste zur Suizidprophylaxe während der Behandlung

Abschließend will ich versuchen, eine Checkliste zur Suizidprophylaxe während der psychiatrisch-psychotherapeutischen Behandlung zu erstellen. Sie soll als Erinnerungsstütze dienen. Sie soll die Aufmerksamkeit wecken, zur Beobachtung und Selbstbeobachtung anhalten und zur Selbstprüfung in der Beziehung zu Patientinnen und Patienten dienen. Suizidgefährdung ist während der psychiatrisch-psychotherapeutischen Behandlung ein Alltagsproblem. Sie wird aber auch in vielfältigen Begegnungs- und Beratungssituationen in anderen psychosozialen Institutionen zum Thema, die Menschen in Krisensituationen oder mit Lebensschwierigkeiten aufsuchen. Wir sind gehalten, ihnen zuzuhören und ggf. nachzufragen. Wir müssen Suizidgefährdung erkennen, die Gefährdeten stützen und beraten und sie, wenn es erforderlich ist, psychotherapeutisch oder/und medikamentös behandeln. Wenn sich dennoch ein Suizid ereignet, ist unsere Aufgabe damit nicht abgeschlossen. Wir sind gehalten, zur Verarbeitung und Bewältigung dieses dramatischen Geschehens und seiner vielfältigen Auswirkungen auf die hinterbliebenen Angehörigen und – vor allem im institutionellen Rahmen – der beteiligten Therapeutinnen und Therapeuten beizutragen.

Suizidgefährdung ist keine Krankheit

Die Selbsttötung ist eine Möglichkeit des Menschen. Es gibt kaum jemanden, dem sein Leben nicht irgendwann sinnlos erscheint, der irgendwann nicht mehr weiterleben möchte – oder zumindest nicht so. Es gibt kaum jemanden, der nicht irgendwann an Suizid denkt. Entsprechend ist Suizidgefährdung primär keine Krankheit. Aber sie kann Ausdruck oder Begleiterscheinung von vielfältigen psychischen und körperlichen Erkrankungen sein, insbesondere wenn diese mit depressiver Verstimmung, dem Gefühl der Ausweglosigkeit, mit Hoffnungslosigkeit oder Verzweiflung einhergehen. Fast alle psychischen Störungen sind mit einem erhöhten Suizidrisiko behaftet; bei einzelnen, wie den affektiven und schizophrenen Psychosen sowie den Abhängigkeitserkrankungen, ist dieses erheblich.

Suizidgefährdung erkennen

Man kann einen suizidalen Menschen nur dann angemessen behandeln, wenn man seine Suizidgefährdung erkennt. Das ist eine Binsenweisheit. Aber sie hat Konsequenzen. Sie verlangt, daß man als Therapeut oder Therapeutin, als Berater oder Beraterin den Gedanken an eine mögliche Gefährdung zuläßt, daß man darauf achtet. Die Abklärung einer möglichen Gefährdung ist selbstverständlicher Bestandteil jeder Beratung von Menschen in schwierigen Lebenssituationen, jedes ärztlichen Abklärungsgespräches mit Menschen, die an psychischen Störungen leiden.

Die Kranken befragen

Daran denken ist nicht genug. Man muß danach fragen. Nach Suizidgedanken zu fragen, darüber zu sprechen und zuzuhören provoziert keine erhöhte Suizidgefährdung, wenn man entsprechend schonend vorgeht. Die Bereitschaft, sich einzulassen, stärkt die Vertrauensbeziehung und mindert die Gefahr. Die Befürchtung vieler Therapeutinnen und Therapeuten, sie könnten durch ihr Nachfragen eine suizidale Krise auslösen, ist unberechtigt. Die meisten Kranken reagieren mit Erleichterung, wenn sie auf latente oder aktuelle Suizidgedanken oder Suizidphantasien angesprochen werden. Häufig trauen sie sich nicht, darüber zu sprechen, obwohl solche Gedanken meist quälende Gedanken sind. Es schickt sich in gewisser Weise nicht, darüber zu sprechen: Sie fürchten, mißverstanden zu werden. Die ebenso alte wie falsche Volksweisheit, wer von Suizid spreche, nehme sich nicht das Leben, tut ihre Wirkung. Viele Kranke reagieren mit Erleichterung, wenn sie angesprochen werden. Sie geben bereitwillig Auskunft über ihre Gedanken, ihre Hoffnungen, Enttäuschungen, Ängste, ihre Isolation, ihre eigene Einschätzung, ihre Lebensperspektive und ihre aktuelle Lebenssituation. Im vertieften Gespräch haben auch Fragen nach früherem suizidalem Verhalten oder nach Suizidereignissen in der engeren Familie oder im Freundeskreis ihren Platz.

Aktuelle Suizidgefährdung

Aktuelle Suizidgefahr besteht, wenn das Denken und Fühlen der Kranken sich unablässig um die Möglichkeit der Selbsttötung dreht, wenn Suizidphantasien sie nicht loslassen, wenn sie konkrete Vorstellungen haben, auf welche Weise sie sich das Leben nehmen könnten oder möchten. Ein akutes Risiko besteht, wenn sie Vorbereitungen zur Durchführung des Suizids treffen – die Waffe bereitlegen, gehortete Medikamente hervorholen, sich zu Bahngleisen begeben oder in anderer Form Probehandlungen begehen. Akute Suizidgefährdung besteht auch, wenn depressive Verstimmung, gleich welcher Ursache, sich mit subjektiv erlebter Ausweglosigkeit und Verzweiflung verbindet.

Risikofaktoren

Fast alle psychischen Störungen sind als Risikofaktoren zu betrachten. Am gewichtigsten sind

- Phasische (endogene) Depressionen
- Psychosen aus dem schizophrenen Formenkreis
- Abhängigkeitserkrankungen aller Art, insbesondere wenn sie zu Isolierung, sozialem Abstieg und sozialer Entwurzelung geführt haben
- Tiefgreifende Persönlichkeitsstörungen mit Depressivität als Leitsymptom
- Pychoorganische Syndrome in Verbindung mit vorangegangenen Suizidversuchen, depressiver Verstimmung oder im Zusammenhang mit einer beginnenden Demenz
- Risikofaktoren
  - sind auch gehäufte Wiederaufnahmen in der Psychiatrischen Klinik innerhalb von kurzer Zeit, vor allem nach Wiederaufnahme von weniger als drei Monaten
  - Lange Dauer schwerer psychischer Störungen mit Verminderung der psychischen Dynamik, depressiver Leitsymptomatik und sozialer Isolierung
  - Hoffnungslosigkeit als Gefühl des Patienten und / oder als Reaktion des Therapeuten auf dessen Lebenssituation

Mit Ausnahme der letzten besagen diese Risikofaktoren nichts über die aktuelle Gefährdung. Sie beschreiben eine Gruppe von Kranken, bei deren Behandlungsverlauf verstärkt mit Suizidalität gerechnet werden muß. Sie weisen auf ein *ständig vorhandenes Basisrisiko* hin.

Information sichern

Alle an der Behandlung Beteiligten müssen über die aktuelle Suizidgefährdung der ihnen anvertrauten Kranken informiert sein. Die Einschätzung der Suizidalität und die daraus abgeleiteten Schlußfolgerungen müssen dokumentiert werden. Dabei gelten je nach Behandlungsrahmen in Klinik und Ambulanz unterschiedliche Bedingungen.

Behandlungsstation

Alle Mitarbeiterinnen und Mitarbeiter einer Klinikabteilung sind über Suizidrisiken von Kranken zu informieren. Bei Teambesprechungen und Visiten sollte über die jeweilige Einschätzung gesprochen werden. Die aktuelle Gefährdung sollte im Dienstzimmer für alle sichtbar auf einer Übersichtstafel markiert sein (z. B. durch roten Punkt), wenn akute Suizidalität besteht. Wenn auf einer Station regelmäßig gefährdete Patienten und Patientinnen behandelt werden, hat sich die tägliche Einschätzung der Suizidgefährdung und deren Dokumentierung in einer Liste oder in der Verlaufskurve bewährt. Einfache Symbole für latente oder fragliche Gefährdung bzw. für keine erkennbare Gefährdung genügen. Die Listenübersicht verschafft im Verlauf einen Überblick über das jeweilige »suizidale Klima« auf einer Station. In manchen Kliniken wird ein Basisrisiko dokumentiert: z. B. Psychose, vorangegangene Suizidversuche, Wiederaufnahme nach kurzer Zeit.

Klinik

Die Information der Mitarbeiter von Arbeits- und Beschäftigungstherapie und anderer Teileinrichtungen, die mit den Kranken arbeiten, muß sichergestellt sein.

Bei Verlegungen muß die Information von Arzt und Pflegepersonal vor oder mit dem Eintreffen des Kranken erfolgen. Häufigste Pannen: unterlassene oder zu späte Unterrichtung der Mitarbeiter des pflegerischen Dienstes.

Angehörige müssen über Suizidrisiken informiert sein, insbesondere im Zusammenhang mit Besuchs- und Urlaubsregelungen. Sie müssen wissen, daß sie die Mitteilung von Suizidgedanken und Suizidankündigungen unbedingt an die Behandelnden weitergeben müssen.

Entlassung

Generell müssen die Nachbehandelnden rasch und umfassend, möglichst persönlich telefonisch informiert werden. Das gilt auch und vor allem bei vorzeitigem Behandlungsabbruch durch den Patienten. An Angehörige denken! Generell bedarf die Entlassung der Vorbereitung. Die Nachbehandlung soll bei der Entlassung geklärt sein. Es bewährt sich, wenn Kranke vor der Entlassung aus der Klinik mit nachbehandelnden Therapeutinnen oder Therapeuten persönlich Kontakt aufnehmen.

Behandlung

Freundliche Zuwendung und die Bereitschaft zuzuhören sind Grundvoraussetzungen der Behandlung suizidgefährdeter Menschen. Dazu gehört die Bereitschaft, über Suizidgedanken zu sprechen, sowie die Ermutigung und Unterstützung im persönlichen Gespräch. Konstanz und Kontinuität der Betreuung durch alle Berufsgruppen sind wichtig. Ein Bezugstherapeuten-System ist hilfreich, wenn es durchgehalten werden kann. Unvermeidlicher Personalwechsel, auch Urlaub, ist vorzubereiten und zu besprechen. Hohe Personalfluktuation ist ein Risikofaktor.

Im übrigen ist die Grundkrankheit vorrangig zu behandeln.

Auf der Station:

Transparenz: Stationen sollen ein durchschaubares strukturiertes Milieu vermitteln. Patienten müssen leicht erkennen können, was von ihnen erwartet wird und wer sich um sie kümmert und wer wann für sie ansprechbar ist. Diffusität und Uneindeutigkeit in der Kommunikation sind zu vermeiden. Willkür und Unzuverlässigkeit von seiten der Therapeuten sind Risikofaktoren.

Geborgenheit: Besonders offene Stationen vermitteln gelegentlich Unverbindlichkeit und lassen Geborgenheit vermissen. Die Kranken sind in Gefahr zu vereinsamen. Das Stationsmilieu muß so geplant werden, daß es dem entgegenwirkt. Wichtig sind gemeinsame Mahlzeiten, gemeinsame Gruppenaktivitäten und andere Veranstaltungen. An- und Abmeldung bei Ausgang erhöhen die Verbindlichkeit.

Überwachung ist notwendig, wenn Kranke bei erkannter oder geäußerter Suizidalität aufgrund der Schwere ihrer Krankheit nicht absprache- oder bündnisfähig erscheinen (z. B. bei »endogener« Depression, bei psychosebedingter Ambivalenz). Die Überwachung soll möglichst durch individuelle unaufdringliche Zuwendung erfolgen. Das kann in speziell dafür vorgesehen Räumen, aber auch im Tagesraum geschehen.

Spezielle Patientengruppen:

Depressive sind in der akuten Krise besonders gefährdet beim Eintauchen in die Depression und beim Beginn der Besserung (Rückkehr des Antriebs bei fortbestehender Verstimmung). Achtung bei Wahnsymptomen mit Schuld- und Nichtigkeitsthemen! Wenn Phasisch-Depressive von Suizid sprechen, meinen sie es; sie agieren nicht! Diagnose sichern! Entsprechend handeln – ermutigen, stützen, ggf. sedieren und überwachen.

Schizophreniekranke sind während des ganzen Verlaufs gefährdet, je länger die Erkrankung und die Behandlung dauern, um so mehr. Quälende und depressive Symptome, Vereinsamung oder Angst davor, Rückschläge in Familie und Beruf können eine chronische Gefährdung aktualisieren. In der Phase der Wiederherstellung besteht eine besondere Verwundbarkeit durch Frustrations- und Enttäuschungserlebnisse und Zurückweisung. Darauf achten, ermutigen, stützen, ggf. medikamentös intervenieren.

Kranke mit psychoorganischen Syndromen können besonders gefährdet sein, wenn gleichzeitig depressive Verstimmungszustände bestehen. Besondere Aufmerksamkeit ist unmittelbar nach vorangegangenen Suizidversuchen am Platz, besonders wenn das Psychosyndrom im Zusammenhang mit einer abgelaufenen suizidalen Intoxikation steht. Manchmal wird dadurch eine depressive Grunderkrankung maskiert. In solchen Akutsituationen Überwachung!

Kranke mit einer beginnenden Demenz sind leicht verstimmbar, ratlos und manchmal verzweifelt über ihre Situation.

Langzeitpatienten reagieren auf Veränderungen ihrer unmittelbaren Umgebung mit Verunsicherung, manchmal mit Verstörung: Vorsicht bei Verlegungen (z. B. auch ins Allgemeine Krankenhaus, bei Stationsreorganisationen oder bei Veränderung des Konzepts).

Behandlungsmethoden:

Medikamente können Suizidalität verdecken, sie »maskieren«. Achtung bei Veränderungen, bei Gewährung von Ausgang und Urlaub, insbesondere unter hoher Medikamentendosis, bei Belastung durch

Arbeitstherapie. Eine medikamentöse Sedierung ist bei akuter Suizidgefährdung unabdingbar, wenn menschliche und psychotherapeutische Zuwendung versagen.

Soziotherapie: Alle Formen von Aktivierung und sozialer Auseinandersetzung sind belastend und enthalten Frustrationsquellen. Bei Rehabilitation Belastung auf den einzelnen abstimmen. Therapieziele sind mit dem Kranken abzustimmen.

Bei Eingriffen in die Familienstruktur, z. B. bei Herauslösungen junger Schizophrener aus der Elternfamilie, oder anderen Trennungsempfehlungen ist Vorsicht geboten.

Psychotherapie: Über Suizidgedanken und -phantasien ist zu sprechen. Ermutigung und Stützung haben Vorrang vor Problembearbeitung. Von konfliktorientierter Psychotherapie in der akuten Phase von schizophrenen und depressiven Psychosen ist abzusehen. Auch Problemlösungsversuche mit Angehörigen, Partnern und Arbeitgebern können warten, bis entsprechende Belastbarkeit eintritt. Bei der Psychotherapie Depressiver ist besonders sorgfältig auf deren Psychopathologie zu achten: auch psychotisch Depressive »agieren«!

Gegenübertragunsreaktionen:

Ungeduld, Ärger, Nichtbeachtung, Ablehnung bis zum »Gegenübertragungshaß« als Therapeutenreaktion sind bei der Arbeit mit Suizidgefährdeten häufig.

Solche Gefühle sind zuzulassen. Sie müssen allerdings dazu führen, die eigene Haltung zum Patienten oder zur Patientin zu überprüfen. Gegebenenfalls muß ein Therapeutenwechsel vorgenommen werden, wenn die Gegenübertragung nicht kontrollierbar ist. Gefährlich wird die Situation, wenn Gefühle von Abweisung das ganze Stationsteam erfassen, schlimmstenfalls auch die Mitpatienten – und nicht bewußt wahrgenommen werden.

Das Abfragen und die Kontrolle solcher Entwicklungen ist auch eine Oberarztaufgabe. Supervision im Balint-Stil ist hilfreich.

Vorkehrungen während des Verlaufes

Allgemein sind Absprachen mit dem Patienten über die Einhaltung von Krankenhausregeln treffen, das darf aber nicht dazu führen, daß

Verantwortung für seine Suizidalität einseitig auf ihn abgewälzt wird (Problematik von »Suizid-Verträgen«!).

Lebensverändernde und enttäuschende Ereignisse sind zu beachten: Partnerkonflikte, Arbeitsplatzverluste, Anwaltstermine, Familienfeste (!), Entlassungsplanung, Verweigerung der Entlassung, andere Zurückweisungen und Versagenserlebnisse in der Therapie.

Immer wieder sollte angesprochen werden, wie der Kranke seine Situation und seine Lebensperspektive während des Behandlungsverlaufes erlebt. Seine subjektive Sichtweise ist wichtig. Diese kann sich mit Verlaufsschwankungen und sozialen Rückschlägen verändern, ohne daß das von außen wahrnehmbar sein muß.

Wenn es zu einem *Krankheitsrezidiv* gekommen ist, ist von allen Seiten, Kranken wie Therapeuten, Geduld gefordert. Dadurch können alle Planungen umgestoßen werden. Die Zeitperspektive, die die Therapeuten im Kopf haben, wird unrealistisch. Man muß ggf. von vorn beginnen. In solchen Situationen werden die Patienten besonders leicht überfordert.

Ausgang, Urlaub, Wege im Krankenhaus zu Beschäftigungs-, Arbeitstherapie, Labor usw. sind Belastungen und Versuchungen. Vorsicht bei der Erstgewährung von Ausgang und Urlaub, bei hohen Medikamentendosen (Maskierung) oder nach Änderung der Medikation.

Bei Gewährung von Ausgang und Urlaub Absprachen treffen über örtliche und zeitliche Begrenzung und über Begegnungen mit Partnern, Angehörigen und Freunden.

Einbeziehung der Angehörigen: Empfehlung, belastende und konfliktreiche Aktivitäten während der Beurlaubung zu unterlassen. Bei chronisch gespannter Familienatmosphäre Verweis auf Angehörigenselbsthilfegruppen und/oder, bei ausreichender Stabilität des Patienten, Familiengespräche.

Entlassung

Die Entlassung ist ein Risikofaktor ersten Ranges. Sie muß vorbereitet werden. Der Empfangsraum außerhalb des Krankenhauses muß abgeklärt, die Nachsorge sichergestellt werden. Der Patient muß bei der Entlassung wissen, wann er zu welchem Therapeuten gehen kann. Wenn möglich, sollte er ihn vor der Entlassung kennenlernen.

In den ersten Wochen nach der Entlassung aus der Klinik sind viele Kranke besonders verletzlich. Nicht wenige erleben Enttäuschungen.

Sie nehmen wahr, daß sie doch nicht so belastbar sind, wie sie sich das vorgestellt haben. Sie erfahren Veränderungen ihrer persönlichen Beziehungen. Sie müssen mit mannigfachen psychosozialen Folgen ihrer Erkrankung fertig werden. Wenn die Diskrepanz zwischen Hoffnung und Wirklichkeit besonders groß war, ist auch die Enttäuschung besonders groß. Insbesondere Suchtstoffabhängige geraten nach der Klinikentlassung häufig in eine schwierige Situation, wenn sie wahrnehmen, daß ihre psychische Abhängigkeit, die während der stationären Behandlung in den Hintergrund getreten war, keineswegs überwunden ist.

Schlußbemerkung

Die Beachtung dieser Checkliste ist keine Garantie gegen den Patientensuizid. Aber sie hilft den Behandelnden, das mögliche zu seiner Vermeidung zu tun. Sie trägt dazu bei, sie bei der schwierigen Arbeit mit suizidgefährdeten psychisch Kranken zu unterstützen.

Literatur

ACHTÉ, K.A., STENBÄCK, A., TERVÄINEN, H. (1966): On suicides committed during treatment in psychiatric hospitals. Acta psych. 42, 272-284.

Ärztliche Praxis 89/87 zitiert nach Niedersächsischem Ärzteblatt 12 (1989/30).

ALARCON, R., CARNEY, M.W.P. (1963): Severe depressive mood changes following slow-release intramuscular fluphenazine injection. Brit. med. J. 3, 564.

ALLEBECK, P. (1989): Schizophrenia: A Life-Shortening Disease. Schizophrenia Bulletin 1, 81-89.

AMÉRY, J. (1976): Hand an sich legen. Diskurs über den Freitod. Stuttgart, Klett-Cotta.

ANGST, J. (1980): Verlauf unipolar depressiver, bipolar manisch-depressiver und schizo-affektiver Erkankungen und Psychosen. Ergebnisse einer prospektiven Studie. Fortschr. Neurol. Psychiat. 48, 3-30.

ANGST, J. (1987): Persönliche Mitteilung.

ANKERMANN, E.: Der Mitverschuldenseinwand des Krankenhausträgers bei Selbstmordversuchen eines Patienten. Interdisziplinäre Fachtagung der Evangelischen Akademie Bad Boll »Suizidalität als Herausforderung an Medizin, Recht und Seelsorge« 21.-23. 3. 1988 Hohenwart.

APPLEBY, L. (1992): Suicide in psychiatric patients: Risk and prevention. Br. J. Psychiatry 161, 749-758.

ASBERG, M., NORDSTRÖM, P. (1988): Biological correlates of suicidal behavior. In: MÖLLER, H.-J., SCHMIDTKE, A., WELZ, R. (Hrsg.): Current issues of suicidology. Berlin, Heidelberg, New York, Springer Verlag, 221-241.

BABIGIAN, H.M., ODOROFF, C.L. (1969): The mortality experience of a population with psychiatric illnesss. Am J. Psychiatr 126, 470-480.

BACHMAN, J.G., KIRSTEN, H., ALCSER, H.D., DOUKAS, D.J., LICHTENSTEIN, R.L., CORNING, A.D., BRODY, W. (1996): Attitudes of Michigan Physicians and the Public Toward Legalizing Physician-Assisted Suicide and Voluntary Euthanasia. The New England Journal of Medicine 334, 303-309.

BARRACLOUGH, G.B., BRUNCH u.a. (1974): A hundred Cases of Suicide. Clinical Aspects. Brit. J. Psychiatry 125, 355-373.

BARRACLOUGH, G.B. (1992): The Bible suicides. Acta Psychiatr. Scand. 86, 64-69.

BATTIN, M.P. (1987): Age rationing and the just distribution of health care: is there a duty to die? Ethics 97, 317-340.

BECK, A.T., RESNIK, H.H.P., LETTIERI, D.J. (1974): The predition of suicide. Bowie, Charles Press.

BECK, A.T., RUSH, A.J., SHAW, G.E. (1981): Kognitive Therapie der Depression. Dt. Übers. hrsg. von HAUTZINGER, U. München, U. &S.

BECK, A.T., STEER, R.A. et al. (1985): Hopelessness and Eventual Suicide: A 10-year Prospective Study of Patients Hospitalized with Suicidal Ideation. Am. J. Pschiatry 142, 559-563.

BEISSER, A.R., BLANCHETTE, J.E. (1961): A Study of suicide in a mental hospital. Dis. nerv. Syst., 559-563.

BENENSOHN, H.S., HARVEY, L.P., RENIK, P. (1973): Guidelines for »Suicide-Proofing« a Psychiatric Unit. Amer. J. Psychother., 204-212.

BERTRAM, W. (1979): Gespräche mit Suizidgefährdeten. Deutsche Krankenpflegezeitschrift 4, 190-193.

BESKOW, J. (1987): The prevention of suicide while in psychiatric care. Acta Psychiatr. Scand. Suppl. 336, 66-75.

BIELINSKI, D. (1994): Probleme Angehöriger nach institutionellem Suizid. Inaugural-Dissertation Medizinische Universität Bern.

BJÄRNASON, O. (1982): Association between changes in psychiatric services and increases in suicide rates. Arch. Psychiatr. Nervenkr. 232, 23-25.

BLACK, D.W., WARRACK, G., WINOKUR, G. (1985): Excess mortality among psychiatric patients. The Iowa Record-Linkage Study. JAMA, 58-61.

BLACK, D., WINOKUR, G., MOHANDOSS, E., WOOLSON, R.F., NASRALLAH, A. (1989): Does treatment influence mortality in depressives? Ann Clin Psychiatry 1, 165-173.

BLEULER, E. (1911): Dementia Praecox oder die Gruppe der Schizophrenien. Leipzig, Wien, Deuticke.

BLOOM, V. (1967): An Analysis of Suicide in a Training Centr. Amer. J. Psychiatry 123, 8.

BOCHNIK, H.J., BÖCKER, F., BÖHME, K., DÖRNER, K., KÖSTER, H., MAIER, S., RITZEL, G., WANKE, K. (1984): Thesen zum Problem von Suiziden während klinisch-psychiatrischer Therapie. NstZ Heft 3.

BÖHME, K. (1980): Zur praktischen Versorgung von Suizidenten. Nervenarzt 51, 152-158.

BÖHME, K. (1983): Wie geht es weiter? Eine katamnestische Untersuchung zu Überlebenszeiten und Todesursachen nach Selbstmordversuchen. Suizidprophylaxe 1, 3-23.

BOLIN, R.K., WEIGHT, R.E., WILKINSON, M.N., LINDNER, C.K. (1968): Survey of suicide among patients on home leave from a mental hospital. Psychiat. Q. 42, 81-89.

BONGAR, B. (1991): The suicidal patient. Clinical and legal standards of care. Washington D.C., American Psychological Association.

BRÅDVIK, L., BERGLUND, M. (1993): Risk factors for suicide in melancholia. A case-record evaluation of 89 suicides and their controls. Acta Psychiatr Scand 87, 306-311.

BREIER, A., ASTRACHAN, B.M. (1984): Characterization of Schizophrenic Patients Who Commit Suicide. Am J. Psychiatry 141, 206-209.

BRON, B. (1985): Therapeutische Probleme bei chronisch suizidalen Patienten. Zschr. psychosom. Med. 31, 32-47.

BRONISCH, Th. (1995): Der Suizid – Ursachen, Warnsignale, Prävention. München, Beck Verlag.

BROWN, J.H. et al. (1986): Is it Normal for Terminally Ill Patients to Desire Death? Am J Psychiatry 143, 208-211.

BÜRK, F. (1982): Prädiktoren für weiteres suizidales Verhalten bei nach einem Suizidversuch hospitalisierten Patienten. In: FIEDLER, P.A., FRANKE, A., HOWE, J. et al. (Hrsg.): Herausforderung und Grenzen der klinischen

Psychologie, 183-187. Tübingen, DGVT.

Busteed, E., Johnstone, Ch. (1983): The Development of Suicide Precautions for an Inpatient Psychiatric Unit. JPNMHS 21, 5.

Caldwell, C.B., Gottesman, I.I. (1990): Schizophrenics Kill Themselves Too: A Review of Risk Factors for Suicide: Schizophrenia Bulletin 4, 571-589.

Cantor, C.H., Burnett, P.C., Quinn, J., Nizette, D., Brook, C. (1992): Suicide and community psychiatric care – a preliminary report. Acta Psychiatr Scand 85, 229-233.

Cassidy, S., Henry, J. (1985): Fatal toxicity of antidepressant drugs in overdoese. Brit. med. J., 1021-1024.

Cherpillod, C., Jordan, B. (1971): Les suicides en cours de traitement ambulatoire. Rev. Med. Suisse rom. 31/4, 257-268.

Cina, S.J., Raso, D.S., Conradi, S.E. (1994): Suicidal Cyanide Ingestion as Detailed in Final Exit. J. Forensic Sciences 39, 1568-1570.

Ciompi, L. (1976): Late Suicide in Former Mental Patients. Psychiatria cli., 59-63.

Clement, U., Betram, W., Walcak, L. (1983): Selbstbedeutung statt Diagnose – die Bedeutung der Gegenübertragung in der Suizidprophylaxe. Suizidprophylaxe 10, I, 48-55.

Cohen, S., Leonard, C.V., Farberow, N.L., Shneidmann E.S. (1964): Tranquilizer and Suicide in the Schizophrenic Patient. Arch. gen. Psychiat. 11, 312-321.

Coser, R.L. (1977): Suicide and the realational system: a case study in a mental hospital. J. Hlth. soc. Behav. 17, 318-327.

Cotton, P.G., Drake, R.E., Gates, Ch. (1985): Critical Treatment Issues in Suicide Among Schizophrenics. Hosp. Community Psychiat. 36, 5.

Crawford, J.P., Willis, J.H. (1966): Double Suicide in Psychiatric Hospital. Patients. Brit. J. Psychiat. 112, 1234-1235.

Cullberg, J. (1978): Krisen und Krisentherapie. Psychiat. Prax. 5, 25-34.

Davidson, H.A. (1963): Suicide in the Hospital. The possibility of patient suicides in a heavy risk but circumstances can mitigate the hospitals responsability. Hospitals, J.A.H.A. 43, 55-59.

Dean, R.A., Miskiminis, W.M., De Cook, R., Wilson, L.T., Maley, R.F. (1967): Prediciton of suicide in a psychiatric hospital. J. clin. Psychol. 23, 296-301.

DGNP (1981): Stellungnahme zum »Suizid-Urteil« des OLG Frankfurt. Nervenarzt 51, 573.

Diekmann, U. (1989): Einschätzung der Suizidalität in einem psychiatrischen Krankenhaus. Dissertation Medizinische Hochschule Hannover.

Dörner, K., Plog, U. (1978): Irren ist menschlich. Lehrbuch der Psychiatrie / Psychotherapie. 1. Aufl., Wunstorf, Psychiatrie-Verlag.

Dörner, K., Plog, U. (1987): Irren ist menschlich. Lehrbuch der Psychiatrie / Psychotherapie. Völlig neubearb. Ausg., 4. Aufl., Bonn, Psychiatrie-Verlag.

Drake, R.E., Gates, Ch., Cotton, P.G., Whitaker, A. (1984): Suicide among Schizophrenics. J. nerv. ment. Dis. 172, 613-617.

Drake, R.E., Gates, Ch., Whitaker, A., Cotton, P.G. (1985): Suicide among Schizophrenics: A Review. Comprehens. Psychiat. 26, 1, 90-100.

DURKHEIM, E. (1973): Der Selbstmord. Soziologische Texte 32. Dtsch. Übersetzung. Neuwied, Darmstadt, Luchterhand.

EDWARDS,J.G. (1995): Suicide and Antidepressants. BMJ 310, 205-206.

ERIKSON, E. (1966): Identität und Lebenszyklus. Frankfurt a. M., Suhrkamp.

ERNST, K. (1973): Die Zunahme der Suizide in den psychiatrischen Kliniken. Tatsachen, Ursachen, Prävention. Soz. u. Präventivmed. 24, 34-37.

ERNST, K. (1980): Zunehmende Suizide psychiatrischer Klinikpatienten: Realität oder Artefakt? Arch. Psychiat. Nervenkr. 228, 351-363.

ERNST, K. (1995): Alterssuizid: ein ethischer Sonderfall? Zeitschrift für Gerontopsychologie und -psychiatrie 8, Heft 1/2, 39-45.

ERNST, K., KERN, R. (1974): Suizidstatistik und freiheitliche Klinikbehandlung 1900-1972. Arch. Psychiat. Nervenkr. 2919, 155-263.

ERNST, K., MOSER, U., ERNST, C. (1981): Zunehmende Suizide psychiatrischer Klinikpatienten: Realität oder Artefakt? Arch. Psychiat. Nervenkr. 228, 351-363.

ESQUIROL, J.E.D. (1968): Des maladies mentales, Paris 1838. Deutsch: Von den Geisteskrankheiten. Herausgegeben und eingeleitet von ACKERKNECHT, E.H. Bern, Stuttgart, Hans Huber Verlag.

FARBEROW, N.L. (Hrsg.) (1975): Suicide in Different Cultures. Baltimore, London, Tokyo, University Park Press.

FARBEROW, N.L. (1975): Cultural History of Suicide. In: FARBEROW, N.L. (Hrsg.): Suicide in Different Cultures. Baltimore, London, Tokyo, University Park Press, 1-15.

FARBEROW, N.L., SHNEIDMAN, E.S., LEONARD, C.V. (1965): Suicide among Schizophrenic Menatl Hospital Patients. In: FARBEROW, N.L., SHNEIDMAN, E.S. (Hrsg.): The Cry for Help. New York, MacGraw-Hill Book Company, 78-109.

FARBEROW, N.L., SHNEIDMAN, E.S., NEURINGER, Ch. (1966): Case history and hospitalization factors in suicides of neuro-psychiatric hospital patients. J. nerv. ment. Dis. 142, 1, 32-44.

FARRELL, M., NEELEMAN, J., GRIFFITHS, P., STRANG, J. (1996): Suicide and overdose among opiate addicts. Addiction 91, 321-323.

FEDERN, P. (1929): Selbstmordprophylaxe in der Analyse. Zeitschr. f. psychoanalytische Pädagogik III, 379-389.

FENICHEL, O. (1975): Psychoanalytische Neurosenlehre. Bd. II. Englisch: New York, Morton, 1945. Dtsch. Ausg.: Olton, Walter Verlag AG.

FEUERLEIN, W. (1975): Sucht und Suizidhandlungen. Münch. med. Wschr. 117, 197-200.

FEUERLEIN, W. (1982): Sucht und Suizid. In: REIMER, C. (Hrsg.): Suizid. Ergebnisse und Therapie. Berlin, Heidelberg, New York, Springer Verlag, 43-50.

Final Exit (1991): Euthanasia Guide Sells out. Nature, 352, 553.

FINZEN, A. (1980): Das besondere Vorkommnis im Alltag des psychiatrischen Großkrankenhauses. In: GROSS, J., DÖRNER, K., PLOG, U. (Hrsg.): Erfahrungen vom Menschen in der Psychiatrie. 13. Hamburger psychiatrisch-medizinische Gespräche im Gedenken an Hans BÜRGER-PRINZ. München, Wien, Baltimore, Urban & Schwarzenberg.

FINZEN, A. (1983): Psychiatrische Behandlung und Suizid. Methodenprobleme bei der Untersuchung des Suizids unter psychiatrischer Behandlung. Psychiat. Prax. 10, 103-108.

FINZEN, A. (1984): Ambulante psychiatrische Behandlung und Suizid. Sammelreferat und Synapsis von 28 Studien zur Epidemiologie des Patientensuizids nach Klinikentlassung und während ambulanter Behandlung. Suizidprophylaxe 11, 108-151.

FINZEN, A. (1986): Der Suizid im psychiatrischen Krankenhaus. Ein Sammelreferat von achtundneunzig Studien aus den Jahren 1941-1986. Suizidprophylaxe 13, 4. Sonderheft.

FINZEN, A. (1986): Gewalt in der Psychiatrie – zur Legitimität der Zwangseinweisungen. Spektrum der Psychiatrie und Nervenheilkunde 4.

FINZEN, A. (1987): Medikamentenbehandlung bei psychischen Störungen. Leitlinien für den psychiatrischen Alltag. 6. Aufl., Bonn, Psychiatrie-Verlag.

FINZEN, A. (1988): Zwischen Hilfe und Gewalt. Ein unausweichliches Dilemma der Psychiatrie. Fundamenta Psychiatrica, 2, 8-12.

FINZEN, A. (1988): Der Patientensuizid. Untersuchungen, Analysen, Berichte zur Selbsttötung psychisch Kranker während der Behandlung. Bonn, Psychiatrie-Verlag, 2. Aufl. 1990.

FINZEN, A. (1989): Suizidprophylaxe bei psychischen Störungen. Leitlinien für den therapeutischen Alltag. Bonn, Psychiatrie-Verlag, 3. Aufl. 1991.

FINZEN, A., U. HOFFMANN-RICHTER (1996): Suizid in der psychiatrischen Klinik: Sind Familienstand »alleinstehend« oder Wohnsituation »alleinlebend« wirklich Risikofaktoren? Suizidprohylaxe 23, 101-105.

FINZEN, A., U. HOFFMANN-RICHTER, A. FREI, A. BULLINGER (1997): Der Suizid innerhalb und außerhalb der Psychiatrischen Klinik. Methodenprobleme. Stand der Forschung Suizidprophylaxe 24, 7-14.

FINZEN, A., BEUSHAUSEN-(OESTEREICH), C. (1984): Ambulante psychiatrische Behandlung und Suizid. Psych. Prax. 11, 120-124.

FINZEN, A., GRANDEL, S., SCHIED, H.W. (1983): Suizid im psychiatrischen Krankenhaus. Suizidprophylaxe 10, 106-121.

FINZEN, A., MÜLLER, D., SCHIED, H.W. (1983): Zum Suizid nach der Entlassung aus dem Krankenhaus. Suizidprophylaxe 10, 122-138.

FINZEN, A., PIEPER, W., SCHIED, H.W. (1983): Suizid und psychiatrische Vorerkrankung. Ergebnisse einer Feldstudie. Suizidprophylaxe 10, 92-105.

FLINN, D.E., SLAWSON, P.F., SCHWARTZ, D. (1978): Staff response to Suicide of Hospitalized Psychiatric Patients. Hosp. Community Pschiat. 29, 122-127.

FREEMAN, A., REINECKE, M.A. (1995): Selbstmordgefahr? Erkennen und Behandeln: Kognitive Therapie bei suizidalem Verhalten. Bern, Göttingen, Toronto, Seattle, Hans Huber Verlag.

FREI, A., KRÜGER, B. (1997): Psychose im Frühstadium einer HIV-Infektion. Psychiatrische Praxis 24, 90-91.

FÜRST, A. (1988): Risikofaktoren des Patientensuizides in der psychiatrischen Klinik. Dissertation Medizinische Hochschule Hannover.

GEDDES, J.R., JUSZCZAK, E. (1995): Period trends in rate of suicide in first 28 days after discharge from psychiatric hospital in Scotland. Br. M. J. 311, 357-360.

Gestrich, J., Stief, J. (1981): Studienerfolg und Krankheitsverlauf schizophrener Studenten. Ergebnisse einer schriftlichen Katamnese. Arch. Psychiat. Nervenkr. 230, 159-169.

Goldacre, M., Seagrott, V., Hawton, K. (1993): Suicide after discharge from psychiatric inpatient care. Lancet 342, 283-286.

Goldstein, L.S., Buongiorno, P.A. (1984): Psychotherapists as suicide survivors. American Journal of Psychiatry 38, 392-398.

Gould, M.S. (1990): Suicide Clusters and Media Exposure. In: Blumenthal, S.J., Kupfer, D.J. (Hrsg.): Suicide Over the Life Cycle. Risk Factors, Assessment and Treatment of Suicidal Patients. Washington, D.C. London, American Psychiatric Press, 517-532.

Gorenc, K.D., Bruner, A. (1985): Suicidal behavior among patients in Bavarian mental hospitals. Acta psychiat. scand. 71, 468-478.

Gores, R. (1981): Suizid als Problemlösung. Eine Fokaltherapie suizidalen Handelns. Düsseldorf, Mannhold.

Grandel, S. (1978): Selbstmord und psychiatrische Behandlung. I. Suizide in psychiatrischen Krankenhäusern. Werkstattschriften zur Sozialpsychiatrie. Wunstorf, Rehburg-Loccum, Psychiatrie-Verlag.

Gunnell, D. (1994): The Potential for Preventing Suicide. A review of the literature on the effectiveness of interventions aimed at preventing suicide. University of Bristol, Health Care Evaluation Unit.

Harr, von der, H. (1990): Akute und latente Suizidalität – Einschätzbarkeit bei stationären psychiatrischen Patienten. Dissertation Medizinische Hochschule Hannover.

Häfner, H., Helmchen, H. (1978): Psychiatrischer Notfall und psychiatrische Krise – Konzeptuelle Fragen. Nervenarzt 49, 82-87.

Häfner, H., Schmidtke, A. (1987): Suizid und Suizidversuche – Epidemiologie und Ätiologie. Nervenheilkunde 6, 49-63.

Haenel, Th., Pöldinger, W. (1986): Erkennung und Beurteilung der Suizidalität. In: Psychiatrie der Gegenwart. Krisenintervention – Suizid – Konsiliarpsychiatrie. Berlin, Heidelberg, New York, Tokio, Springer-Verlag, 106-132.

Harris, E.C., Barraclough, B. (1997): Suicide as an outcome for mental disorders. British Journal of Psychiatry 170, 205-228.

Heigl-Evers, A., Heigl, F. (1982): Tiefenpsychologisch fundierte Psychotherapie – Eigenart und Interventionsstil. Zschr. psychosom. Med. 28, 160-175.

Heim, E. (1981): Konsequenzen für die Praxis aus der Psychotherapieforschung der letzten Jahre. Schweizer Archiv für Neurologie, Neurochirurgie u. Psychiatrie 128, 211-226.

Heinrich, K. (1967): Zur Bedeutung des postremissiven Erschöpfungssyndroms für die Rehabilitation Schizophrener. Nervenarzt 38, 487.

Heinrich, K., Klimke, A. (1990): Selbsttötungen von psychiatrischen Klinikpatienten. Zeitschr. f. Klin. Psychol., Psychpath. u. Psychother. 38, 99-106.

Helmchen, H. (1993): Tötung auf Verlangen aus ärztlicher Sicht. Ärztl. Fortb. 87, 31-54.

Helmchen, H., Hippius, H. (1967): Depressive Syndrome im Verlauf neuroleptischer Therapie. Nervenarzt 38, 445.

HENDIN, H. (1995): Assisted Suicide, Euthanasia, and Suicide Prevention: The Implications of the Dutch Experience. Suicide and Life-Threat. Behav. 25, 193-205

HENSELER, H. (1974): Narzißtische Krisen. Zur Psychodynamik des Selbstmordes. Hamburg, Rowohlt.

HENSELER, H. (1975): Die Suizidbehandlung unter dem Aspekt der psychoanalytischen Narzißmustheorie. Psyche 3, 191-207.

HENSELER, H. (1978): Die Bedeutung von narzißtischen Kränkungen für die Entstehung von Suizidalität. Caritas 79, 117-120.

HENSELER, H. (1980): Die Psychodynamik des suizidalen Erlebens und Verhaltens. Nervenarzt 51, 139-146.

HENSELER, H. (1981): Probleme bei der Behandlung chronisch suizidaler Patienten. In: HENSELER, H., REIMER, C. (Hrsg.): Selbstmordgefährdung. Zur Psychodynamik und Psychotherapie. Problemata 93. Stuttgart, Bad Cannstatt, Frommann-Holzboog.

HENSELER, H. (1981): Krisenintervention – Vom bewußten zum unbewußten Konflikt des Suizidanten. In: HENSELER, H., REIMER, C. (Hrsg.): Selbstmordgefährdung. Zur Psychodynamik und Psychotherapie. Problemata 93, Stuttgart, Bad Cannstatt, Frommann-Holzboog, 136-156.

HENSELER, H., REIMER, C. (1981): Selbstmordgefährdung. Zur Psychodynamik und Psychotherapie. Problemata 93. Stuttgart, Bad Cannstatt, Frommann-Holzboog.

HIRSCH, S.R., KNIGHTS, A. (1982): Gibt es die pharmakogene Depression wirklich? Beweismaterial aus zwei prospektiven Untersuchungen. In: Ergebnisse der psychiatrischen Therapieforschung, III. Stuttgart, New York, Schattauer, 249-260.

HOFFMANN-RICHTER, U., C. ÖSTEREICH, A. BULLINGER, A. FINZEN, (1997): Der Wochenendurlaub als Risikofaktor. (Unveröffentlicht).

HUNTEMANN, R. (1987): Suizidgefährdung in einem psychiatrischen Krankenhaus. Med. Diss. Hannover.

IDE, H. (1988): Mein Kind ist tot. Trauerarbeit in einer Selbsthilfegruppe. Reinbek bei Hamburg, Rowohlt Taschenbuch Verlag.

IDE, H. (1992): Wenn Kinder sich das Leben nehmen. Trauer, Klage und die Zeit danach. Stuttgart, Kreuz Verlag.

JICK, S.S., DEAN, A.D., JICK, H. (1993): Antidepressants and suicide. Br. M. J. 310, 215-218.

JAMES, I.P., LEVIN, S. (1966): Suicide following discharge from psychiatric hospital. Arch. gen. Psychiat. 10, 149-170.

JANTZ, H. (1951): Schizophrenie und Selbstmord. Nervenarzt 22, 4, 126-133.

JASPERS, K. (1932): Philosophie. Bd. II. Berlin, Julius Springer.

JOHNSSON, F.E., ÖJEHAGEN, A., TRÄSKMAN-BENDZ (1996): A 5-year follow-up study of suicide attempts. Acta Psychiatr. Scand. 93, 151-157.

KAHNE, M.J. (1966): Suicide research: a critical review of strategies and potentialities in mental hospitals. Amer. J. Psychother. XX, 177-186.

KAHNE, M.J. (1968): Suicides in Mental Hospitals: A Study of the Effects of Personal and Patient Turnover. J. Hlth. soc. Behav. 9, 255-266.

KAHNE, M.J. (1968): Suicide Among Patients in Mental Hospitals. A Study of the Psychiatrists Who Conducted Their Psychotherapy. Psychiatry 31, 32-42.

KAYTON, L., FREED, H. (1967): Effects of a suicide in a psychiatric hospital. Arch. gen. Psychiat. 17, 187-194.

KEITH-SPIEGEL, P., SPIEGEL, D.E. (1967): Affective states of patients immediately preceding suicide. J. psychiat. Res. 5, 89-93.

KELLER, F., WOLFERSDORF, M. (1995): Changes in suicide numbers in pychiatric hospitals: an analysis using long-linear time-trend models. Soc. Psychiatry Psychiatr. Epidemiol. 30, 269-273.

KITZIG, K. (1986): Forschungsprobleme Kliniksuizid. Spektrum der Psychiatrie und Nervenheilkunde 1, 54-56.

KJELSBERG, E., NÉEGAARD, E., DAHL, A.A. (1994): Suicide in adolescent psychiatric inpatients: incidence and predictive factors. Acta Psychiatr. Scand. 89, 235-241.

KOBLER, A.L., STOTLAND, E. (1964): The End of Hope. A Social-Clinical Study of Suicide. New York, The Free Press of Glencoe. Canada, Ltd. Collier-Mac-Millan, Toronto, Ontario.

KOVACS, M., BECK, A.T., WEISSMAN, A. (1975): The Use of Suicidal Motives in the Psychotherapy of Attempted Suicides. Am. J. Psychother. 29, 363-368.

KRAEPELIN, J (1917): Vorlesungen zur klinischen Psychiatrie. Zitiert nach FARBEROW 1975.

KRAUSZ, M., MÜLLER-THOMSEN, T., HAASEN, Ch. (1995): Suicide among Schizophrenic Adolescents in the Long-Term Course of Illness. Psychopathology 28, 95-103.

KROLL, J.W. (1978): Self-destructive behavior on an inpatient ward. J. nerv. ment. Dis. 166, 429-434.

KURZ, A., Möller, H.J. (1984): Hilfesuchverhalten und Compliance von Suizidgefährdeten. Psychiatr. Praxis 11, 6-13.

LANGE, E. (1966): Die Suizidgefahr beim Open-Door-System (ODS) in stationären psychiatrischen Einrichtungen. Soc. Psychiat. 1, 64-72.

LAUTER, H., MEYER, J.E. (1992): Die neue Euthanasie-Diskussion aus psychiatrischer Sicht. Fortschr. Neurol. Psychiat. 60, 441-448.

LAUTER, R. (1978): Ergänzende Diskussionsbemerkung zu der Mitteilung von F. REIMER: »Die Öffnung der Türen im psychiatrischen Krankenhaus und die Suizidgefahr«. Nervenarzt 49, 680-681.

LEE, M.A., NELSON. H.D., TILDEN, V.P., GANZINI, L., SCHMIDT, T.A., TOLLE, S.W. (1996): Legalizing Assisted Suicide – Views of Physicians in Oregan. The New England Journal of Medicine 334, 310-315.

LIGHT, D.W. (1971/72): Psychiatry and Suicide: The Management of a Mistake. Amer. J. Sociol. 77, 821-838.

LINDEMANN, S., LÄÄRA, E., HAKKO, H., LÖNNQVIST, J. (1996): A Systematic Review on Gender-Specific Suicide Mortality in Medical Doctors. British Journal of Psychiatry 168, 274-279.

LIPSCHUTZ, L.S. (1942): Some administrative aspects of suicide in the mental hospital. Amer. J. Psychiat. 99, 181-187.

LOCH, W. (1967): Mord – Selbstmord oder die Bildung des Selbstbewußtseins.

Ein Beitrag zum Suizid-Problem. Weg zum Menschen 19, 262-268, sowie in: Loch, W. (1972): Zur Theorie, Technik und Therapie der Psychoanalyse, 2. Aufl. 1976, Conditio humana. Frankfurt a. M., S. Fischer, 355-363.

Loch, W. (1970): Beratung – Behandlung: Methoden und Abgrenzungen. In: Struck, G.: Familienkonflikte und Familienberatung. Butzon, Kevelaer, 29-42.

Maltsberger, J., Buie, D.H. (1974): Countertransference Hate in the Treatment of Suicidal Patients. Arch. Gen. Pschiatry 3, 625-63.

Marzuk, P.M., Tardiff, K., Leon, A.C. (1994): Increase in Fatal Suicidal Poisonings and Suffocations in the Year Final Exit was Published: A National Study. Am. J. Psychiatry 151, 1813-1814.

McIntosh, J.L. (1991): Epidemiology of Suicide in the United States. In: Leenaars, A.A. (Hrsg.): Life Span Perspective of Suicide. New York, London, Plenum Press, 55-69.

Meltzer, H.Y., Okayli, G. (1995): Reduction of Suicidality During Clozapine Treatment of Neuroleptic-Resistant Schizophrenia: Impact on Risk Benefit Assessment: Am. J. Psychiatry 152, 183-190.

Meltzer, H.Y., Burnett, S., Bastani, B., Ramirez, L.F. (1990): Effect of six months of clozapine treatment on the quality of life of chronic schizophrenic patients. Hosp. Community Psychiatry 41, 892-897.

Metzger, R., Wolfersdorf, M.G. (1988): Suicides among patients treated in a ward specializing in affective disorders. In: Möller, H.J., Schmidtke, K., Welz, R.: Current issues of suicidology. Berlin, Heidelberg, New York, Springer. Menninger, K.A. (1974): Selbstzerstörung, Psychoanalyse des Selbstmordes 1938. Dtsch. Übersetzung 1974. Frankfurt a. M., Suhrkamp.

Michel, K., Arestegui, G., Spuhler, T. (1994): Suicide with Psychotropic Drugs in Switzerland. Pharmacopsychiat. 27, 114-118.

Minkoff, K., Bergmann, E., Beck, A.T., Beck, R. (1973): Hopelessness, Depression and Attempted Suicide. Am. J. Psychiat. 130, 4, 455-459.

Mitterauer, B. (1981): Können Selbstmorde in einem psychiatrischen Krankenhaus verhindert werden? Psychiat. Prax. 8, 25-30.

Mitterauer, B. (1986): Das Abwendungsverhalten: Eine Analyse der Kommunikationspathologie des Selbstmörders. Suizidprophylaxe – Theorie und Praxis, Mitteilungen der Deutschen Gesellschaft für Selbstmordverhütung (DGS), Jg. 13, Heft 2.

Modestin, J. (1982): Suizid in der psychiatrischen Institution. Nervenarzt 53, 254-261.

Modestin, J. (1985): Antidepressive therapy in depressed clinical suicides. Acta psychiat. scand. 71, 111-116.

Modestin, J. (1987): Suizid in der psychiatrischen Klinik. Stuttgart, Enke-Verlag.

Modestin, J., Schwarzenbach, F. (1992): Effect of psychopharmacotherapy on suicide risk in discharged psychiatric impatients. Acta Psychiatr. Scand. 85, 173-175.

Möller, H.-J., Torhorst, A., Wächtler, C. (1982): Versorgung von Patienten nach Selbstmordversuch – Aufgaben, Probleme und Verbesserungsmöglichkeiten. Psychiat. Prax. 9, 1, 6-122.

MONTESQUIEU, C. Baron de (1964): Lettres persanes (1721). Persische Briefe. Übers. v. STRODTMANN. A. Frankfurt 1964.

MONTGOMERY, S.A., MONTGOMERY, D. (1982): Pharmalogical Prevention of Suicidal Behaviour. J. of Affect. Dis. 4, 291-298.

MORGAN, H.G. (1992): Suicide prevention: Hazards in the fast lane of community care. Br. J. Psychiatry 170, 149-153.

MORTENSEN, B., JUEL, K. (1993): Mortality and Causes of Death in first Admitted Schizophrenic Patients. Brit. J. Psychiatry 163, 183-189.

MOTTO, J.A., HEILBRON, D.C., JUSTER, R.P. (1985): Development of a clinic instrument to estimate suicide risk. Am. J. Psychiatry 142, 680-686.

MÜLLER, Chr. (1981): Psychische Erkrankungen und ihr Verlauf sowie ihre Beeinflussung durch das Alter. Bern, Stuttgart, Wien Hans Huber.

MÜLLER, D. (1978): Zum Suizid psychiatrischer Kranker nach Entlassung aus stationärer Behandlung. Werkstattschriften 20, Rehburg-Loccum, Psychiatrie-Verlag.

MÜLLER, P. (Hrsg.) (1982): Zur Rezidivprophylaxe schizophrener Psychosen. Stuttgart, Enke.

MÜLLER-OERLINGHAUSEN, B., AHRENS B., GROF, E., GROF, P., LENZ, G., SCHOU, M., SIMHANDL, C. (1992): The effect of long term lithium treatment on the mortality of patients with manic depressive and schizo-affective illness. Acta Psychiatr. Scand. 86, 218-222.

MUNDT, Ch. (1984): Suizide schizophrener Patienten. Überlegungen zur Genese und Prävention anhand einiger Fallbeispiele. Psychother. med. Psychol. 34, 193-197.

NEDOPIL, P. (1996): Forensische Psychiatrie. Stuttgart, Thieme Verlag.

NEILI, K., BENENSOHN, H.S., FARBER, A.N., RESNIK, H.L.P. (1974): The Psychological Autopsy: A Technique for Investigating a Hospital Suicide. Hosp. Community Psychiat. 25, 33-36.

Niedersächsisches Ärzteblatt (1989): Tod durch Antidepressiva: 12, 30.

NORDSTRÖM, P., ÅSBERG, M., ÅBERG-WISTEDT, A., NORDIN, C. (1995): Attempted suicide predicts suicide risk in mood disorders. Acta Psychiatr. Scand. 92, 345-350.

NORDSTRÖM, T. (1995): Alcohol and suicide: a comparative analysis of France and Sweden. Addiction 90, 1463-1469.

O'DONOVAN, M.C., MCGUFFIN, P. (1993): Short acting Benzodiazepines: Dream drugs or nightmare? BMJ 306, 945-946.

OEHMICHEN, M. (1995): Sterbebeistand – Tod auf Verlangen: Grenzen zwischen Medizin und Recht. Z. Gerontol. Geriat. 28, 273-278.

OESTEREICH, C. (1990): Suizid von Patienten während psychiatrischer Behandlung – demographische und klinische Daten, Lebens- und Krankheitsberichte, Kasuistik, therapeutische und institutionelle Aspekte sowie Überlegungen zur Kommunikation und Interaktion. Dissertation Medizinische Hochschule Hannover.

OESTEREICH, C. (1994): Eine Krankengeschichte zum Tode. Psychotherapeutin 1, 66-80

OHBERG, A., VUORI, E., OJANPERÅ, I., LONNQVIST, J. (1996): Alcohol and Drugs in Suicides. Brit. J. Psychiatry 169, 75-80.

PAYKEL, E.S. (1982): Psychopharmacology of Suicide. J. of Affect. Dis. 4, 271-273.

PAYKEL, E.S. et al. (1974): Suicidal Feelings in the General Population: A Prevalence Study. Brit. J. Psychiat. 124, 460-469.

PERR, H.M. (1968): Suicide and the doctor – patient relationship. Amer. J. Psychoanal. 28, 2, 177-188.

PERRIS, C., BESKOW, J., JACOBSSON, L. (1980): Some remarks on the incidence of successful suicide in psychiatric care. Soc. Psychiat. 25, 161-166.

PHILIPPS, D.P. (1974): The influence of suggestion on suicide: substantive and theoretical implications of the Werther effect. Am. Soc. Review 39, 340-354.

PHILIPPS, D.P. (1980): Airplane accidents, murder, and the mass media: towards a theory of imitation and suggestion. Social Forces 58, 1001-1004.

PHILIPPS, D.P. (1981): Der Werther Effekt. Selbstmord und der Einfluß von Suggestion und Imitation. In: WELZ, R., POHLMEIER, H. (Hrsg.): Selbstmordhandlungen. Weinheim, Basel, Beltz, 100-124.

PIEPER, W. (1977): Selbstmord in Tübingen. Werkstattschriften 19. Rehburg-Loccum, Psychiatrie-Verlag.

PINDER, R.M. (1990): The Benefits and Risks of Antidepressant Drugs. Human Psychopharmacology 3, 73-86.

PLANANSKSY, K., JOHNSTON, R. (1972): The occurence and characteristics of suicidal preoccupation and acts in schizophrenia. Acta Psychiat. Scand. 47, 473.

PÖLDINGER, W. (1968): Die Abschätzung der Suizidalität. Bern, Huber.

PÖLDINGER, W. (1982): Erkennung und Beurteilung der Suizidalität. In: REIMER, C. (Hrsg.): Suizid. Ergebnisse und Therapie. Berlin, Heidelberg, New York, Springer, 13-23.

PÖLDINGER, W. (1983): Bedeutung der Psychopharmaka in der Suizidprophylaxe. In: PÖLDINGER, W., REIMER, C. (Hrsg.): Das ärztliche Gespräch. Psychiatrische Aspekte suizidalen Verhaltens. Symposion der Troponwerke 21. 10. 1983. Köln, Tropon.

PÖLDINGER, W. (1983): Methoden zur Abschätzung der Suizidalität. International Association for Suicide Prevention (JASP).

PÖLDINGER, W. (1983): 10 mögliche Fehler im Umgang mit suizidalen und depressiven Patienten. Schweiz. Ärztezeitung 64, Heft 12.

PÖLDINGER, W. (1985): Beurteilung des Suizidrisikos. Münch. med. Wschr. 127, 833-837.

PÖLDINGER, W., SONNECK, G. (1980): Die Abschätzung der Suizidalität. Nervenarzt 51, 147-151.

POHLMEIER, H. (1974): Einige Bedingungen für die Psychotherapie bei der Selbstmordverhütung. Med. Wschr. 28, 115-119.

POHLMEIER, H. (1979): Noch eine Bemerkung zu der Mitteilung von F. REIMER: »Die Öffnung der Türen im psychiatrischen Krankenhaus und die Suizidgefahr« und der Bemerkung von H. LAUTER. Nervenarzt 50, 260.

POHLMEIER, H. (1981): Die Angst zwischen Arzt und Patient bei Depression und Selbstmord. Suizidprophylaxe 8, 94-102.

POKORNY, A.D. (1964): Suicide rates in various psychiatric disorders. J. nerv. ment. Dis. 139, 439-506.

POKORNY, A.D., KAPLAN, H.B. (1976): Suicide following hospitalization. J. nerv. ment. Dis. 162, 119-125.

POSER, W., STÖTZER, A., BECKER, R. (1987): Suchtkrankheit und Suizid. Lebensver. med. 39, 19-22.

QUEREN, R. (1983): Untersuchungen von Kliniksuiziden in der Nervenklinik Spandau, Berlin. Suizidprophylaxe 10, 38-48.

REIMER, C. (1981): Zur Problematik der Helfer-Suizidant-Beziehung: Empirische Befunde und ihre Deutung unter Übertragungs- und Gegenübertragungsaspekten. In: HENSELER, H., REIMER, C. (Hrsg.): Selbstmordgefährdung. Zur Psychodynamik und Psychotherapie. Problemata 93. Stuttgart, Bad Cannstatt, Frommann-Holzboog.

REIMER, C. (1986): Prävention und Therapie der Suizidalität. In: Psychiatrie der Gegenwart 2, 133-173. Berlin, Heidelberg, New York, Springer-Verlag.

REIMER, F. (1978): Die Öffnung der Türen im psychiatrischen Krankenhaus und die Suizidgefahr. Nervenarzt 49, 678-679.

RINGEL, E. (1953): Der Selbstmord. Abschluß einer krankhaften psychischen Entwicklung. Wien, Maudrich.

RINGEL, E. (1969): Selbstmordverhütung. Bern, Huber.

RINGEL, E. (1972): Möglichkeiten der ärztlichen Selbstmordprophylaxe. Therapiewoche 28, 2199-2215.

RITZEL, G. (1974): Beitrag zum Suizid in psychiatrischen Kliniken. Fortschr. Neurol. Pschiat. 42, 38-50.

RITZEL, G. (Hrsg.) (1989): Der Kliniksuizid. Regensburg, S. Roderer Verlag.

ROHDE, A., MARNEROS, A. (1990): Suizidale Symptomatik im Langzeitverlauf schizoaffektiver Psychosen. Nervenarzt 61, 164-169.

ROBINS, E. (1981): The final months – study of the lives of 134 persons who committed suicide. New York, Oxford, Oxford University Press.

ROBINS, E., MURPHY, G.E., WILKINSON R.H., GASSNER, S., KAYES J. (1959): Some clinical considerations in the prevention of suicide based on a study of 134 successful suicides. Am. J. Public Health 49, 888-889.

RORSMAN, B. (1973): Suicide among Swedish Psychiatric Patients. Social Psychiat. 8, 140-144.

ROTOV, M. (1970): Death by Suicide in the Hospital. An Analysis of 20 therapeutic Failures. Amer. J. Psychother. 25, 2, 216-227.

ROUSSEAU, J.J. (1761): La Nouvelle Heloise. Lettres 21 35 22. Paria

ROY, A. (1990): Suicide in chronic schizophrenia. Brit. J. Psychiat. 141.

SCHARFETTER, C., ANGST, J., NÜSPERLI, M. (1979): Suizid und endogene Psychose. Sozial- und Präventivmedizin 24, 37-42.

SCHLOSSER, J., STREHLE-JUNG, G. (1982): Suizide während psychiatrischer Klinikbehandlung. Psychiat. Prax. 9, 20-26.

SCHMIDBAUER, W. (1983): Helfen als Beruf. Die Ware Nächstenliebe. Reinbek bei Hamburg, Rowohlt.

SCHMIDBAUER, W. (1988): Liebeserklärung an die Psychoanalyse. Reinbek bei Hamburg, Rowohlt.

SCHMIDTKE, A. (1995): Suizid und Suizidversuchsraten in Deutschland. In: WOLFERSDORF, M., KASCHKA, W.P. (Hrsg.): Suizidalität – Die biologische

Dimension. Tropon Symposium, Bd. X. Berlin, Heidelberg, Springer Verlag, 17-35.

SCHMIDTKE A., HÄFNER,H. (1986): Vermittlung von Selbstmordmotivationen und Selbstmordhandlungen durch fiktive Modelle. Die Folgen der Fernsehserie »Tod eines Schülers«. Nervenarzt 57, 502-510.

SCHNEIDER, P.-B. (1982): Le suicide chez les patients d'un service psychiatrique ambulatoire. Arch. Sci. Neurol. Neurochirr. Psy. 131, 133-146.

SCHOU, M., WECKE, A. (1988): Did manic-depressive patients who committed suicide receive prophylactic or continuation treatment at the time. Br. J. Psychiatry 53, 324-327.

SCHWANK, S., SPÖNDLIN, R. (1996): Es ist ein Unterschied, ob ich jemanden töte oder sterben lasse. Interview mit Ruth BAUMANN-HÖLZLE. Soziale - Medizin 23, 6-13

SCHWARZENBACH, F., MODESTIN, J. (1993): Einfluß der Therapievariablen auf den Suizid entlassener psychiatrischer Klinikpatienten. Nervenarzt 64, 181-186.

SCOBEL, W.A. (1981): Suizid – Freiheit oder Krankheit? In: HENSELER, H., REIMER, C. (Hrsg.): Selbstmordgefährdung. Zur Psychodynamik und Psychotherapie. Stuttgart, Bad Cannstatt, Frommann-Holzboog, 82-112.

SHAFFER, J.W., SEYMOUR, P., SCHMIDT, Ch.W., STEPHENS, J.H. (1974): The prediction of suicide in schizophrenia. J. nerv. ment. Dis. 259, 349-355.

SONNECK, G. (1982): Betreuungsmodelle für Suizidgefährdete. In: REIMER, C. (Hrsg.): Suizid. Ergebnisse und Therapie. Berlin, Heidelberg, New York, Springer Verlag, 103-116.

SPERLING, E. (1972): Das therapeutische Gespräch mit Suizidalen. Nervenarzt 43, 409.411.

STACK, S.: Social Correlates of Suicide by Age Media Impacts. In: LEENAARS, A.A. (Hrsg.): Life Span Perspective of Suicide. New York, London, Plenum Press, 187-214.

STENGEL, E. (1969): Selbstmord und Selbstmordversuch. Frankfurt a.M., Fischer.

STEVENS, B. (1973): Role of fluphenazine decanoate in lessening the burden of chronic schizophrenics on the community. Social Psychological Medicine 3, 141-158.

STICH, W. (1996): »Hinterbliebene nach Suizid« – Erfahrungen aus drei Jahren Gruppenarbeit. Suizidprophylaxe 23, 157-160.

STOLZE, H. (1975): Sicherheit und Angst des Arztes in der Begegnung mit dem suizidalen Patienten. Münch. med. Wschr. 117, 183-188.

SUTHERLAND, St. (1980): Die seelische Krise. Frankfurt a.M., Fischer.

SZASZ, Th.S. (1979): Critique of Professional Ethics. In: HANDKOFF, L.D., EINSIDLER, B. (Hrsg.): Suicide. Theory and Clinical Aspects. Massachusetts, Littleton, PSG Publishing Company.

TABACHNICK, N. (1961): Countertransference crisis in suicidal attempts. Arch. Gen. Psychiatr. 4, 572-578.

TAIMINEN, T.J., KUJARI, H. (1994): Antipsychotic medication and suicide risk among schizophrenic and paranoid inpatients. Acta Psychiatr. Scand. 90, 247-251.

TEMOCHE, A., PUGH, T.F., MACMAHON. B. (1964): Suicide rates among current and former mental institution patients. J. nerv. ment. Dis. 138, 124-130.

VAITL, P., BENDER, W., BRUNNER, M., HIRSCHKA, A. (1995): Patientensuizide im Psychiatrischen Krankenhaus Haar bei Müchen im Zeitraum 1975-1989. Krankenhauspsychiatrie 6, 23-28.

WÄCHTLER, C. (1984): Die Suizidalität älterer Menschen. Psychiat. Prax. 11, 14-19.

WAL van der, G., ONWUTEAKA-PHILIPSEN, B.D. (1996): Cases of euthanasia and assisted suicide reported to the public prosecutor in North Holland over 10 years. BMJ 312, 612-3.

WALL, J.H. (1944): The psychiatric problem of suicide. Amer. J. Psychiat. 101, 404-406.

WARNES, H. (1968): Suicide in Schizophrenics. Dis. nerv. Syst. 29, 35-40.

WEDLER, H. (1985): Umgang mit Suizidpatienten im Allgemeinkrankenhaus. Regensburg, Roderer.

WEDLER, H. (1985): Essentials und offene Fragen der Erstversorgung und Nachbetreuung von Suizidpatienten im Allgemeinkrankenhaus (s. WEDLER 1987).

WEDLER, H. (1987): Der suizidgefährdete Patient. In: FAUST, V. (Hrsg.): Psychiatrie für den Praxisalltag. Stuttgart, Hippokrates.

WELZ, R. (1978): Gesellschaftliche Einflußgrößen auf die Selbstmordhandlung. In: POHLMEIER, H. (Hrsg.): Selbstmordverhütung, Anmaßung oder Verpflichtung? Bonn, Keil.

WILSON, G.C. (1968): Suicide in psychiatric patients who have received hospital treatment. Amer. J. Psychiat. 125, 753-757.

WING, J.K., BENNETT, D., DENHAM, J. (1964): The Industrial Rehabilitation of Longstay Schizophrenic Patients. London, HMSO.

WOLFERSDORF, M. (1979): Erfahrungen in der Behandlung suizidaler Patienten auf einer offenen Station für depressive Kranke. Suizidprophylaxe 6, 3, 191-206.

WOLFERSDORF, M. (1989): Suizid bei stationären psychiatrischen Patienten. Regensburg, Roderer Verlag.

WOLFERSDORF, M. (1996): Patientensuizid im psychiatrischen Krankenhaus: Ausgewählte Ergebnisse der Kliniksuizid-Verbundstudie (KSV) I/II 1970-1992 der AG »Suizidalität und psychiatrisches Krankenhaus«. Psychiat. Prax. 23, 84-89.

WOLFERSDORF, M. u.a. (1984): Suizide in psychiatrischen Landeskrankenhäusern. Einige Ergebnisse einer Untersuchung der Suizide in vier badenwürttembergischen psychiatrischen Landeskrankenhäusern 1970-1981. In: WOLFERSDORF, M. (Hrsg.): Suizide psychiatrischer Patienten. Tagebuchprotokolle der Arbeitsgemeinschaft »Suizidalität und psychiatrisches Krankenhaus«. Weinsberg, Weissenhof-Verlag, 147-224.

WOLFERSDORF, M., METZGER, R., HOLE, G. (1984): Aspekte der Psychotherapie bei Suizidgefährdeten. Nervenheilkunde 3, 183-190.

WOLFERSDORF, M., VOGEL, R. (Hrsg.) (1987): Suizidalität bei stationären psychiatrischen Patienten. Arbeitsgemeinschaft »Suizidalität und psychiatrisches Krankenhaus«. Weinsberg, Weissenhof-Verlag.

WOOLLEY, L.F., EICHERT, A.H. (1941): Notes on the problems of suicide and escape. Amer. J. Pschiat. 39, 110-118.

YAMAMOTO, J., ROATH, M., LITMAN, R. (1973): Suicides in the »New« Community Hospital. Arch. Gen. Psychiat. 28, 101-102.

nicht gut gegliedert, (Rie thiacchie).
im großen u. ganzen: banal
stilistisch mäßig (diese kurze Sätze [illegible]!)